Johann Engling

Die Luxemburger Glaubensbekenner unter der Französischen

Republik

Johann Engling

Die Luxemburger Glaubensbekenner unter der Französischen Republik

ISBN/EAN: 9783743626775

Hergestellt in Europa, USA, Kanada, Australien, Japan

Cover: Foto ©ninafisch / pixelio.de

Weitere Bücher finden Sie auf **www.hansebooks.com**

Die

Luxemburger Glaubensbekenner

unter

der französischen Republik,

quellenmäßig dargestellt

von

Johann Engling,

Prof. d. Philos. zu Luxemburg.

Luxemburg.

Druck und Verlag von V. Bück, Pastorsgasse.

—

1860.

«Rememoramini.... pristinos dies, in quibus illuminati magnum certamen sustinuistis passionum.» *Hebr.* **X**, 32.

«Alii vero ludibria et verbera experti, insuper et vincula et carceres... tentati sunt, in occisione gladii mortui sunt, circuerunt in melotis, in pellibus caprinis, egentes, angustiati, afflicti, quibus dignus non erat mundus; in solitudinibus errantes, in montibus, et speluncis, et in cavernis terræ; et hi omnes testimonio fidei probati.» *Hebr.* **XI**, 36—39.

Vorerläuterung.

Hat die Priesterverfolgung unter der französischen Republik dem christlichen Glauben hierlands auch keine eigentlichen Blutzeugen, so hat sie
ihm dennoch nicht bloß muthige Bekenner, die, wie so viele des Nachbar-
landes, sich mit Ruhm und Ehre bedeckten, sondern auch solche erweckt,
welche nicht weniger, als die dem Tode preisgegebenen, zu leiden hatten;
ja sogar einige, welche sich in Folge ihres Leidens wirklich ein vor-
zeitiges Ende zuzogen. Allein diese Bekenner wurden bisher noch nie,
wie sehr sie es auch verdient hätten, auf den Leuchter gestellt, und
höchstens im Vorbeigehen einer öffentlichen Erwähnung gewürdigt. Für
ihr Andenken ist soviel als nichts geschehen. Soll indeß dasselbe auf die
Nachwelt übergehen, so ist's hohe Zeit, es endlich aus der Vergessen-
heit, in die es bereits gerathen, hervorzuziehen. Zu diesem Behufe habe
ich mich entschlossen, eine gedrängte Biographie dieser Luxemburger,
in welcher jedem nach Maßgabe der erlangten Nachrichten ein eigener
Artikel gewidmet ist, zu veröffentlichen. Die Würdigung ihrer Erlebn-
nisse erheischt, daß eine Uebersicht der damit verbundenen Ereignisse
ihr vorausgehe.

Kaum hatten die Östreicher vom 10. bis 12. Juni 1795 die Festung
Luxemburg verlassen, so errichteten die Franzosen daselbst vor der Hauptwache, am 27. Prair. III, den Freiheitsbaum, zerrissen den dort angebrachten kaiserlichen Adler, warfen die Stücke in eine dazu eigens
eröffnete Grube, und belegten die Stadteinwohner mit einer Kriegs-
steuer von 250,000 Kronthaler. Für das ganze Luxemburger Land trat
jetzt eine harte Zeit ein. Vom 8. Okt. 1795 an wurden die Republiksgesetze in Kraft gesetzt und das in's „Wälderdepartement" umgeschaffene
Herzogthum den Geschicken Frankreichs angekettet.

Die Republikaner ächteten den hierlands stets so heilig gehaltenen
Katholizismus, und führten statt seiner ihre „Vernunftreligion" ein,
zu welchem Ende sie sich vom Minister Chaptal im Pluv. und Messid. VI
mehre Credite im Betrage von 23,600 Fr. bewilligen ließen. Die Gottes-
häuser wurden größtentheils geschlossen, die Klöster und Refugien aufgehoben und als Nationaleigenthum, durchgängig um einen Spottpreis,
verkauft. Die kirchliche Gesellschaft durfte keine Lebenszeichen mehr von
sich geben, keine Prozession oder sonstige äußere Ceremonie mehr abhalten, auch keinen Gottesdienst mehr öffentlich verkünden. Alle Glocken,

die nicht zum Uhrschlage oder als Sicherheitsmittel dienten, mußten ausgeliefert und sollten zu Kanonen umgeschmolzen werden. Kein Merkmal des christlichen Glaubens wurde mehr im Freien geduldet. Verschwanden die dem Blicke ausgestellten Kreuze und Heiligenbilder nicht rechtzeitig, so wurden sie von der Soldateska unter Hohn und Gelächter zerhauen, verstümmelt, vernichtet. Einem solchen Vandalismus durfte sich Niemand, der seines Lebens sicher sein wollte, widersetzen. Den Eigenthümer eines Kreuzes zu Lellingen wollten zwei Husaren niedersäbeln, weil er ihren Hieben dieses Zeichen hatte entreißen wollen. Auch auf den Kirchen, Kirchthürmen und Kirchhöfen fanden die christlichen Sinnbilder eben so wenig Schonung. Das Militär wurde beordert, sie herabzuwerfen und zu zerstückeln. Nur die Statue über dem Eingange der St. Michaelskirche zu Luxemburg ließ es stehen, weil sie um ihrer Mütze, ihrer Wagschale und des von ihr zertretenen Drachens wegen für ein Symbol der Freiheit und Gleichheit genommen ward. S. Breisdorff, St. d. Pf. St. Mich. P. d. l. S. arch. 1857, S. 112.

Dagegen feierten die Freiheitsschwindler mit Übermuth ihre Feste zu Luxemburg, Diekirch, Remich, Leidenborn, Burglinster 2c. Außer den größern war jeder Dekadi ein Ruh- und Feiertag, der Vaterlandsliebe u. dgl. geweiht, an welchem nicht gearbeitet werden durfte, und nach der Strenge des Gesetzes bestraft ward, wer dem Verbote zuwiderhandelte. Nur das Säen war am zehnten Tage erlaubt. Die Tage wurden nicht mehr nach den Heiligen, sondern nach Ackerbauverrichtungen und Naturgegenständen benannt. Bei den höhern Festlichkeiten wurde abwechselnd das Bild der Vernunftgöttin, vom Volke Knetzellätchen genannt, oder ein Stein der Bastille, oder ein Pflug, eine Egge oder etwas dgl. umhergeführt. In allen Straßen der Stadt sah man Läden mit dreifarbigen Kokarden, die den Einwohnern aufgedrungen wurden; Maskerade und Komödie wurden mit Wuth betrieben; jede am Feste der Vernunft geschlossene Eheverbindung mit einer Prämie von 600 Fr. belohnt, u. s. w. In einer Bretterbude auf dem Fischmarkte errichteten die Republikaner ihr Nationaltheater, verlegten dasselbe aber am 27. Sept. 1798 nach der St. Michaelskirche, welche zugleich, sowie die Pfarrkirche zu Ettelbrück und manche andere, als Dekadärtempel diente, bis sie später ihre ursprüngliche Bestimmung wieder erhielt. Das erste Stück, welches hier aufgeführt wurde, war die »Mélomanie sous le général Morant«; und viele Luxemburger wohnten demselben, nicht aus Beifallsdrang, sondern aus Neugierde bei.

Hiebei aber ließen sich die Rothmützler es nicht genügen; gleichzeitig betrieben sie auch die Verfolgung der Geistlichen, Mönche und Nonnen. Diese verjagten sie aus den Zufluchtsstätten der Frömmigkeit und wiesen ihnen zur Entschädigung für ihr confiskirtes Eigenthum Jahrgehälter oder werthlose Assignaten an. Auch mußten manche Laien, besonders Kirchenmeister, Küster und Schullehrer, sich mißhandeln lassen.

Zu dieser mehrjährigen Mißhandlung gab Veranlassung ein von der Republik abgeforderter Eid. Bereits im Mai 1795 hatte der Nationalkonvent von allen Religionsdienern, auch denen der neueinverleibten Departemente, eine feierliche Erklärung ihrer Unterwürfigkeit unter die Gesetze der Republik gefordert; den 7. Sept. aber verlangte er nochmals dieselbe, und zwar mit Ausschluß jeglichen Vorbehaltes.

In Belgien und im Luxemburger Lande, wo die früheren Republiksgesetze keine rückgängige Anwendung finden sollten, wurde um so strenger die fortlaufende Gesetzgebung wider die Priester in Ausführung gebracht. Nicht nur auf ihr Besitzthum und Einkommen, sondern auch auf ihre Personen geschahen Angriffe. Man belegte sie mit schweren Geldbußen, Kerker, Verbannung; verfuhr mit ihnen schonungslos; und sprach ohne Rücksicht ihre Verurtheilung aus. Auf ihre Köpfe waren Preise gesetzt, und die Angeber empfingen 100 Fr. in klingender Münze für jeden, den sie entdeckten oder verhafteten. Dabei war die Todesstrafe ausgesprochen gegen die Hehler, welche ihnen eine Zufluchtsstätte öffneten. Alle Priester, die nicht über 60 Jahre alt, oder wegen Krankheit oder Gebrechlichkeit untransportirbar waren, sollten, falls sie die republikanischen Eide von 1790 und 1791 nicht leisteten, ohne Unterschied ihres Ranges des Landes verwiesen werden. Nur diejenigen fanden Nachsicht, welche über dieses Alter hinausgerückt und wegen ihrer Ruh- und Friedensliebe noch keinem Verdacht anheim gefallen waren. Bald forderte auch die Republik von allen Geistlichen ohne Ausnahme den durch die Gesetze vom 7. Vendem. IV und 15. Fruktid. V vorgeschriebenen Eidschwur in dieser Formel: „Ich schwöre Haß dem Königthum und der Anarchie, Treu' und Anhänglichkeit der Republik und der Constitution des Jahres III." In der Frist von 14 Tagen hatten alle Religions- und Staatsdiener diesen Eid bei ihren respektiven Kommissären abzuleisten. Auch forderte man hier und da, wenngleich nicht von Staatswegen, so doch privat- und eigenmächtig, die Beschwörung der schismatischen Civilverfassung des Klerus vom 12. Juli 1790, gemäß welcher alle Diözesen aufgehoben, die Domkapitel abgeschafft, das Ansehen des Papstes hintangesetzt, die Verbindung mit ihm rein abgebrochen werden und die Wahl der Bischöfe und Pfarrer durch Stimmenmehrheit geschehen sollte. In dem Sinne dieses Eides rieth noch am 13. Febr. 1797 der Munizipalitätsgreffier Baullegeard den Bewohnern von Obermerzig, sie sollten, weil die kirchliche Jurisdiktion abgeschafft sei, sich selbst ihren Seelsorger nach Belieben wählen, und von demselben Unterricht und Sakramente spenden lassen, ohne deshalb mehr auf ihren alten Pfarrer zu sehen. Und wie Baullegeard rieth, so entschied auch die Centralbehörde. Diese wollte, daß, so oft zwischen mehrern Priestern wegen einer erledigten Stelle Konkurrenz eintraf, sie von demjenigen sollte eingenommen werden, welchem die Gemeinde den Vorzug geben würde.

Den erwähnten Eid in seinem natürlichen und buchstäblichen Sinne verdammte Pius VI. in verschiedenen Breven, und namentlich in dem an Erzbisch. Oktav Boni. Denselben verdammten auch, sobald sie die päpstliche Lehrentscheidung vernahmen, die belgischen Niederlande, der Kardin. Erzbisch. v. Frankenberg und, wegen Entfernung aus ihren Sprengeln etwas später, der Fürstbisch. von Lüttich und der Erzbisch. von Trier. Ein Gleiches thaten endlich auch die meisten Luxemburger Geistlichen.

Der hohe und niedere Klerus, selbst die Laien bemüheten sich den ihnen abgeforderten Eid zu tadeln oder zu rechtfertigen, je nachdem sie gestimmt waren, ihn abzulegen oder zu verwerfen. In kurzer Zeit wurde sowohl für als gegen denselben Vieles gesprochen, geschrieben, gedruckt, was Alles aber nur dazu beitrug, die Wirren noch verwirrter zu machen.

Die Civilbeamten, ihrer wenige abgerechnet, leisteten den Eid; die Geistlichen aber, mit Ausnahme des vierten Theiles, verweigerten ihn. Diejenigen, welche ihn ablegten, thaten es, weil sie dadurch ihre Kirchen, deren Einkünfte, oder wenigstens die Pfarrgüter zu retten hofften; oder weil das Trierer Generalvikariat es zu thun befahl. Sie thaten es um so unbedenklicher, als sie hörten, daß auch die Bisthümer Tournay, Köln, Gent, Brügge und Lüttich, oder vielmehr deren Generalvikare, den Eid für eine bloße Erklärung: daß man nichts zur Wiederherstellung des Königthums in Frankreich thun wolle, und mithin für erlaubt und zulässig ansahen.

Zu Trier erklärte das Generalvikariat am 23. Juli 1796 nicht nur den gedachten Eid für erlaubt, und das Verlassen der Pfarrgemeinde für unbesonnen und sträflich, sondern bedrohte auch mit der Suspension von ihren Amtsverrichtungen diejenigen Priester, welche dieser Erklärung zuwiderlaufende Vorträge halten würden. Am 29. Mai 1797 veröffentlichten der Offizial, die Siegelbewahrer und Assessoren desselben Generalvikariats die Erklärung, daß der Eid vom 7. Vend. IV ohne Glaubens- und Gewissensverletzung geleistet werden könne, und schlossen mit der Ermahnung an alle Pastoren, ut nec sibi poenalium legum laqueos temerè injiciant, nec portionem dominici gregis sibi commissi per errorem conscientiæ abdicantes aut pastore destituant, aut pro re notâ minùs fortassis digno curatori relinquant; parochianos autem suos, ne scandalum pusillis ea professio fiat, opportunâ institutione præveniant confirmentque. Si vero quispiam eorum, qui ministerio cultùs catholici in provinciâ luciliburgensi, quatenùs ad diœcesim trevirensem pertinet, adscripti sunt, huic nostræ declarationi verbo aut facto contravenerit, eum ex causis animum nostrum moventibus *ipso facto* ab omni ministerio cultûs hisce suspendimus, et, ut talem, nunc pro tunc declaramus. ..» J. J. Blattau, Stat. syn. 1847, S. 334. Am 20. Sept. desselben Jahres machten dieselben Offizial, Siegler und Assessoren einen Erlaß bekannt, worin sie „ohne Bedenken erklären, daß die Geistlichkeit den vom Gesetze vom 19. Fruct. V vorgeschriebenen Eid, ohne Gefahr gegen die Religion anzustoßen, ablegen dürfe; und die Christgläubigen ermahnen, sich mit dieser Erklärung zu beruhigen." Dieselbe Erklärung erneuerten sie auch am 12. Okt. desselben Jahres unter Beirath der Trierer theologischen Fakultät: „Da der von der gesetzgebenden Gewalt in Frankreich der Geistlichkeit auferlegte Huldigungseid vom 19. Fruktid. V von der erzbischöfl. Stelle, mit Beirathe der hiesigen theol. Fakultät, unter'm 20. Sept. l. J. als zulässig ist erklärt worden: so wird sämmtlichen Welt- und Klostergeistlichen unter Strafe wirklicher Suspension untersagt, gegen diese Erklärung öffentlich oder heimlich auf irgend eine Weise zu handeln. Dann wird Denen, die sich wirklich erlaubt haben, sich dawider zu äußern, unter gleicher Suspensionsstrafe aufgegeben, bei der ersten Gelegenheit ihre Äußerungen öffentlich oder heimlich, auf die Art, wie sie geschehen, zu widerrufen." Endlich wiederholten diese Erklärung dieselben Angestellten und schärften selbige öfter ein, namentlich durch einen lateinischen Erlaß vom 21. März 1798; Erlaß, welcher die Suspension über alle Priester verhängte, welche öffentlich oder im Beichtstuhle verbieten würden, dem Gottesdienste der dem Eidesgesetze gehorsamen Geistlichen beizuwohnen. Blatt., a. a. O. S. 340.

Doch ließ das Generalvikariat es bei diesen und derlei Erklärungen, die es durch's ganze Wälderdepartement verbreitete, nicht bewenden, sondern benahm zugleich auch den Vikaren ihre Jurisdiktion, unterwarf sie einer neuen Prüfung, und bestätigte die den vereideten Pastoren am 29. Novemb. 1797 ertheilte Fakultät, ihre eidesscheuen Mitpriester in spiritualibus zu ersetzen und statt ihrer die hl. Sakramente zu spenden. Fr. L. v. Hontheim, Collect. dipl. act. eccl. 18. T. III.

Der Konsistorial-Verordnung gemäß, leisteten den Staatseid viele Geistlichen, ja in einigen Kantonen meistens alle Pfarrer und Seelsorger, unter andern die von Alzingen, Berg, Bettemburg, Bissen, Bollendorf, Burscheid, Clerf, Consdorf, Constum, Dalheim, Daleiden, Diekirch, Eschdorf, Eschfeld, Ettelbrück, Frisingen, Grevenmacher, Großkampen, Hollerich, Lorenzweiler, St. Nikolaus zu Luxemburg, Michelau, Mondorf, Munshausen, Roemern, Oberseulen, Olmscheid, Remerschen, Röser, Rouvroy, Schengen, Urspelt, Waldbredimus, Waxweiler, Weiler z. Th. ꝛc.; mehrere sogar trotzdem, daß sie vor dem Volke erklärt hatten, nie schwören zu wollen.

Es ist kaum glaublich, wieviel sie durch diesen Schwur in den

Augen des Volkes verloren und in Mißachtung sanken. Sie wurden, für Abtrünnige genommen; und weder ihre Messen noch die von ihnen gespendeten Sakramente mehr besucht. Zu Luxemburg wurden die Wenigen, welche in die Messen der Geschworenen gingen, als „Jakobiner" verschrieen. In Junglinster trieb eine Frau den Fanatismus so weit, daß sie zwei ihrer Kinder, um sie, wie sie erklärte, „der geschworenen Messen zu überheben", mit der Axt enthauptete.

Um dieserlei äußern Folgen des Eidschwurs zu entgehen, legten ihn Einige heimlich oder nur theilweis ab, was aber nichts half. Der Eid, den Einer leistete, wurde immer auf der Stelle ruchbar; denn die Kommissäre, in deren Hände er abgelegt wurde, machten daraus kein Geheimniß, und stellten die Ableger als Muster für die Andern auf. Dieses Umstandes und des geglaubten Treubruches halber benannte die Volkssprache das Eidablegen mit dem Worte „Kraachen".

So wehe es dem gläubigen Volke that, wenn seine Priester schwuren, so erfreut war es auch, so oft es sah, daß dieselben den Eid abwiesen. Und diese Freude ward ihm täglich zu Theile. Leisteten auch Viele den Eid, so waren sie doch nur die Ausnahme gegen Diejenigen, die ihn verweigerten. Während ihn 278, darunter einige mit Vorbehalt, ablegten, lehnten ihn 852 entschieden ab, trotzdem daß sie sich dadurch hunderterlei Mühseligkeiten und Gefahren Tag und Nacht aussetzten. Umherirrend und von Almosen lebend konnten sie nur heimlich mehr und zeitweise ihre Amtsverrichtungen vornehmen; und mußten zugeben, daß es geschworene und ungeschworene Priester und eben deswegen überall Zunder zu Parteihaß und giftigen Leidenschaften gab; daß nicht nur Ortschaften und Gemeinden, sondern auch Freunde und Bekannte, ja sogar Stamm- und Hausgenossen entzweit und in gegenseitigem Hasse lebten; und daß sie selbst um des Brodes wegen von den Ihrigen sehr zudringlich angegangen wurden.

Zwar wurden die Luxemburger Priester nicht, wie vorher unter Robespierre die französischen, mit Kartätschen zusammengeschossen, ertränkt, guillotinirt, zersäbelt oder durchbohrt, aber wohl, wofern sie sich nicht in gottloses Treiben fügten, ihrer Stellen entsetzt, ihres Einkommens beraubt, in ihrer Subsistenz verkürzt, verjagt, eingefangen, auf ferne Eilande und Landstriche deportirt. Diejenigen, denen die Flucht gelang, mußten sich in Klüfte und Wälder verbergen; und auf Speichern, in Kellern, Scheunen und Höhlen die Heilsgeheimnisse feiern.

Indeß schmerzte diese bittere Verfolgung die eidweigernden Geistlichen weit weniger als die über sie verhängte Suspension, welcher sie jedoch nichts entgegensetzten als ehrerbietige Passivität. Je starrer aber ihre Unthätigkeit ward, desto mehr verschärften sich die wider sie beschlossenen Maßnahmen. Aus guter Absicht hatte das Generalvikariat seine Verordnungen erlassen, um nämlich dem Volke die Uneinigkeit, den

Kirchen den Verlust ihrer Güter und dem Klerus die grimmigsten Mißhandlungen zu ersparen, brachte dadurch aber nur größere Entzweiung
hervor. In Kurzem erreichte die Unordnung ihr Vollmaß. Da erhoben
wider die Ordinariats-Erlässe anfangs einzelne Geistliche und darauf
auch alle in'sgesammt Protest und Einrede. Dawider eiferten auch verschiedene Flugschriften, wie z. B. „der aufrichtige Republikaner" u.
v. a. Als aber alle Klagen und Beschwerden, sie mochten individuell
oder kollektiv geschehen, zu Trier immer barscher abgewiesen und weder
der Einzelne noch die Gesammtheit angehört wurden, wandte sich endlich der ungeschworene Klerus in Masse an den Bisch. Ciamberlani,
darauf an den Erzbischof von Mecheln und den von Thyrus und zuletzt,
am 7. Januar 1797, auch an den von Trier mit einer von beinahe
all' seinen Gliedern unterzeichneten „kanonischen Appellation", worin
er gegen die von dem Offizial, Siegler und den Beisitzern des Generalvikariats über die Eidweigernden geschleuderten Censuren protestirt und
diese letzteren für unregelmäßig, unzuständig und rechtshalber null und
nichtig erklärt, und erhielt unter'm 15. Febr. 1798 von v. Frankenberg zur Antwort: daß „S. H. Pius VI. den Republikseid wie er
vorliegt, verworfen und als verabscheuungswürdig bezeichnet habe".

Als aber der Trier-erzbisch. Bescheid länger, als erwartet, ausblieb,
wiederholte der eidscheue Klerus seine Beschwerde in einem am 10.
Juni an Clem. Wencesl. gerichteten sehr dringlichen, detaillirten
und schilderungsvollen Briefe, und erwirkte im September 1798, auf
Vermittelung des Sekret. Faulbecker zu Fulda, ein entscheidendes
Responsum, wodurch alle wider die Eidscheuen ergangenen Censuren
und Strafen für nichtig erklärt wurden, gleichwie sie schon zuvor, im
Mai, von Generalvik. Nigg und Weihbisch. v. Pidoll waren erklärt
worden. Von nun an war er beschwichtigt und fing wieder wie von
Neuem aufzuathmen an. F. L. v. Honth., a. a. O. III.

Während aber die Eidscheuen mit so gutem Erfolge wider die Maßnahme des Ordinariats kämpften, waren sie weit entfernt, auch von
Seiten der Republik Linderung zu finden, sahen vielmehr die Verfolgung, die sie litten, noch zunehmen. Sie wurden aufgetrieben, gebrand-
schatzt, geängstigt, der Wuth der Gendarmen, Kommissäre und Soldaten preisgegeben. „Keine Form für die Urtheile, sagt Barbé Marbois,
war vorgeschrieben........ Diese bestätigte das Direkt. ohne Prüfung........
Viele wurden deportirt, ohne angeklagt, verurtheilt oder gehört worden
zu sein......"

Hiebei war es für die Verfolgten ein Glück, daß sich ihrer noch einzelne Gläubige annahmen. Zu Luxemburg fanden sie nicht weniger als
30 Häuser, namentlich bei Bück, Deitz, de la Fontaine, Duprel, Feller,
Genjel, Grün, Hanset, Reiß, Würth, Zinnen ꝛc., die ihnen Tag und
Nacht offen standen. Geschah Nachsuchung, so zogen die Versteckten

1*

von Speicher zu Speicher. Ihrer mehrere rettete Funck dadurch, daß er sie als Metzger- und Gerbergesellen verkleidete. Darum mußte er aber auch vor Gericht bekräftigen, daß er „keine Priester verhehle und nicht wisse, wo sich deren aufhielten". Um solche Bekräftigung frei abgeben zu können, hatte er seinen Schützlingen verboten ihm zu sagen, wohin sie sich begeben würden. Im „Breitenwege" nahm der Bewohner eines Hauses einen kranken Geistlichen auf trotz der ihm angezeigten Gefahr, durch dessen nahe Beerdigung als Priesterhehler erkannt und verfolgt zu werden. Auch die Wittwe Berg nahm unbeeidete Geistliche in ihr Haus auf, wofür sie aber hart büßte: sie wurde 1799 verhaftet, zuerst nach Metz, wo sie eingekerkert 14 Tage, und dann nach Paris, wo sie in St. Pelagia 6 Monate zu schmachten hatte, weggeführt.

Auch auf dem Lande fanden die Geistlichen vielorts, z. B. bei Pütz zu Burglinster, Stiff zu Fentingen, Pletgen zu Lellingen, auf dem Lellerhof, in „Richard's" und „Tossing's" zu Clerf, in „Pommessen" zu Reuler, in „Schummesch" zu Meysenburg, in „Smets" und „Plumers" zu Weiswampach, in „Sonntags" zu Mecher ꝛc., ꝛc., Obdach und Pflege. Zu Tadeler erhielten viele ungeschworene und meistens arme Priester sowohl in Häusern als auch in Hecken und unter Felsen Nahrung und Unterhalt. In „Wolters" kamen sie oft, reichlichen Vogelfang mitbringend, zusammen, besonders aber, wenn schlimme Witterung sie aus Höhlen und Baracken vertrieb. Soviel thaten sie auch in „Henkels" zu Buchholz an der Sauer, wohin, in der hl. Christnacht, die Gläubigen weither zur hl. Messe kamen und dann auf Umwegen von 4 Stunden heimkehrten. Bei Simmern, Calmus, Greisch, Tüntingen, Linster, Feulen, in den Bissener Hecken, im Marscherwalde u. a. v. a. O. hielten sich die Geistlichen schaarenweise bald allein und bald mit Constrits auf, und hielten da Gottesdienst, wie sie konnten, nachdem sie dazu ein verabredetes Zeichen gegeben hatten. In den Gebüschen an der Attert lebten ihrer gegen 12 gemeinsam in einer Erdhütte, empfingen Kleider, Schinken, Brod, Branntwein, verwilderten an Leib' und Seele, und betraten ein halbes Jahr lang keine ihrer früheren Wohnungen mehr. In einem einzigen Hause zu Beckerich hatten sieben Geistliche unter der Treppe ihren Versteck, von welchem aus sie sich in eine Waldkluft bei Ehner begaben, die Kranken versahen, die hl. Sakramente spendeten, bis sie, bei Rückkehr des Friedens, eine öffentliche Danksagungsfeier abhalten und ihre Häuser wieder beziehen konnten.

Je mehr aber die Verfolgten des Volkes Mildthätigkeit erfuhren, desto mehr wurden sie von den Republikanern gedrängt, mißhandelt und zuletzt, besonders aber nach dem Ausbruche des s. g. „Klöppelkrieges", für dessen Anschürer sie galten, von Gebüsch zu Gebüsch, von

Versteck zu Versteck getrieben, geknebelt, geschleppt, verwundet, über den Ozean weggeschifft. Wievieles hatten sie da Jahre lang zu erdulden! Es gebrach ihnen an Nahrung, Bedeckung, Wärme, Reinlichkeit. Wochen hindurch darbten manche, ohne etwas Gekochtes zu genießen. Folgte ihnen auch wohl in Forst und Kluft ein Krug geistigen Getränkes, so war es selten für sie ersprießlich. Daraus schöpften sie keine Nahrung, verderbten sich aber die wenige, welche ihnen zufloß. Ihre Kleidung, oder richtiger Verkleidung, ward immer nothdürftiger; und viele irrten nicht bloß in Bauern-, Hirten-, Kommis- und Handwerkskitteln, sondern dazu auch äußerst zerlumpt und kaum hinreichend bedeckt, umher. Früher gab es im Herzogthum wohl auch einzelne arme Geistliche, besonders Vikare und Kapläne, die, in Naturalien bezahlt, wegen ihrer gewöhnlichen Lebensweise „Speck" genannt wurden; aber unter der Republik sanken alle, soviel ihrer nicht rechtzeitig schwuren, in so tiefe Noth, daß das Konsistorium von Trier sich nicht mehr getraute, sie zum Examen vorzuladen, aus Befürchtung, sie möchten die zur Reise erforderlichen Geldmittel nicht aufbringen. Unzureichend ward bald die Privathülfe. Hielten die Gedrängten sich bei Partikularen auf, so setzten sie diese schwerer Bestrafung aus. Unter freiem Himmel irrten sie deshalb herum, sahen sich nicht selten von dem Nothdürftigsten entblößt, und erlagen theilweis dem Hunger und Elend.

So eine Lage ging auch der Departementsverwaltung zu Herzen. Sie suchte daher schon am 14. Brüm. VI den Republikseid als mit einem christlichen Gewissen vereinbar darzustellen und somit dessen Leistung zu bewirken. Als sie aber sah, daß sie so nichts ausrichtete, schritt sie mit Gewalt ein, und brachte die Beschlußnahme vom 14. Brüm. VII in Ausführung, gemäß welcher, nach Erwägung, daß „die widerspänstigen Priester und Mönche in den mit Frankreich vereinigten Departementen die grausamsten Feinde des Reichs seien, die Verwaltung hemmen, das Gemeinwesen herabsetzen, Unruhe stiften, die Leidenschaften aufreizen, den Fanatismus und Brandzettel verbreiten, die Bürger dem Dolche weihen, Privatoratorien und Conciliabel halten, den hin und wieder ausbrechenden Aufstand organisiren, ihren Einfluß zum Aufhetzen zu Exzessen mißbrauchen, sich mit den auswärtigen Republiksfeinden verschwören, den Bürgerkrieg anschüren und an keine Ruhe denken lassen, so lange sie nicht den Gesetzen unterworfen sind", gemäß welcher, sag' ich, über 800 Luxemburger Geistliche verhaftet und nach Amerika oder den Inseln Ré und Oleron deportirt werden sollten.

Von dem 25. bis 30. Brüm. des letztgenannten Jahres geschahen sofort in allen Gemeinden Haussuchungen und Perquisitionen. Zu Luxemburg begannen dieselben damit, daß der Brigadier Delacour mit Gendarmen und Soldaten in Einer Nacht die Häuser aller Priester umſetzte und dieſe, zuſammen 42 und mitunter ausgezeichnete Männer, am folgenden Morgen verhaftete und meiſtens in die Münſterabtei einkerkerte. Gleichzeitig würden noch 14 andere Stadtgeiſtliche eingefangen worden ſein, wären ſie angetroffen worden.

Am Abende wurden auch vom Lande Dutzende von eidſcheuen Prieſtern in die Feſtung gebracht und entweder in dieſelbe Abtei, oder auf die „Ram“, oder in's Spitälchen, jetziges Armenhaus, oder in den Eicher Thorthurm eingeſperrt. Alle mußten daſelbſt ihres ferneren Schickſals gewärtigen, und wurden darnach weiterhin transportirt, mit Ausnahme der Erkrankten, über 60 Jahr Alten, für friedlich Gehaltenen, hinlängliche Bürgſchaft Stellenden und einiger Entwichenen.

Täglich füllten Neugeſangene die leergewordenen Gefängnißräume wieder an. An Einem Tage, dem 31. Brſlm. VII, wurden auf 5 Wagen 31 Geiſtliche, welche Kommiſſär Seiquer, auf eine falſche Vorladung behufs Ausweiſes über Subſiſtenzmittel, zu Everlingen hatte verhaften laſſen, nach Luxemburg gebracht. Dieſer Verhaftung waren 21 andere, die Vorladung abweiſend, entgangen.

Auf dem „Stoppelhofe“ wollte einer der verfolgten Prieſter durch's obere Fenſter entſpringen und brach das Bein. Dieß hinderte die Diener des Geſetzes nicht, ihn auf einen Karren zu laden und mit ihm, ohne ſeines Gejammers zu achten, in's Stadtgefängniß zu fahren.

Den Pfarrer zu Niederkerſchen ließ der dortige Kommiſſär verhaften und abführen, und hätte desgleichen auch mit dem von Meſſancy gethan, hätten dieſen die ihn umringenden Weiber nicht aus den Händen der Häſcher zu befreien gewußt.

Auf die Inſel Ré wurden nebſt 130 anderen Deportirten auch 48 Luxemburger Geiſtliche, von denen ſich mehrere dem Arler Gendarmerie-Kommandanten freiwillig als Gefangene dargeſtellt hatten, verſchifft. Auf dieſer Inſel war ſeit Mai 1798 ein neues Depot organiſirt worden, worin ſich zu Anfange Auguſt's ungefähr 100 befanden. Von dieſen ſtiegen 44 an Bord der von den Engländern gekaperten Corvette „Vaillante“. Zu den Übrigen kamen am 7. Aug. noch 143 zu Rochefort gebliebene Greiſe, Kranke und Invaliden in einem Zuſtande, der keinen Weitertransport derſelben über See mehr geſtattete. Von jetzt an war die Menge der auf die Inſel Abgeſetzten ſo groß, daß ſie auf die Speicher einquartirt werden mußten. Da lagen ihrer dürftig gebettet und vom Ungeziefer verzehrt, über 1200, Franzoſen, Deutſche, Prieſter und Laien.

Ein Pfarrer des rechten Moſeluſers wurde nach der Inſel Ré und, weil er für beſonders gefährlich galt, von hier auf „Oleron“ deportirt. Sein Loos theilten noch 7 andere Luxemburger.

Die ſchaudervollſte dieſer Deportationen war jedoch erſt die von 6 Luxemburger Geiſtlichen nach Cayenne im Jahre 1798. Dieſe waren meistens im Spätherbste 1797 verhaftet und mit verschiedenen Anderen von Kerker zu Kerker bis nach Rochefort transportirt worden. Einer von ihnen beschreibt uns Tag für Tag die Geschichte ihrer Deportation, ihrer erlittenen Mißhandlungen, Hunger-, Durst-, Kälte- und Hitzequalen, ihres Todes, oder ihrer Evasion und endlichen Rettung. Den 11. März 1798 hatten einige von ihnen die „Delade" bestiegen, welche den 6. Juni mit 163 Verbannten zu Cayenne anlandete. Daselbst wurden auch zu Ende Sept. desselben Jahres noch 197 andere Unglückliche, welche am 1. Aug. an Bord der „Bayonnaise" unter Segel gegangen waren, an's Land gesetzt. Von diesen waren am 30. Nov. 1799 nur noch 27 am Leben, die übrigen dem Klima, Hunger und unmenschlicher Behandlung, deren Gegenstand sie geworden, erlegen. Zu diesen gehörten auch die Luxemburger, welche umkamen. Diese starben, vom Hunger und Klima aufgerieben, in den Kantonen Konanama und Sinamari. Im Angesichte des Todes trösteten sie sich wechselseitig, spendeten einander die sakramentalische Absolution, und entschlummerten beruhigt durch die Kraft der Religion. Das «Martyrologe du Clergé franç.» zählt sie unter die christlichen Blutzeugen.

Doch wurden von den Verhafteten nur die wenigsten außer Landes deportirt. Die Einen erschienen nur bei dem Kommissär, welcher, wenn sie das erforderliche Alter hatten, sie wieder zu ihrer Heimat entließ, die Anderen wurden nach Luxemburg, Metz, Verdun, Auxerre, Rochefort, ꝛc. expedirt, und konnten dann, bei Erkrankung, oder Bürgschaftleistung, in ihre Ortschaft zurückkehren; noch Andere wurden auf Empfehlung oder ein Zeugniß friedfertiger Gesinnung, wieder in Freiheit gesetzt.

Gering war indeß die Zahl der Verhafteten gegen die Menge Derjenigen, die erst festgenommen werden sollten. Nach einem im Luxemburger Regierungs-Archiv befindlichen Verzeichniß vom 4. Nov. 1798 waren ihrer 812, eigentlich aber 852, d. h. mehr denn 3 Viertel des Klerus, für Vaterlandsfeinde erklärt und zur Deportation verurtheilt. Auch würden sie wirklich verhaftet und deportirt worden sein, hätten sie nur entdeckt und ergriffen werden können. Allein die meisten entgingen der Verhaftung oder befreiten sich davon dadurch, daß sie evadirten, flüchtig wurden, emigrirten, sich verborgen hielten, als Hirten, Fuhrleute, Pflüger verkleidet auf's Feld zogen, als Krämer hausirten, als Handwerker und Taglöhner Handarbeit verrichteten, in Schafspelzen und Ziegenfellen umherzogen, Krankheit klagten, sich ausplündern ließen, durch Zufall, z. B. Weiberauflauf, Täuschung der Häscher u. s. f. Rettung fanden.

Entkamen die Priester aber auch der Gefangenschaft, so entkamen sie darum noch keineswegs der Verfolgung. Hunderterlei Ruchlosigkeiten sahen sie sich vielmehr preisgegeben und auf alle nur erdenkliche Weise gekränkt: durch Untersagung des Kultus, Konfiskation der Wohnung und des Einkommens, Behandlung ihrer als Emigrirter, Folterung der Verwandten, u. s. f. Kein Wunder, daß nicht allein Geistliche, sondern auch Laien, ja sogar Protestanten und Juden, darauf sannen, wie sie den Unmenschlichkeiten Einhalt thun könnten. Der Papst nahm die Verfolgten nicht nur in seinen Staat auf, sondern suchte deren Aufnahme auch anderen Mächten, besonders Östreich und Sardinien, an's Herz zu legen. Seinem Wunsche auch kamen entgegen diejenigen, welche ihn vernahmen; selbst das abtrünnige England fühlte Erbarmen und nahm sich der Mißhandelten an.

Nichtsdestoweniger währte die Quälerei fort, bis endlich ein Beschluß der Konsuln vom 21. Niv. VIII die Wiedereröffnung der Kirchen gestattete und ein anderer vom 11. Brüm. alle Direktorial-Verordnungen behufs Ausführung des Gesetzes vom 19. Fruktid. V unter gewissen Bedingungen für aufgehoben erklärte. Von allen Seiten sah man nun die um ihres Glaubens willen verbannten und am Leben erhaltenen Priester zurückkehren. Von den auf das französ. Guyana ausgesetzten lebten am 18. Brüm. VIII noch 69. Drei zu ihrer Befreiung abgeschickte Fregatten geriethen in die Hände der Engländer; aber glücklicher war ein vom ersten Konsul abgefertigtes Fahrzeug; in Jahresfrist brachte es die noch Lebenden nach Frankreich zurück. Auch kamen jetzt die Luxemburger Verbannten größtentheils in ihre Heimat wieder.

Mit seinen Priestern sollte nun das Land zugleich auch den Kirchenfrieden, wie ihn der erste Konsul am 5. Juni 1800 den Pfarrern Mailand's in Aussicht gestellt hatte, zurückkehren sehen. Am 15. Juli 1801 erfolgte die langersehnte Abschließung des Konkordates zwischen Pius VII. und dem ersten Konsul. Aller Zwiespalt und dessen Quelle waren nun beseitigt. Den Priestern aller Kategorieen wurde eine allgemeine Amnestie verkündigt, für deren Genuß es genügte, daß sie zur Gemeinschaft der von der Regierung und dem Papste ernannten Bischöfe zu gehören und den konstitutionellen Behörden treu zu sein gelobten.

Nach der Rückkehr des äußern Kirchenfriedens übrigte noch, auch den innern zurückzurufen. Hiezu reichte es hin, die geschworenen Geistlichen mit den ungeschworenen zu versöhnen und in den Schooß der Einheit zurückzuführen. Zu diesem Zwecke hatte schon am 22. April 1801 Erzbisch. Clem. Wencesl. die Widerrufung und Zurücknahme der vom Generalvikariate ausgegangenen Vorschriften in Betreff der Eidesleistung verordnet. Auch hatten Alle, welche den Eid geleistet, schon vorläufig eine denselben im Sinne Pius VI. verdammende Erklärung unterschrieben. Da kam endlich auch noch, von Rom aus, eine die Gemüther beschwichtigende Ermahnung zum Frieden und zur Eintracht. Ein von Paris am 2. Dez. 1801 datirtes Schreiben Caprara's, Priester-Kardinals von St. Onofrio, erklärte, daß S. Heiligkeit 1) alle ungeschworenen Geistliche darob lobe, daß sie, um ihrem Gewissen treu zu bleiben, allen Gefahren trotzten, aber von ihnen verlange, daß sie die geschworenen Priester nicht für Schismatifer, Häretiker oder Exfommunizirte ansehen; und 2) von den geschworenen die Unter= zeichnung folgender Erklärung abfordere: „Ich N. erkläre, daß, als ich den Eidschwur vom 19. Fruftib. V in den Ausdrücken: Ich schwöre Haß dem Königthum ꝛc. ablegte, ich selbigen nur ablegte, insofern er sich auf diesen Sinn reduzirte: „Ich schwöre niemals zu konspiriren für die Wiedereinführung des Königthums in Frankreich, den Umsturz der Republik oder deren Constitution"; welchen Sinn ich für den der Gesetze vom 19. Fructib. V und 7. Vendem. IV gehalten habe. Ich erkläre außerdem, daß der Eid in seinem grammatikalischen und buch= stäblichen Sinne, wie er vom hl. Vater Papst Pius VI. in dessen Breve an den Erzbisch. Boni von Nazianz genommen, unerlaubt ist; daß ich ihn auch allzeit für verdammungswürdig beurtheilt habe; daß ich ihn von Neuem verdamme und förmlich mit dem hl. Vater miß= billige. Indem ich übrigens ꝛc." Fr. L. v. Honth., a. a. O. III.

Diese Erklärung unterzeichneten alle geschworenen Geistlichen mit der größten Bereitwilligkeit; und mit dieser Unterzeichnung nahmen endlich der Zwiespalt und Wirrwarr, welche so lange die Gemüther entzweit hatten, ein Ende.

Es schlägt nicht in den Zweck dieser Schrift, gegen die vereideten Geistlichen Tadel auszusprechen. Sie waren laut Erklärung des hl. Stuhles weder Schismatifer, noch Häretiker, noch Exfommu= nizirte; sie waren auch keine Übelgesinnte, sondern nur Übelberathene. Sie meinten es überhaupt redlich mit der Kirche; sie leisteten den Re= publikseid, wodurch sie nichts gegen die Republik zu unter= nehmen erklären wollten, bloß in der Absicht, ihren Kirchen deren Güter und Einkommen zu erhalten; sie leisteten ihn vorzüglich des= wegen, weil ihnen, während sie vergebens auf Mittheilung der obersten Lehrentscheidung warteten, ihre unmittelbare geistliche Behörde es unter Strafe der Suspension *ipso facto* zu thun befahl. Daher schaarten sie sich auch wieder um den obersten Hirten, sobald sie dessen Stimme vernahmen, wie die Söhne um ihren Vater, und unterwarfen sich dessen Entscheid mit voller Ergebung. Zudem waren auch die meisten unter ihnen musterhafte Priester, viele Pfleger der Wissenschaft, Män= ner von Talent und Verdienst, die der Religion große Dienste leisteten, oder dafür wenigstens anerkannt wurden, und sich gegen ihre eidscheuen Mitgeistlichen sehr leutselig und zuvorkommend benahmen.

Tadeln wir daher selbe nicht, so spenden wir ihnen darum aber be= sonders auch kein Lob. Auch der hl. Vater ertheilte ihnen keine Lob= sprüche, sondern forderte sie auf zur Unterwürfigkeit gegen Rom und zur Verwerfung des Republikseides in seinem buchstäblichen und na= türlichen Sinne.

Wir können mithin die geschworenen Geistlichen als solche hier nicht zum Gegenstande unserer biographischen Nachrichten wählen, schließen sie aber aus diesen auch nicht aus, wofern sie übrigens, was weniger oft der Fall war, durch die Art ihrer Leiden es verdienten, unter die Bekenner des Glaubens gezählt zu werden. Wir haben nur wenige zu erwähnen, weil nur wenige besonders litten, und unsere Aufgabe bloß diejenigen darstellen will, welche um ihres Gewissens willen Verfolgung ausstanden.

Eine andere Bewandtniß hat es dagegen mit den ungeschworenen Priestern. Diese haben wir zum eigentlichen Vorwurfe unserer Notizen genommen. Vor den anderen scheinen sie eine solche Auszeichnung zu verdienen. Denn sie lehnten die Leistung eines verabscheuungswürdigen Eides ab; sie folgten unbedenklich der Stimme des obersten Kirchenvorstandes; sie litten unbeschreibliche Verfolgung um ihres Gewissens willen; sie stehen vor uns da als eigentliche Glaubensbekenner, und als solche wurden diejenigen von ihnen, welche deportirt wurden, schon damals von Rom aus bezeichnet.

Außer den Geistlichen haben hier und da auch Personen des weltlichen Standes — wir haben deren neun angetroffen — um ihres Glaubens wegen äußere Hintansetzung erleiden müssen. Ohne selbige aus dem Rahmen der Darstellung systematisch zu schließen, können wir jedoch ihrer keineswegs, wie wir es zu thun wünschten, erwähnen, aus Mangel an Nachrichten. Wir bedauern dieß, sowie wir bedauern, daß uns überhaupt die positiven Aufschlüsse zu spärlich zu Gebote stehen.

Daß es dringend war, die Erinnerungen an unsere großherzigen Glaubensmuster für die christliche Mit- und Nachwelt zu sammeln, ergibt sich bereits aus der nunmehrigen Nothdürftigkeit unserer Quellen. Ehemals sprachen fast alle Luxemburger von der Entschlossenheit und Standhaftigkeit ihrer Geistlichen; heutigen Tages leben davon im Volke nur mehr einzelne und größerntheils fragmentarische Vorstellungen. Würden diese jetzt nicht aufgezeichnet und dadurch für die Zukunft erhalten, so könnten sie mit der jetzt lebenden Generation für immer untergehen.

Wie weit unser Sammelwerk gelungen sei, darüber zu entscheiden wollen wir dem sachkundigen Urtheile unserer Landesgenossen anheimstellen; hegen jedoch das Vertrauen, daß wir ihnen jedenfalls einen bedeutenden Theil hierlands vorgefallener Thatsachen erhalten und insofern ihre Anerkennung beanspruchen dürfen. Aus unserer Darstellung muß erhellen, daß auch unser Land vor 60 Jahren an Glaubensbekennern, d. h. an Solchen, welche für die christliche Religion Alles, selbst das Leben zu opfern und Gott eher als den Menschen zu gehorchen bereit waren, keineswegs Mangel hatte, so wie es dermalen auch keinen Mangel daran haben würde, wenn wieder ähnliche Zustände, wie die damaligen, ein besonderes Bekenntniß erforderten.

Von jeher hat die Religion des Kreuzes ihre schönsten Siege da und dann errungen, wo und wann der Feind über sie zu triumphiren verhoffte. Ganz besonders zeigten dieß die drei ersten Jahrhunderte, wo mitten unter den schwersten Bedrückungen und blutigsten Verfolgungen die Gläubigen eine Hoheit der Tugend, eine Stärke der Hoffnung, eine Glut der Liebe und eine Kraft des Glaubens offenbarten, die wir heute noch staunend verehren. Mit diesen Zeiten der Urkirche hatten große Ähnlichkeit die stürmischen Tage der französischen Revolution. Neue Nerone und Diokletiane traten auf, und auf's Neue sollte das christliche Samenkorn im Blute erstickt werden. Zwar verloren um des Glaubens wegen nur wenige unserer Landesgenossen ihr Leben; aber desto größer war die Zahl derer, welche jegliche andere Prüfung aushielten.

Der Darstellung dieser Bekenner klebt nothwendig Unvollständigkeit an. Wegen dieses Mangels wird Keiner sie verwerflich finden. Kennen wir auch nicht alle Luxemburger, die um ihres Gewissens wegen zu leiden hatten, so verdienen darum nicht weniger diejenigen, welche wir im Andenken behalten haben, unsere ganze Anerkennung.

Der Darstellung wird ferner nicht vorgeworfen werden, daß sie wegen ihrer gleichgesinnten Kraftmänner zu viel Eintöniges enthalte. Dieselbe Eintönigkeit kömmt ja auch vor in den Lebensschilderungen anderer Glaubensbekenner. Es ist überall dasselbe Prinzip und dasselbe Motiv, welches das Bekenntniß hervorrief. In diesem Prinzip und Motiv liegt wohl Eintönigkeit; aber es ist die der Einheit, ohne welche die Manchfaltigkeit ein Chaos wäre.

Will vielleicht Jemand behaupten, es fehle den Nachrichten zu sehr an äußerm Belange, so erwidern wir, daß wir uns deshalb zuversichtlich auf die künftigen Geschlechter berufen.

Soll darin endlich auch Einer etwa eine antirepublikanische oder franzosenfeindliche Tendenz wittern, so sei ihm bemerkt, daß wir eben so wenig gegen als für den Republikanismus und nicht im Geringsten wider eine große und edelmüthige Nation, sondern bloß wider den Fanatismus und Schwindelgeist ihrer widerchristlichen Unterdrücker schreiben wollten.

Unsere Darstellung, wie der aufmerkende Leser sieht, will durchaus objektiv sein und die Luftgänge der Subjektivität möglichst vermeiden. Eine andere Behandlungsweise hält sie hier, wo lauter Thatsachen sprechen, für zweckwidrig.

Wie reich und manchfach diese Thatsachen seien, zeigen schon die Rubriken, unter welche sie eingerahmt sind. Behandelt werden: I. ein aus Privathaß hingeschlachteter Geistlicher, II. nach Guyana deportirte, III. nach der Insel Oleron deportirte, IV. nach der Insel Ré deportirte, V. verhaftete, VI. in der Haft verstorbene, VII. freiwillig verhaftete, VIII. emigrirte, IX. evadirte, X. unentdeckte, und XI. geschworene und renige Geistliche. Diese Gliederung wirft Licht auf das Ganze, während ein beigefügtes alphabetisches Verzeichniß das Nachschlagen genugsam erleichtert.

Zur Vermeidung unnützer Wiederholungen mögen noch schließlich ein- für allemal angezeigt stehen die Quellen, aus welchen ich die Notizen entlehnte. Es sind: Lbgr. Regiergs-Arch.; Bormann's Chron. d. Pf. Daleiden; Petit's und anderer Verfolgten allgem. u. bes. Deportationslisten; Tagebücher und Denkschriften mehrerer Deportirten: J. M. Wagner, J. J. Aymé, Barbé-Marbois 2c.: Rob. de Saumoy's Chron. de l'a. d. St Hub. Brux. 1847, S. 193; Blattau, Stat. Synod.; Fr. L. v. Hontheim's Collect. dipl. in fin. eccl. 18; Esch u. Gruber, Allgem. Encyclop.; Fr. Clasen's Biogr. Wolff's; Public. d. l. S. u. de Lbg.; Laurent's Hirtenbr. v. 2. Febr. 1845; Martyrol. du clergé fr. Paris 1840; Bandernoot's Erlässe; Neven's Beschr. f. Elends; Schmitz, Schriftl. Nachlaß; Journ. d. Lbg. 1831; Lbgr. Wort f. W. u. R.; Harpes, Kirchenstat. v. Brandenburg; Müller, Progr. d. Echtern. Mittelsch. 1856; A. Namur, Catal. d. l. Biblioth. de l'Athénée 1855; Dr Neyen, Bibliogr. luxemb., Mscr.; die Diözesan-Direkt. von 1813–-1859; Breisdorff, Gesch. d. Pf St. Michael; sowie schrift. und mündl. Mittheilungen der HH.: Pf. Alexander, Dcht. Ambrosy, Pf. H. F. Bernard, Prof. J. B. Bourggraff, Pf. Bertrang, P. Bill, Pf. Bock, Prof. Bobson, N. Breithof, Dcht. Concemius, Pf. Conter, Prof. Clomes, Prof. de Colnet, Regrgsrath Deny, Pf. Dimmer, Pf. Döner, Pf. Durst, Pf. Eischen, Pf. Eicher, Pf. J. Engling, Obergerichtsr. K. G. Eyschen, Kapl. Faber, Vik. J. B. Faulbecker, Pf. Freymann, Stud. Faltz, Pf. Greymann, Pf. Guerstener, Pf. Haymes, Pf. Hermann, Pf. Hesse, Pf. Th. Heynen, Dcht. Hoffmann, Pf. Kalbersch, Pf. Kempen, Frz. Kandel, Stud. Kieffer, Prof. Lacave, Pf. Laplume, Pf. Lafleur, Pf. Müller, Athsbirekt. Müller, Pf. J. Mersch, Pf. St. Mersch, Pf. Meyer, Bürgerm. Moes, Dcht. Majerus, Dr. Neuens, Staatsanw. B. Neumann, Pf. P. J. Neumann, Pf. Niedenführ, Pf. Pastoret, Pf. Probst, Pf. P. Pletgen, Pf. Reding, Stud. Reitz, Prof. Reuter, Pf. Schumacher, Pf. Schnack, Prof. Schötter, Pat. Smets, Pf. Scheid, Pf. Sonntag, Pf. Spranck, Prof. Stronck, Pf. J. M. Steichen, Pf. Stelmes, Decht. Stolz, Decht. Tedesco, Pf. Turmes, Pf. Wausdorff, Pf. P. Welter, Vik. J. Welter, Prof. Wies, Kapl. Wies, Pf. Wolff, Pf. Wissener, Kaufm. P. C. Würth, 2c., 2c.

Marienhof, am Feste Mariä Lichtmeß 1860.

Die
Luxemburger Glaubensbekenner

unter

der französischen Republik.

———•••————

I. Abtheilung.

Ein aus Privathaß hingeschlachteter Geistlicher.

Vorbemerkung. Kein Luxemburger Geistlicher wurde als solcher von den Republikanern zum Tode verurtheilt; dennoch mußte um seines Standes willen ein im Lande geborener, dem Privathasse eines Militärs erliegend, sein Leben lassen.

Roß, Nikl., aus „Kikemes" von Daleiden geb., studirte zu Köln, und ließ sich auch im Kölnischen als Vik. anstellen. Im Spätherbste des J. 1798 kam er vom Rheine zu seinen Verwandten auf Besuch, und befand sich zufällig in seinem Geburtsorte am 30. Okt., r. i. am Tage, wo daselbst die Klöppelmänner nach Arzfeld hin durchzogen. Weil die Nachzügler glaubten, er könne sie „festmachen" und ihnen in Todesgefahr beistehen, so überredeten sie ihn, als Feldgeistlicher mitzutraben. Beim Einhauen der Reiter im Arzfelder Gefechte wurde er schwer verwundet, und saß das blutige Haupt mit dem Brevier in der Hand haltend, auf dem Sammelplatze der Gefangenen. Ein barbarischer Trompeter, erboßt darüber, daß ihm sein Pferd während Durchsuchung einer Leiche durchgegangen war, stürmte, als er in ihm einen

Priester erkannte, auf ihn los. Roß flehete um Gnade. Der Trompeter winkte ja, kam aber immer näher. Roß zog seine Börse mit 6 Louisd'or und bot sie dem Trompeter an. Dieser nahm sie und rief: „Pfaff! hast du geschworen?" „Ich habe Gott geschworen!" erwiderte Roß. „Dann bereite dich zu sterben!" sagte der Trompeter, drückte auf ihn sein Gewehr los, schlug ihm dann mit der Kolbe von hinten den Scheitel entzwei, zog den Säbel hervor, und schlachtete ihn vor Aller Augen völlig hin, oder zerhieb ihn, wie man damals sich ausdrückte, in Riemen. Roß hatte erst sein 35. Lebensjahr angetreten.

II. Abtheilung.

Nach Guyana deportirte Geistliche.

Vorbemerkung. Die nach dem französischen Guyana Deportirten verloren zwar durch Konfiskation ihre Güter nicht, galten jedoch gesetzlich für bürgerlich todt. Von allen Deportirten unseres Landes waren sie es eigentlich, die am meisten zu leiden hatten sowohl durch Sturm, Klima, Hitze, Pest, Hunger, Schmutz, Blöße und Elend, als auch durch besondere Mißhandlung von Seiten ihrer Aufseher. Ihrer werden wenigstens 6 gezählt.

Bertrand, Hch., mit dem Klosternamen Malachias, geb. zu Morterant 1756, war Bernardiner zu Orval und Prokurator dieser Abtei. Er verweigerte die Leistung des Republikseides, ward, zufolge des Gesetzes vom 5. Sept. 1797, von den Gend. aufgegriffen, am 12. März 1798 auf der „Charente" und darauf, am 24. Apr., auf der „Decade" nach Cayenne hin eingeschifft. In diesem Meerhafen landete er am 15. Juni 1798, und st. zu Konanama von Hunger und Elend am 25. Okt. darnächst, im Alter von 45 Jahren.

Custer, Nikl., aus dem Luxemburgischen gegen 1756 geb., stand als Franziskaner mit dem Klosternamen Albertin zu Namur, als er am 8. Dez. 1796 durch seines Landes Bedränger aus seinem Ordenshause vertrieben wurde. Darauf übte er das hl. Hirtenamt zu Ißbach in Deutschlothringen, Diözese Trier, bis zum 18. Fruct. V aus. Weil er den ihm vorgeschriebenen Eid des Königthumshasses zu leisten sich weigerte, so wurde er am 12. Nov. 1797 verhaftet, nach Metz in's Gefängniß, und von da nach Rochefort abgeführt, woselbst er mit J. M. Wagner und andern Verbannten am 27. Fbr. 1798 ankam. Den 12. März gingen sie nach Guyana hin unter Segel am Bord der „Charente". Als aber dies Schiff von der Rhede Rochefort's ausgelaufen war, stießen sie auf drei englische Fregatten. Nach einem harten Kampfe, in welchem sie stark beschädigt ward, warf sich die „Charente" an's Ufer und zog sich, am 24. April, an den Stapel von Royan zurück. Die Deportirten wurden nun auf der Fregatte „Dekade" eingeschifft, erschienen am 8. Juni vor Cayenne, landeten daselbst am 13., und blieben in dieser Stadt 2 Monate. Darauf, am 8. Aug., zogen sie nicht mit der großen Deportirtenmasse nach Konanama, sondern nach Sinamari, wo sie ein Haus mietheten, um desto leichter ein Evasionsmittel auszufinden. Ihr Plan war kühn. Vom Agenten Burnet dem Tode geweiht und an anderweitiger Hülfe verzweifelnd, entwichen sie am 19. Juni 1799 auf einer elenden Schaluppe, ruderten drei Tage und drei Nächte in Einem fort, ohne Kleidung, Nahrung, Magnetnadel und Segel, unter unzähligen Mühen, vielerlei Entbehrungen, unaufhörlichem Sturme und tausend Gefahren, landeten zu Surinam in dem holländischen Guyana, von wo aus sie sich nach der „Martinique" einschifften. Durch die Bitten der dortigen Kapuziner aber und des Gouverneurs der Kolonie ließen sie sich bewegen, daselbst Kuratdienste anzunehmen. Dieß geschah, ungeachtet sie nach Europa zurückzukehren gesinnt waren. P. Cr. wurde Past. des „Vieux-Fort" auf der Insel St. Lucia, bekleidete dieses Amt aber nicht lange. Denn gleich nach dessen Besitznahme befiel ihn ein bösartiges Fieber,

welches nach acht Tagen, am 13. Nov. 1800, seinem leidens-
vollen Leben ein Ende machte.

Havelange, Joh. Jof., Sohn des Servat. Hge. und der
Mar. Joseph. Crépin, wurde geb. den 16. Okt. 1729 zu Sept-
roux, Pfarre Dieuport und Gemeinde Aywaille (Lüttich), studirte zu Löwen, erhielt die Priesterweihe zu Mecheln, ließ sich
unter die Jesuiten aufnehmen, wurde 1773 Profeffor der
Philosophie zu Luxemburg, als welcher er mehrere Thesen
veröffentlichte, und darauf Lehrer der Theologie im dortigen
Filialseminar. In letztgenannter Eigenschaft fand Hge. Gelegenheit, sich als Vormauer der orthodoxen Grundsätze hinzu-
stellen. Damals, meinte man, sollte es an der Zeit sein, der
Kirche auch die Bildung des Weltklerus aus den Händen zu
reißen. Wirklich war schon, wie in den Hauptstädten von
Tyrol, Steyermark, Böhmen und Schlesien, so auch hier ein
Seminar von der weltlichen Behörde errichtet worden, welches
man theils durch Zwang und theils durch trügerische Ver-
heißungen von Freitischen schnell zu bevölkern wußte. Anfangs
ließ man die alten von der Löwener Univerfität hergesandten
Lehrer noch im Amte, drang aber dem Seminar einen frem-
den, von der herrschenden Aufklärerei angesteckten Neuerer,
Namens Mayence, zum Direktor auf, der dann allmälig
neue, mit den Irrthümern der Zeit, besonders jansenistischen
und unrömischen Grundsätzen durchsäuerte Lehrbücher in die
theologische Schule einzuschwärzen trachtete. Der brave und
gelehrte Hge. widersetzte sich offen diesem verrätherischen Treiben. Dawider richtete er seine Protestation vom 10. Mai
1787 an die General-Gouverneure der östreichischen Niederlande, bezeichnete als irrig, ärgerlich, die Härefie begünsti-
gend und häretisch die als Lehrbücher eingeführten Werke
von Pehem, Lauber, Gazzaniga und den „Plan der General-
seminare" und verlangte zugleich seine Entlassung. Dieselbe
Protestation schickte er auch an alle Erzbischöfe, namentlich
den von Trier, und alle Bischöfe, deren Diözesen sich auf
das Luxemburger Gebiet erstreckten. Hiedurch zog er sich mit
seinen Gefährten Quenon und Vignaud die Ungnade
Jos. II. zu und wurde seines Lehramtes entsetzt. Er begab

sich nach Löwen, wo er Licentiat der Theologie wurde und 1788 sein Hauptwerk: «Ecclesiæ infallibilitas in factis doctrinalibus demonstrata et à Jansenianorum impugnationibus vindicata», Bd. in-8°, herausgab. Am Ende dieser Abhandlung steht die päpstliche Bulle wider die Eybel'sche Schrift: „Was ist der Papst?" Durch eine Regierungsdepesche vom 25. Aug. 1788 an den General=Prokurator wurde der Verkauf dieser Schrift verboten, was aber zu ihrer Verbreitung noch beitrug. Hge. schickte sie an Pius VI., welcher ihm ein Beglückwünschungs= und Ermunterungs=Breve schrieb, das, von Rom datirt den 1. Juli 1789, an ihn erst am 19. Febr. 1790 gelangte. Im J. 1793 kündigte ihm der Bischof Zonbadari den Entschluß an, das Werk von Neuem zu Rom auflegen zu lassen, wofern es ihm erlaubt sei, darin den Namen Gazziniga durch das Wort „Neuerer" zu ersetzen. Einige Jahre später, nämlich 1797, veröffentlichte Hge. ein kleineres Werk unter dem Titel: «Avis touch. l'accept. et l'us. d. bons présent. aux ecclésiast. suppr.» Schon drei Jahre früher, im Juni 1794, hatte er seine Disputation zum Erlangen der Doktorwürde gehalten; verzichtete aber auf deren feierliche Verleihung in Folge der Ungunst jener Epoche. Dennoch bekleidete er fortwährend das Rektorsamt, welches er schon 1789 übernommen hatte. Weil Hge. auf das Entschiedenste die Republikseide verweigerte, so wurde er im Sept. 1797 von den Gend. plötzlich ergriffen, nach Rochefort abgeführt und am 25. April 1798 auf der „Dekade" nach Cayenne eingeschifft, woselbst er mit 193 anderen Deportirten am 10. Juni anlangte. Es übertrifft alle Vorstellung, wievieles er und seines Unglücks Theiler bei dieser Überfahrt zu leiden hatten. Dennoch verläugneten sich seine Ergebung und Seelenstärke keinen Augenblick. „Er war, schreibt Generalvikar Vanderlinden, ein Gegenstand der Erbauung und Bewunderung für Alle, welche sein Mißgeschick theilen mußten." Von Cayenne wurde er in die verschlammte und mörderische Gegend von Sinamari transportirt, wo er, von Hunger und Elend erschöpft, in den Armen seiner Freunde Wagner, J. J. Aymé, Barbé=Marbois ꝛc. am 7.

Sept. 1798, im fünfzigsten Jahre seines Alters, seine große Seele aushauchte. Seiner gedenken in ihren Schriften und Briefen Wagner, Aymé, Barbé-Marbois. Letzterer schildert ihn und beschreibt seinen Tod, wie folgt: „Zehn Deportirte durften, statt zu Konanama, wo keiner leben konnte, zu Sinamari wohnen. Sie waren alle gefährlich krank. Mit keinem anderen als Hge., dem früheren Rektor der Universität Löwen, stand ich in Verbindung. Er war ein Mann von einfachen und sanften Sitten und strenger Lebensweise. Äußerst sparsam für Ausgaben, die sein Alter und Siechthum erforderten, verschwendete er seinen Überfluß und sogar einen Theil des ihm Nothwendigen unter die Armen. Er anerkannte unumwunden die Gränze zwischen der Civil- und der religiösen Autorität. Obwohl Mitglied des belgischen Klerus und folglich von ultramontanen Grundsätzen erfüllt, beanstandete er nicht zu sagen, daß die den Kultusdienern abgeforderten Eide der Gleichheit, Freiheit und Unterwürfigkeit weder das Naturgesetz noch die Lehre Christi verletzen... Er war wegen ausgeübten Exorcismus deportirt worden... Hge. erzählte mir selbst mit Naivität, wie er dazu gekommen sei, den Teufel aus dem Leibe einer Besessenen zu bannen. Von dem Wunder war er vollkommen überzeugt, und würde nicht gelitten haben, daß man über seine Leichtgläubigkeit gelacht hätte. Ich will nur Ein Wort sagen von den Umständen seines Todes. Dieser war derselbe wie der so vieler seiner an jenem gräßlichen Aufenthaltsorte umgekommenen Standesgenossen. Niemals sah man mehr Ergebung, Festigkeit und wahre Frömmigkeit...“ — Hge. war ein eben so tugendsamer als gelehrter Mann. Was er lehrte, das übte er auch treu in Allem aus. Nicht bloß Bekenner, sondern auch Blutzeuge des christlichen Glaubens ward er; denn er starb in Folge der Mißhandlungen, die er um der Religion willen erlitt. Mit Recht zählt ihn das «Martyr. du Clergé franç. pend. la Révol.» Denjenigen bei, welche für ihren Glauben ihr Leben dahingaben. Wie er, so starben auch viele Andere; aber sie alle übertraf Hge. durch den Ruhm, mit welchem ihn seine schriftstellerische Laufbahn bedeckte. Ohne im Her-

zogthum Luxemburg geboren zu sein, gehörte er ihm jedoch
dadurch an, daß er 14 Jahre lang darin Philosophie und
Theologie gelehrt, als ein Muster christlicher Tugend gestrahlt,
und durch sein energisches Auftreten die Studirenden veranlaßt hatte, die Absetzung des Direktors Mayence und die
Abschaffung der heterodoxen Schulbücher höheren Ortes zu
verlangen, welches ihnen am Ende auch bewilligt wurde. Eine
Beurtheilung Hge.'s durch seinen Mitschüler, den Pfarrer
von B... (Ritual aus der Biblioth. des Pf. Neumann von
Harlingen, 1800) stellt den muthigen Dulder dar als einen
Lehrer, Bekenner und Kämpen des Glaubens, als einen ver-
ehrungswürdigen Diener Gottes, als ein Vorbild der Frömmigkeit und einen Vater der Armen, der, um ihnen zu helfen, selbst darbte, als einen wahren Nachahmer des demü-
thigen und bußfertigen Bened. Jos. Labre.

Müller, Nikl., zweitältestes seiner Geschwister, wurde
zu Luxemburg gegen 1757 geb., studirte mit Auszeichnung
unter den dortigen Jesuiten und trat zu Trier in den Priesterstand. Sein Talent, seine Beredsamkeit und weitschichtigen
Kenntnisse verursachten seine Berufung zu einer Professur in
seiner Vaterstadt. Wie es scheint, lehrte er anfangs die Humaniora, denn er gab sich ab mit Versbau und Gelegenheits-
dichtungen, sowie er auch deren, an ihn gerichtet, von Anderen empfing. Als die Revolution sich über des Landes
Gränze hereinwälzte, lehrte er Philosophie. Seinem neugeweihten Bruder weissagte er, in einer Primizpredigt, den
nahen Anbruch der Verfolgung. Ihm wurden die Revolu-
tionseide abgefordert; aber er verweigerte sie mit Entschlossenheit. Deswegen wurde er mit 41 anderen Stadtgeistlichen
in der Nacht vom 3. zum 4. Dez. 1797 zur Haft genommen,
zuerst im Stadthaus und dann auf der „Nam" eingekerkert,
darauf, nachdem er sich den Armen seiner Eltern, deren Stütze
er war, entrissen, von Gefängniß zu Gefängniß bis nach
Rochefort geschleppt, woselbst er bis zum 12. März 1798
verblieb. Schon von Metz ab litt er von der schlechten Fahrt
und wurde zu Villeneuve von schwerem Husten und Brustweh
befallen. Mit 193 Deportirten ward er, wie Dieb und Mörder

2

gebunden, auf die „Charente" gebracht. Unter ihrer Laſt
ſtürzten die Hängematten ein, und die Gefangenen geriethen
durcheinander, lagen zuſammengedrückt wie die Häringe in
einer Tonne und hatten nicht mehr die zum Athmen erforderliche Luft. Öffneten ſie aber ein Fenſter, dann ſchrie die
Wache: „Schließt oder ich ſchieße!" und ſchoß einmal wirklich, obſchon ihr gehorcht ward. Die Fregatte ging unter
Segel, wurde aber von 3 engliſchen Schiffen, die ſie mit
Kugeln ſehr beſchädigte, angefallen. Keiner der Paſſagiere
bekam eine Wunde; dennoch richteten viele dieſer Unglücklichen, weil ſie ausgeplündert wurden, Klag- und Bittſchriften
an das Direktorium, erhielten aber keine Antwort und wurden ſämmtlich auf die „Dekade" geladen und fortgeſchifft.
Die Zellen dieſes Schiffes waren wie Glutöfen, ohne Luft
und Licht. Wollten die Gefangenen auf's Verdeck ſteigen, ſo
rief eine Barbarenſtimme: „Nieder mit euch Tyrannen!"
Am 10. Juni kamen ſie zu Cayenne an und erhielten An-
weiſung auf Konanama, einen Aufenthaltsort, an welchem,
wie Agent Jeannet ſchrieb, „der Menſch nur unter ſteter
Lebensgefahr arbeiten kann". Auf wiederholtes Flehen erhielten ſie die Vergünſtigung, Konanama gegen die Wüſte
Sinamari zu vertauſchen. Hier ließen ihrer 10 ſich nieder,
worunter außer Mr. auch Havelange, J. J. Aymé und
Barbé-Marbois ſich befanden. Ihnen gebrach es an Kleidung, Nahrung, Obdach. Das Brod, welches ihnen gereicht
wurde, war ſchimmelig und verdorben; unausſtehliche Som-
merhitze drückte ſie. Havelange und Mr. lagen krank darnieder. Ihnen leiſtete Wagner allen möglichen Beiſtand; aber
vergebens: ſie erlagen dem Übel, das ſie ſich durch ſo viele
ausgeſtandene Beſchwerden zugezogen hatten. Beide empfingen die ſakramentaliſche Abſolution und blickten mit himm-
liſcher Ruhe dem Tode entgegen. Seinen Mitverbannten
einige Guarden zum Verſenden nach Luxemburg überreichend
und für ſeine Bedrücker um Vergebung flehend, ſtarb Mr.
am 5. Sept. 1798, nachdem er ſein 41. Lebensjahr vollbracht hatte, und wurde an Ort und Stelle beerdigt. Damals
erſcholl ſein Lob als Prediger und Lehrer durch's ganze

Luxemburger Land. Auch wurde gerühmt seine Frömmigkeit, wegen welcher L. F. v. Hontheim ihn ein vortreffliches Subjekt nennt. Mit Havelange hatte er übernommen, seine Unglücksgenossen zu trösten. Die Trostgründe entnahm er der hl. Schrift, welche er, wie ein zweiter Elias, unterwegs erklärte. Das «Martyr. du Clergé fr.» führt ihn unter Denjenigen an, welche um ihres Glaubens willen gestorben sind.

Scher, Fel. Alex., geb. zu Amel 1733, wurde vor Ausbruch der Revolution Almosenier der Königin-Pagen, darauf, als er die Beschwörung der Civilkonstitution des Klerus verweigerte, zu Paris 1793 verhaftet und in's Karmelitenkloster eingesperrt, von da in's Gefängniß von Bicêtre gebracht, 1795 wieder in Freiheit gesetzt, 1796 von Neuem als zurückgekehrter Emigrirter aufgegriffen und in den Zwangskerker geworfen, im folgenden Jahre an die Gränze der Schweiz transportirt, dann, im Frukt. V, nach Rochefort geführt, den 12. März 1798 über den Ozean auf Guyana deportirt und im Juni desselben Jahres zu Konanama deponirt, an welchem verpesteten und mörderischen Orte er von Hunger, Elend und den Folgen seiner Leiden den 7. Okt. 1798, in seinem 66. Lebensjahre, starb. Das «Martyr. du Clergé fr.» zählt ihn unter die Geistlichen, welche um des Glaubens wegen ihr Leben aufgeopfert haben.

Wagner, Joh. Mich. Dieser Priester ist gewissermaßen der merkwürdigste unserer Glaubensbekenner, indem er von allen am meisten und längsten litt und die wundersamsten Schicksale erlebte. Glücklicherweise haben wir über ihn auch die ausführlichsten Nachrichten, die er meistentheils selbst hinterließ. Geb. zu Niederdonven den 22. Juli 1768 und Sohn von Eva Medernach und Joh. Wr., war er es, welcher letzteren, nach dessen Erblindung, als Knabe von Thüre zu Thüre betteln herumführte. Zugleich aber studirte er die Anfangsgründe der lateinischen Sprache bei seinem Ortspfarrer Klein, reisete dann nach Köln, wo er seine Humanitätsstudien vollendete, betrieb 1793—94 Philosophie und Physik zu Luxemburg, und kehrte nach Köln zurück in's Seminar, in welchem er die Priesterweihe erhielt. Wr.'s erste

Anstellung war Winchringen am rechten Moselufer. Obschon er hier seit einiger Zeit keine geistlichen Verrichtungen mehr vornahm, so wurde er dennoch, weil er den Republikseid verweigerte, von dem Direktorium auf die Deportationsliste gesetzt, und in der Nacht vom 3. auf den 4. Dez. 1797 in seiner Wohnung von dem Brigadier Vollenègue, zwei Gend. und dem Ortsagenten verhaftet und als Staatsgefangener behandelt. „Wollen Sie, sprach der Kommandirende, Ihre Freiheit wieder erlangen, dann brauchen Sie nur den Republikseid zu leisten." „Keinen andern Eid kann ich leisten, erwiederte Wr., als den, daß ich den Republikseid nie leisten werde!" Nachdem er diese Worte gesprochen, mußte er sich eiligst den Armen seiner weinenden Mutter und Schwester entreißen und gebunden zwischen den Häschern fortziehen. Seinen Verräthern die Nähe und Weise ihres Todes richtig weissagend, verließ er die Seinigen. Zu Luxemburg, wo er auf das Stadthaus mit Priester Müller eingesperrt wurde, fand er von Seiten der Frau Schneider eine menschliche Behandlung, wie nachher während seiner Gefangenschaft keine mehr, tröstete seine zu seiner Befreiung ihm nachgeeilten Pfarrkinder, Brüder und Schwestern, und ward darauf über Diedenhofen, Metz, Etaimbourg, Verdun, wonächst er zu seinem großen Leidwesen sein Brevier verlor, Ste. Menehould, Châlons-sur-Marne, Arcis-sur-Aube, Troyes, Villeneuve, Sens, Courtenay, Bellegarde, Chateauneuf, Orléans, Beaugenci, Blois, St. Maure, Chatellerault, Poitiers, Lusignan, St. Maixent, Surgères, d. h. von Gefängniß zu Gefängniß bis nach Rochefort abgeführt, woselbst er mit 12 anderen Priestern am 27. Febr. 1798 ankam. Groß war sein physisches und moralisches Leiden auf dieser Fahrt. Zum Nachtlager hatte er gewöhnlich eine Pritsche oder den Boden mit etwas Stroh, erhielt selten die ihm zuerkannte Ration Nahrung, mußte da auf seinen Beutel zehren, weswegen es ihm sehr wohl kam, hier und da von Gutdenkenden einige Goldstücke zu empfangen, stand viel Schmach und Verspottung aus, lief mehrmals und namentlich zu Courtenay durch den Fanatismus des aufgestachelten Janhagels sichtbare Todesgefahr,

und litt Hunger, Durst, Nässe, Kälte, allerlei Mangel und
die Bisse des Ungeziefers. Öfter hätte er können in einen
nahen Wald entflüchten; aber er und seine Mitgefangenen
waren zu ehrlich, es zu thun. Sie entschlossen sich, weil sie
einmal den Leidenskelch verkosten mußten, ihn auch ergebungs-
voll bis auf die Hefe zu leeren. Aus dem St. Mauritius-
gefängnisse wurden die Deportirten am 12. März hervorgezogen, von Pater Justus und Schatel von Remich abgesondert und, von Soldaten eskortirt, nach dem Stapelplatze
geführt, wo sie die „Charente" bestiegen, auf welcher es ihnen
an Raum, Luft und Nahrung fehlte. Acht Tage, nachdem
sie von Rochefort abgesegelt waren, stieß das Schiff auf drei
englische Fregatten, von welchen es bereits eine Zeitlang
umkreiset und beobachtet worden war. Es entspann sich ein
harter Kampf, welcher von 11 Uhr Abends bis 4 Morgens
dauerte. Die „Charente" feuerte 354 Kanonenschüsse ab, der
Feind aber zwanzigmal soviel. Lebensmittel und vieles Gepäck
wurden in die See gestürzt. Keiner, weder Republikaner
noch Deportirter, wurde verwundet; das Schiff aber sehr
beschädigt, leck gemacht und theils entmastet und theils seiner
Segel beraubt. Halb zertrümmert strandete es am Stapel
zu Royan, wohin es zu verfolgen die Engländer sich nicht
getrauten. Jetzt wurden die Deportirten schamlos visitirt und
ausgeplündert. Darüber beklagten sich Viele, schrieben an's
Direktorium, und fleheten um Freilassung. Aber es half
nichts; die Deportation, hieß es, soll auf einem anderen
Schiffe geschehen. Am 22. April stiegen die Deportirten an
Bord der „Delade", auf welcher sie nicht mehr als Kapitän
den sanften Breuillac sondern den wüthigen Jakobiner
Billeneau, und, auf die Hängematten aneinandergeschich-
tet, nicht den dritten Theil des erforderlichen Platzes fanden;
sie litten Mangel an Allem, verathmeten eine verdorbene
Luft, wurden von Unsauberkeit und Insekten wie verzehrt,
mußten im untern Schiffstheile aufrecht stehen, standen darneben hundert andere physische und moralische Qualen, und
folglich eine fortdauernde Marter aus, bis sie endlich am
11. Juni im Angesichte von Cayenne erschienen, und darauf

an's Land traten. Ihrer waren unterwegs 55, darunter auch
Wr., erkrankt. Aber von nun an begann für sie erst eine
wahre Folterung. Die Direktoriumsagenten, namentlich
Jeannet, Dubin und Burnel, erachteten es für ein zu
großes Glück, wenn sie selbe im Gefängnisse von Cayenne
ließen, bestimmten deswegen zu deren Aufenthaltsorte die 30
Stunden von da entlegene morastige Öde von Konanama,
ungesunder und schreckenvoller als sonst eine Gegend auf Erden, und in welcher, wie der Agent selbst gestand, Keiner
ohne Todesgefahr zu arbeiten oder zu weilen vermochte.
Rektor Havelange, Pf. Bouché von Saaralbe, Pater Custer
und Wr. ließen sich mit J. J. Aymé und drei anderen Franzosen, während D. Malachias ihren Vorsatz zu theilen weigerte, am 10. Aug. nach Sinamari, 24 Stunden von Cayenne,
bringen, woselbst sie heimlich Messe lasen. Aber in Folge
fortdauernder Krankheit verursachte der Tod eine entsetzlich
schnelle Verminderung ihrer Anzahl. Den besten Theil ihrer
von Allem entblößten und so vielem Ungemach ausgesetzten
Schicksalsgenossen sahen sie sterben. Sie selbst mußten, wie
vom ersten Augenblicke an, ein mühseliges Dasein fortschleppen. Nachdem sie schon über 2 Jahre lang fortwährend gelitten, ihr Jammerleben meistens in engem Schiffsbehältnisse
verseufzt, wie in einem Schmelzofen geschwitzt, ohne Kleidung, Wäsche, Bett, hinlängliche Speise und Trank, viele
Thränen vergossen und jeden Augenblick Todesgefahr ausgestanden, mußten sie sich zu Sinamari neues Leiden und dazu
hunderterlei Quälereien von Seiten der Vorgesetzten gefallen
lassen. Nicht nur war diese Existenz unerträglicher als der
Tod, sondern überlieferte sie diesem auch wirklich und bald
nach ihrer letzten Internirung in die Arme. Havelange,
Müller und P. Malachias starben zu Konanama; zu Sinamari de Bruge und Vanderstolen, Pf. von Xantin und S.
Jak. in Löwen, Genin und Sautré von Metz, Kerkhof,
Vliegen, Vankiezen von Scherpenheuvel, Rouland und Bartel
von Gent, Demals, Crescens, Genin, Van Bewer, Van Vel-
degen, und noch einige andere niederländische Geistliche.
Wr. selbst war sterbenskrank geworden und wurde schon für

todt gehalten, genas aber von Neuem. Dann trieb und
hütete er die Ochsen, mit welchen er sich einst im Walde
verirrte, aber mit Schweiß und Schmuz bedeckt, von Barbé=
Marbois erkannt und zurechtgeführt wurde. „Ich empfange
hier, sprach er, die Hospitalität; ich muß dafür erkenntlich
sein!" — Der unablässigen Mißhandlung müde und an
der Verbesserung ihres Looses verzweifelnd faßten er, zwei
andere Priester und ein früheres Mitglied des Direkto=
riums, J. J. Aymé, den gewagten Entschluß, sobald als
möglich zu entweichen. Um denselben besser geheim zu halten,
mietheten sie ein Haus zu Sinamari. Vor ihnen waren eva=
dirt Vik. Maous von Boom, Kapl. Keukeman von St. Wal=
burgis, Pf. Dumont von Mannelhenswert, Orator. de Modo,
Pf. de Neve von Westkapellen, Armenschul=Regent v. Berg,
Pf. Cop von Svendrecht und Laie Nerings. Im Nov. 1799
wurde Kolonie=Agent der sehr menschlich gesinnte Franconi,
dessen Agenz eben darum auch nicht lange währte. Schon
im Jan. 1800 wurde an seine Stelle, nach des Direktoriums
Sturze, V. Hugue, ein anderer Robespierre, ernannt.
Dieser Umstand trug dazu bei, daß Wr., Pater Custer, Augu=
stiner Marduel und ein Laie, Namens Brochier, sich beeilten,
ihr Vorhaben zu vollführen. Zu diesem Ende kauften sie eine
armselige Schaluppe für 4 Louisd'or und schifften sich damit
am 19. Juni 1800 auf der Sinamari ein. Es ist kaum zu
beschreiben, wievieles sie bei dieser Schifffahrt ohne Segel,
Magnetnadel, Kleidung und Nahrung ausstehen mußten.
Dennoch ruderten sie, auf Gott vertrauend, ab und gelangten
mitten durch die vom furchtbarsten Sturme aufgethürmten
Meereswogen nach dreitägiger und viernächtiger äußerster
Anstrengung und tausend überstandenen Lebensgefahren end=
lich auf dem Moriny nach Surinam in dem holländischen
Guyana, wo sie freundliche Aufnahme, Kleider und Pflege,
Wäsche und Reinigung im Flußbade, Hülfe und Ermunte=
rung fanden. Sie tauften das Kind einer emigrirten Dame
von Sinamari, Namens Merguen. Weil sie Katholiken und
die Einwohner größtentheils Protestanten waren, so erregten
sie Verdacht, und wurden nach Neu=Amsterdam versetzt. Von

dieser Festung aus beschlossen sie, als sie sich erholt hatten, ihre Rückreise nach Europa, sobald als möglich, fortzusetzen. Am 5. Sept. 1800 stiegen sie an Bord der englischen Fregatte „Thamar" und landeten wegen unerwartet eingetretener Hindernisse erst am 16. desselben Monats auf der Insel „Martinique". Nun hatte für sie endlich die Stunde der Erlösung geschlagen. Welche Freude und Genugthuung mußte es sein für ihr Herz, als sie hier von den Kapuzinerpatres auf das Brüderlichste und wie im Triumphe empfangen wurden, wieder erquickliche Nahrung, priesterliche Kleidung und dazu den Trost und die unverkürzte Befugniß, von Neuem das hochheilige Meßopfer täglich darzubringen, erhielten! Sie hatten sich der förmlichen Meinung hingegeben, nach Europa und in ihr Vaterland, woselbst die politischen Verhältnisse sich anders gestaltet hatten, zurückzukehren. Weil es aber der „Martinique" sowie den andern Antillen eben an Missionären und Geistlichen gebrach, so entschlossen sie sich, nachdem sie deshalb öfter mit den inständigsten Bitten bestürmt worden, daselbst zu bleiben und als Arbeiter in dem dortigen Weinberge des Herrn zu wirken. Pater Marduel nahm das Zumuthen unbedenklich an; Pater Custer aber und Wr. hatten noch Anstand, ergaben sich aber, als sie noch einmal dazu ersucht wurden, ebenfalls demselben. Letzterer beschwerte sich zwar, an einem Orte und unter Menschen die Seelsorge auszuüben, deren Sprache er nicht besitze; aber der Kapuziner = Guardian, Pater Archangelus, beruhigte ihn mit der Versicherung, daß er in Kurzem im Stande sein würde, die ihm Anvertrauten gehörig zu verstehen. Von aller Hülfe entblößt und unwissend, ob und wann sie wieder in die Heimat zurückgelangen könnten, waren sie nun alle einig und zufrieden, einstweilen auf der „Martinique" geistliche Amtsverrichtungen zu übernehmen. Pater Marduel ward Pfarrer auf dieser Insel; Pater Custer zu Vieux-Fort auf St. Lucia; und Wr. sollte es werden am entgegengesetzten Ende dieser Insel. Aber kaum waren sie hier angekommen, so starb am 8. Nov. 1800 — es war ein gewaltiger Schlag für sie — P. Custer. Jetzt mußte Wr. die Pfarre St. Peter vom

Vieux-Fort übernehmen. Er verlegte sich von nun an auf das Französische derart, daß er es in Kurzem geläufig sprach und darin mit seinen Bekannten und Verwandten in Europa korrespondirte. Als Hauptpfarrer der Insel wurde er darauf auch zum Apostolischen Vice-Präfekten befördert, welche Würde er bis an sein Lebensende bekleidete. — Unverdrossen lag Wr. seinen Amtspflichten ob, und fand sich auch dem Äußern nach in einer sehr guten Stellung, indem er ein jährliches Einkommen von 12,000 Livres genoß. Viele Arbeit und Anstrengung mußte er sich gefallen lassen, wobei er aber keinen Augenblick den Muth verlor und bald auch das Glück hatte, die Verwirklichung seiner Hoffnung, nämlich die Wiederherstellung der Kirche in Frankreich und in seinem engern Luxemburger Vaterlande zu erleben. Sein unermüdliches Gebet sah er erhört. Doch sollte er die zurückgelassenen Theuren nie wiedersehen, deren er täglich am Altare gedachte. Er ging den Weg alles Fleisches in der Pfarre St. Peter am 28. Nov. 1828, im Alter von 60 Jahren. Seiner Familie vermachte er ein Kapital von 18,000 Fr.; den Armen seines Geburtsortes 10,000 Fr.; denen seiner Pfarre auf der „Martinique" 8,000 Fr.; der Kirche von Niederdonven einen großen silbernen Kelch von 3 Mark Gewicht, sowie einige Legs *ad pias causas.* Auch seiner Neger vergaß er nicht: dreien bewilligte er bei seiner Lebzeit ihre Freiheit und bestätigte sie einem vierten, dem sie schon geschenkt war, behielt aber noch zwei andere in ihrem ursprünglichen Verhältnisse bei, weil sie, wie er sagte, ihm zu Klagen Veranlassung gegeben hatten. — Wr. schrieb von Zeit zu Zeit Briefe nach Europa und ein Tagebuch, worin er seine früheren Schicksale, seine Deportation und Evasion, und die ganze Geschichte seiner beinahe dreijährigen Marter Tag für Tag, sowie vieles Naturmerkwürdige, z. B. die Mousquitos, Maraingos, die Neger und das französische Guyana beschrieb. Diese seine Autobiographie ist in einer Abschrift des archäologischen Vereins von 216 Folioseiten enthalten. Die Urschrift aber befindet sich gegenwärtig in den Händen des Pfarrers von Niederdonven, welcher im Begriffe steht, dieselbe nach Inhalt und Wesen dem Publikum

2*

zu übergeben. — Wr. war ein wahrer Bekenner des christlichen
Glaubens, um dessentwillen er nicht weniger als ein Apostel
gelitten hat. Durchaus seltsam gestalteten sich seine Er-
lebnisse. Aus der Verborgenheit einer Landpfarre stieg er,
auf dem Dornpfade der Leiden und des Verdienstes, bis zu
hohem kirchlichen Range empor, vom Bettelstabe zu ansehn-
lichem Vermögen. Von diesem letzteren machte er stets einen
guten Gebrauch, indem er Wohlthäter vieler Leidenden,
Vater vieler Armen und Retter vieler Unglücklichen ward;
und seine Würde bekleidete er mit Ruhm und Ehre. In
mehrfacher Hinsicht verdient er daher, daß ihm ein würdi-
geres Denkmal, als diese biographische Skizze, gesetzt werde.

III. Abtheilung.

Auf die Insel Oleron deportirte Geistliche.

Vorbemerkung. Laut Defr. vom 19. Vent. VII. sollten die
Republiksgefährlichsten auf die Insel Oleron deportirt werden. Dahin
wurde auch eine nicht unbedeutende Anzahl Priester aus dem Luxemburgischen verbannt. Doch nur über neun derselben haben wir uns
positive Nachrichten verschaffen können. „Die Inseln Ré und Oleron,
schreibt Hr. Würth-Paquet (Publ. arch. VIII, S. 86), sind die Vor-
hölle geworden, in welcher die Geistlichen, die den Eid des Königthumshasses nicht schwören wollten, das Paradies von Guyana zu erwarten
hatten..... Sie sollten das Loos der Deportirten, welche ihnen in mörderische Klimate vorangegangen waren, theilen; aber Frankreich fehlte
es an den zum Transport erforderlichen Schiffen.“

Bourgeois, Joh. Frz., geb. zu Breux, Pf. zu Chiny,
verweigerte die Ableistung des Republikseides, wozu er aufgefordert ward. Überall aufgesucht, wurde er endlich am 27.
Brüm. VII aufgegriffen, nach Rochefort abgeführt, und von
hier, 45 Jahre alt, am 20. Okt. 1799 nach der Insel Ré

und von dieser auf Oleron eingeschifft. In Folge der Konsular-Verordnung vom 18. Brüm. VIII erhielt er am 13. Germ. desselben Jahres seine Freisprechung von der Deportation, und kehrte nach mehrjähriger harter Prüfung in seine Pfarre zurück.

Brosius, Ildeph., vom „Schwarzenhof", Pf. Eischen, geb., studirte mit Auszeichnung im Jesuitenkollegium zu Luxemburg, trat wie sein älterer Bruder in den Priesterstand und war Scholaster zu Sterpenich, als die Revolution sich in's Land hereinwälzte. Den Republikseid verweigerte er standhaft, weswegen er, von den Gend. nach langen Nachsuchungen endlich, am 4. Frim. VII, aufgegriffen und von Kerker zu Kerker bis nach Rochefort abgeführt wurde. Am 2. Jan. 1799 ging er, 50 J. alt, unter Segel, ward auf die Insel Ré an's Land gesetzt und von da, am 20. Oktober desselben Jahres, nach Oleron eingeschifft. Von hier evadirte er nach Nordamerika, erlernte die englische Sprache und schloß sich den deutschen Missionen an, in welchen er durch seine Sprach- und andere Kenntnisse große Dienste leistete. Nach Wiederherstellung des Kirchenfriedens kehrte er nach Europa zurück und verrichtete Pastoralfunktionen bis 1817, in welchem Jahre das Luxemburger Kollegium zum Athenäum erhoben und demgemäß neu organisirt ward. Auf ihn suchten, bei Besetzung dieser Anstalt, seine früheren Mitschüler, Frz. Scheffer, J. B. Faulbecker u. a. die Aufmerksamkeit des Publikums und der Behörden zu richten, und hatten die Genugthuung, ihren Freund an die Stelle des 1818 mit dem Tode abgegangenen Prof. der Physik und höhern Mathematik, Namens Erpelding, befördern zu sehen. Eine mittelmäßige Statur mit krausem Haar, trat er diesen Posten an. Demselben zeigte er sich vollkommen gewachsen, erfüllte gewissenhaft dessen Obliegenheiten, für die er nur lebte, und lehrte auf eine sehr ergebniß- und wirkungsvolle Weise. Mit treffendem Witze begabt, drang er oft in seine Zuhörer mit kräftigen Ermahnungen, die er, wenn er aufgelegt war, gern mit den Worten schloß: „Nehmet euch in Acht, daß ihr nicht früh' gelee(leh)rt werdet!" Was ihn selbst aber unbefriedigt ließ, war der Geist, welchen er in der neuentstandenen Anstalt antraf. Er hatte gehofft, daselbst wieder den Ernst, die Frömmigkeit und Tugend, wie diese unter den Jesuiten geblühet hatten, zu finden, und fand statt dessen einen realistisch enthusiastischen und religiös indifferenten Liberalismus. Dieß verleidete ihm bald seine Stellung, was er keineswegs verheimlichte, so daß er deshalb von vielen seiner Amtsgehülfen ein „Jesuit" gescholten wurde. Schon nach Beendigung des ersten Schuljahrs reichte er seine Entlassung ein, und ging nach Aachen privatisiren, ohne deshalb aufzuhören, als Priester und als Mann der Wissenschaft fortzuwirken. Kurz vor seinem Tode erhielt er den Besuch seines Freundes, des Erzb. Spiegel von Desenberg von Köln. Er hielt das Nachtgeschirr in der Hand, als bei ihm der Kirchenfürst eintrat. «A la fortune du pot!» rief er, und ihre gegenseitige Bewillkommung war ein wahrer Herzenserguß. Er starb am Orte seiner Zurückgezogenheit um 1845.

Chapelle, Alex., aus Houffalize, Prior zu Malmedy, wurde, weil er den Republikseid ausschlug, verhaftet und am 2. Juni 1799 von Rochefort aus nach der Insel Oleron transportirt. Er war damals 40 Jahre alt, überlebte glücklich seine Verbannung, kam in seine Geburtsstätte zurück und bestärkte durch ergreifende Predigten das Volk in seiner Glaubenstreue.

Kerger, Pl., von Bilsdorf, Franzisk. zu Diekirch, wurde als Eidweigernder, nachdem er zuvor der Seiquer'schen Schlinge ausgewichen war, verhaftet und am 17. Frukt. VII nach der Insel Oleron weggeschifft. In Folge des Dekr. vom 18. Brüm. VIII kam er in sein Vaterland zurück.

Leroi, Hch., ein ausgezeichnetes Talent, war 45 J. alt und Pfarr. zu Meix-le-Tige, als ihm der Republikseid abgefordert wurde. Denselben verweigerte er nicht bloß, sondern hielt dawider auch Predigten, welche zur Folge hatten, daß die Gend., als sie ihn zu verhaften kamen, vom Volke übel aufgenommen wurden. Nichtsdestoweniger wurde er am 19. Vent. VII ergriffen und im Frukt. deß. J., wie F. L. v. Hontheim berichtet, zu einem der nächsten Seehafen gebracht und von dort aus auf die Insel Ré und von dieser auf Oleron deportirt. Die Wegführung eines so geachteten Priesters war ein Donnerschlag für seine ganze Gegend. In Folge eines Konsular-Dekr. vom Brüm. VIII kehrte Leroi zu seiner Heerde zurück. Trotz dieser Rückkehr dauerte die Aufregung fort. Um die Gemüther zu beschwichtigen, ließ Präf. Lacoste in den umliegenden Gemeinden eine gedruckte Proklamation vom 9. Vent. IX anschlagen. Von diesem Tage datirte auch Leroi's Freisprechung von der Deportation. Weil er aber, nach wie vor, Messe las und predigte, ohne der Konstitution Treue zu schwören, so ward er am 5. Prair. IX als Verletzer des Ges. v. 21. Niv. VIII vom Gerichtshof zu Luxemburg zu 500 Fr. Buße, drei Monaten Gefängniß und Kostenvergütung verurtheilt. Nach Wiedereinführung der Kirchengewalt bekam er die Kantonspfarre Virton, woselbst er, im Alter von 80 Jahren, am 6. Jan. 1833 starb.

Majeres, Fr. Andr., Extrinitarier und Pf. in seinem Geburtsorte Wilß, wurde, weil er nur unter gewissen Bedingungen den ihm abverlangten Eid leisten wollte, verhaftet und 1799 auf die Insel Oleron transportirt, woselbst er bald seinem Kummer und Elend erlag.

Majeres, J. N., jüngerer Bruder des vorigen und Kapl. zu Wahl, wurde, nachdem er dem von Seiquer ihm gelegten Fallstricke ausgewichen, den 13. Mai 1799 in den Weidinger Gebüschen aufgefangen und darauf, im Alter von 50 Jahren, auf die Insel Ré und von da auf Oleron transportirt. Hier starb er in Folge seines Leidens am 11. Messid. VIII.

Neveu, Engelb., geb. zu Luxemburg 1765, that sich frühzeitig durch Frömmigkeit hervor und trat zu Trier 1789 in den Priesterstand. Seine erste Seelsorgsanstellung war ein Vikariat in seiner Vaterstadt, welches er drei Jahre bekleidete. Dann ward er als Pfarrer nach Palzem versetzt. Von hier verscheuchten ihn mehrmals die in's Luxemburgische streifenden Republikaner. Am 5. Aug. 1794, als sie sich bis nach Trier wagten, verließ er die Pfarre und begab sich nach Pisport, bis auch hiehin der Feind drang. Alsdann verfügte er sich auf den Hunsrücken, wo er bis in den Okt. verweilte. Als aber auch hier die Franzosen eintrafen, entschloß er sich zu seinen Pfarrkindern zurückzukehren. Zu Palzem fand er mehre in seiner Abwesenheit vorgegangene Veränderungen, darunter auch die Abschaffung des Zehnten, was er für eine schlechte Vorbedeutung nahm. Nach Abtrennung des rechten Moselufers vom Wälderdepartement 1797 mußte er seinen ungeschworenen Mitpriestern zu Remich, Weiler z. Th., Mutfort, Otringen, Sandweiler, Contern, Luxemburg u. a. Aushülfe leisten und Tag und Nacht in Bewegung sein. Je unverdrossener er aber dieß that, desto mehr zog er sich die Abneigung der Republikfreunde zu. Obschon er nicht mehr zu den Geistlichen des Wälderdepartements gehörte, so wurde er dennoch zu Luxemburg angeschwärzt, weßhalb es von 1798 an galt, ihn aus dem Wege zu schaffen. Nachdem ihn die Republikaner mehrorts vergebens aufgesucht hatten, legten sie ihm eine Falle. Am 22. Nov. des genannten Jahres schickten sie zu ihm verkleidete Gend. und Soldaten, welche angeblich ihn zu einem Kranken riefen. Als er ihnen die Thüre öffnete — er sollte eben zu Bette gehen — wurde er von einem Trupp Bewaffneter überfallen, welchen er sich hut- und beinahe kleidungslos ergeben mußte. Sie schleppten ihn sogleich bei kalter Witterung unter Gespött und Gelächter nach Remich, und von da ohne Rast und Aufenthalt nach Frisingen, wo sie mit ihm des Morgens um 3 Uhr anlangten. Weil ihm das Schicksal eines benachbarten zu Metz erschossenen Geistlichen noch vor Augen schwebte, so war er sehr betrübt: er flehete um Erbarmen. Vergebens! Nun wollte er entweichen, aber dadurch zog er sich nur härtere Behandlung zu: er wurde mit Fäusten geschlagen, so daß ihm das Blut vom Kopfe rann. Er sank zusammen, rufend: „Macht doch mit Einem Male meinem Leiden ein Ende!" Aber umsonst war sein Verlangen. Er wurde wie ein Übelthäter gefesselt, so daß er keinen Schritt mehr gehen konnte und gedulden mußte, daß unter seinen Augen Unnennbares mit einer feilen Person begangen wurde. Dann lösete man seine Fesseln und zwang ihn hinter einem Pferde,

an deſſen Schweif er geſtrickt wurde, bis nach Luxemburg
zu laufen. Hier ward er zunächſt in die Münſterabtei, dann
zum Gendarmerie-Kapitän, von dieſem zum Kommiſſär und
zuletzt zum Feſtungskommandanten geführt, welcher letztere
ihn unter Geleit zweier Soldaten in den Ramthurm bringen
ließ. In dieſem Gefängniſſe ſpendete er Vielen die Heils-
geheimniſſe, verrichtete täglich das hl. Meßopfer, und war
Tag und Nacht beſchäftigt, die Sterbenden zu verſehen und zu
tröſten. Je mehr er hiedurch aber einerſeits ſeine Mitbürger
verpflichtete, deſto mehr ſchuf er ſich andrerſeits Feinde.
Dieſe betrieben ſeine Verurtheilung zur Deportation. Der
ihn als „Ruheſtörer, Republiksfeind und Volksfanatiſirer"
bezeichnende Akt wurde in 600 Druckexemplaren verbreitet.
Am Tage der Verurtheilung wurde er nach dem Stadthaus
und von da in's Spital St. Joh. geführt und ihm angezeigt, daß er nach 3 Tagen deportirt würde, was aber in
Folge ſeines Erkrankens nicht geſchehen konnte. Kaum ſchien
ſeine Geſundheit wiederhergeſtellt, ſo ward ihm am hl. Oſter-
tage 1798 angedeutet, ſich auf den folgenden Tag zur Abreiſe nach der Inſel Oleron fertig zu halten. Mehrere ſeiner
Freunde begleiteten ihn bis nach Diedenhofen, wohin er
ſtreckenweiſe auf dem Pferde eines mitleidigen Gend. ritt.
Nach fünf Tagen führte man ihn heimlich die Stadtmauern
entlang weg. Wie es ihm nun weiter erging, erzählt er
ſelbſt mit folgenden Worten: „Zu Metz ſchrieb der Thor-
hüter uns mit unſeren Namen als „Verräther und Volks-
verblender" in ein großes Buch. Wir ſpeiſeten mit Dem,
was mitleidige Stadtbewohner uns zuſchickten. Nach fünf
Tagen reiſeten wir über Pont-à-Mouſſon nach Nancy, wo
wir noch andere Schickſalsgenoſſen, darunter viele Geiſtliche,
antrafen. Zu Toul fanden wir im Adorationskloſter, zu Vau-
couleurs in dem nahe dachloſen Stadtthor unſern Kerker und
als Kommiſſär einen Apoſtat, welcher Jedem den Verkehr mit
uns unter Androhung dreitägiger Einſperrung verbot. Am
andern Tage kamen wir nach St. Mihiël; wir wurden, in
der Benediktiner-Abtei, ohne Nahrung gelaſſen; ich allein
erhielt von einer deutſchen Frau eine warme Suppe. Zu

Bar wurde uns durch 12 Stadtgeistliche ein Nachteffen und Erwärmung zu Theil, was wir darauf zu St. Dizier, von Kälte starrend, abbüßten. Zu Vitry, wo fromme Personen uns Lebensmittel verschafften, bot sich uns ein unerhörtes Schauspiel dar. Weil eben sieben Stadtgeistliche geschworen hatten, so führte man zwei Ochsen herbei, bekleidete sie mit Caseln, Leviten und Alben, stellte damit eine Prozession durch die ganze Stadt an, zwang die Neugeschworenen derselben beizuwohnen und — o der Schande! — dem zweihörnigen Götzen Weihrauch zu streuen. Nach 5 Tagen mußten wir nach Châlons hin aufbrechen. In dieser Stadt trafen wir ein vollgepfropftes Gefängniß, aber zugleich auch gutherzige Leute an, die uns mit Nahrung und Feurung versahen. Zu Sommesous erlangten wir gegen ein für die Gend. bezahltes Mahl die Vergünstigung, im Gasthofe zu speisen. Zu Troyes besorgten uns mehre Personen, darunter eine adelige Stiftsfrau, den nöthigen Lebensunterhalt. In dem Städtchen Villeneuve bewilligte man uns weder Brod noch Waffer. Zu Sens, wo Bischof Lomini und nach seinem Beispiele viele Priester den Republikseid geleistet, gafften uns die Leute mit aufgesperrten Augen an und streckten die Zungen heraus. Daraus schloffen wir, welchen Empfang wir erhalten würden. Man führte uns in's Gefängniß, in welchem wir neben Refruten, Dieben, Mördern und liederlichen Weibsbildern weilen mußten. Des andern Tages kamen wir zu Courtoin an. Die Stadt bezahlte für jeden von uns ein Pfund Fleisch, welches wir aber nicht erhielten. Auch bekamen wir die uns zugewiesene Ration Brod nicht. Zu Courtenay, in überfülltem Kerker, vertrieben die Soldaten sich und uns durch Kartenspiel und Juks den Schlaf auf die ganze Nacht. Als wir Montargis zureiseten, wurden wir paarweise, wie Jagdhunde, zusammengebunden und erst unmittelbar vor unserem Einzuge in die Stadt entfesselt. Zu unserem Glücke hatten wir noch einiges Geld, sonst hätten wir drei Tage ohne Nahrung darben müssen. Nicht besser erging es uns zu Bellegarde, Chateauneuf, Orléans, Beaugency, Blois, Tours und St. Maure, woselbst wir nur von

unserem Gelde zehrten. In dem alten Chatellerault nahm
uns ein elendes und überfülltes Gefängniß auf, doch versahen uns gutmüthige Bürgerinnen mit der nothwendigen
Nahrung, und ein unvereideter Priester kam uns besuchen
und ermuntern. Zu Poitiers, dem Bischofssitze des hl. Hi-
larius, wurden wir in das Ursulerinnenkloster eingepfercht,
erhielten nichts unentgeltlich, und mußten alle Kirchen, 22
an der Zahl, vom Revolutionssturme verödet und verwüstet
sehen. Zu Lusignan sollten wir in die alte Burg, die Wiege
des ersten Frankenkönigs, eingesperrt werden, erhielten aber
Erlaubniß, im Gasthofe für unser Geld zu bleiben. Zu St.
Maixent, Niort und Surgères erhielten wir nur so viel
Nahrung, als wir deren übertheuer bezahlten. Als wir zu
Rochefort anlangten, lag das dortige Gefängniß angepfropft
voll. Der Kerkermeister, ein eingefleischter Jakobiner, wies uns
zum Aufenthalte das Zimmer der Latrinen und Bretter zum
Nachtlager an. Unentgeltlich erhielten wir nichts als schim-
meliges Kommißbrod, Läus' und Ungeziefer. Dreizehn Tage
lang mußten wir hier kauern, ohne auch nur ein einziges Mal
den Himmel anzuschauen. Kein Wunder, daß wir uns nach
der Insel Oleron, dem Orte unserer Bestimmung, inbrünstig
sehnten. Endlich stand segelfertig im Hafen das Schiff, an
dessen Bord wir zu steigen hatten. Zwei und zwei wurden
wir auf dasselbe zwischen Soldaten geleitet. Es segelte ab,
mußte aber, von der Nacht überrumpelt, nächst der Insel
„Duc" den Anker werfen. Ungestümmer erhob sich von
Augenblick zu Augenblick der Sturm, so daß wir unterzu-
gehen fürchteten. Tages darauf wurden von Neuem die Segel gehißt. Wir landeten Nachmittags um 3 Uhr auf einer
kleinen Insel, auf der wir uns nicht aufhielten, und endlich,
am 2. Jan. 1799, auf Oleron. Hier wurden wir in die
Citadelle geführt und hinter uns das Thor verschlossen. Es
kamen die hieher vor uns deportirten Geistlichen und bewill-
kommten uns. Jedem von uns wurde eine Kasernzelle an-
gewiesen. Zur Verhütung von Krankheit durften wir täglich
einige Stunden spaziren, jedoch nie ohne bewaffnete Begleitung. Auf den Tag sollte Jeder anderthalb Pfund Brod und

einen Schoppen Wein, sowie jede Dekade ein Halbpfund Fleisch erhalten, was aber selten geschah. Statt dessen bekamen wir verlegene Bohnen und Erbsen, die, gekocht, schwarze Thierchen auswarfen und, genossen, Magenkrämpfe verursachten. Eine Zeitlang blieb ich gesund; dann befiel mich ein Fieber, und sieben Monate mußte ich darniederliegen. Fast jede Woche hieß es: „Das Schiff steht fertig zur Überfahrt nach Cayenne!" Der Mensch denkt's, Gott lenkt's! Englische Segel umkreiseten beständig die Insel, und kein französisches durfte sich auf die See wagen. So verstrichen elf Monate. Da gefiel es Gott, den großen Tageshelden zu erwecken, welcher den Rath der Fünfhundert über den Haufen warf, die Unterdrückten befreite, die Verbannten in ihre Heimat zurückschickte. Schon waren Diejenigen, welche das Priesterthum abschworen und ihre Weihbriefe verbrannten, freigelassen worden; schon waren ihrer 700 zwischen den Inseln „Duc" und „Madame" umgekommen, da schlug auch mir die Stunde der Erlösung. Nachdem ich viel Hunger und Beschwerde erlitten, Gesundheit und Vermögen verloren hatte, kam der Befehl, Diejenigen in Freiheit zu setzen, welche nichts gegen die Republik unternommen; und aus dem Wälderdepartement eine Bescheinigung meiner Unschuld. Der Kommissär und die Munizipalität fertigten mir einen Freibrief und einen Paß aus, und nach einigen Tagen schon konnte ich unter Segel gehen, um auf das Festland zurückzukehren. Anfangs war der Wind konträr, legte sich aber alsbald und günstiges Wetter trat ein. Von Neuem fiel ich in's Fieber und in tiefen Schlaf. Als man mich weckte, waren wir zu La Rochelle angelandet. Ein gutherziger Deutscher verschaffte mir bei den dortigen Schwestern Erquickung und Unterstützung, wofür ich ihnen zehn Tage die hl. Messe las. Zu Orléans speiste ich bei einer vornehmen Familie, welche 40 der Ihrigen auf dem Schaffot verloren hatte." — Nach zweijähriger Abwesenheit kam Neveu zurück nach Luxemburg und Palzem. Am 15. Pluv. VIII erhielt er seine Freisprechung von der Deportation und wohnte von jetzt an bei seinen Verwandten. Nach Abschluß des Konlordats ward er auf die Pfarre Monnerich befördert, in welcher er mit Eifer wirkte. Obgleich er diese Stelle erst im 36. Lebensjahre und kränklich antrat, so versah er sie dennoch bis 1816. Von diesem Jahre ab lebte er zurückgezogen in eigenem Hause bis zu seinem Tode, welcher ihn am 25. Aug. 1836 im Alter von 73 Jahren ereilte. Er hinterließ zu Monnerich eine auf zwei Wiesen ruhende Meßstiftung sowie ein Kapital von 400 Fr. zum Unterhalte der Gotteslampe.

Peckels, Ludw., von Grendel, wurde als Vik. von Athus, nachdem er mehrmals den Nachstellungen des Brigadiers Thomas entgangen, endlich eingefangen, zu Rochefort am 20. Okt. 1799 nach der Insel Ré und von da am 17. Frukt. VII auf Oleron weggeschifft. Damals war er 30 Jahre alt. Im Germ. VIII von der Deportation freigesprochen, kehrte er in seinen früheren Wirkungskreis zurück.

IV. Abtheilung.

Auf die Insel Ré deportirte Geistliche.

Vorbemerkung. Auf diese Insel wurden die meisten außer Landes geschleppten Geistlichen deportirt. Doch wurden sie für weniger staatsgefährlich, als die auf Oleron deportirten, betrachtet. Gemäß den veröffentlichten Generallisten war ihre Zahl nicht unbedeutend, und doch figuriren darauf nicht alle Namen. Auf 49 erstrecken sich unsere Notizen, müßten aber, um vollständig zu sein, vielleicht ein Viertel mehr enthalten.

Bernotte, Aug., von Ansemburg, war als Vik. zu Redingen angestellt, als der Revolutionssturm über das Land losbrach. Die Republikseide lehnte er entschieden ab und mußte sich verborgen halten. Gewöhnlich schlief er außer seiner Wohnung. Während er aber der offenen Gewalt überall auswich, ließ er sich durch einen Fallstrick fangen. Von Kommissär Seiquer behufs Ausweises über seine Subsistenz auf ein Mahl eingeladen, begab er sich nach Everlingen, woselbst er mit 31 andern Geistlichen verhaftet, dann nach Luxemburg und von dort auf einem Wagen nach Rochefort, wo er am 1. Frim. VIII ankam, transportirt wurde. Am 2. Jan. 1799 wurde er, 36 Jahre alt, nach der Insel Ré eingeschifft, auf welcher er gefangen blieb, bis er, in Folge des Gesetzes vom 18. Brüm. VIII, in sein Heimatsland zurückkehren durfte.

Breckels, Ludw., geb. den 29. Aug. 1769 zu Nödlingen, einem Pachtgute bei Guerlingen, studirte die Theologie zu Trier, und erhielt 1795 zu Köln die Tonsur und die niedern Weihen, worauf er im selben Jahre der Pfarrkirche zu Niederkerschen als Kleriker auf den Titel des Schmerzenmutter-Altars adskribirt wurde. Sehr passend wohl war dieser Titel. Hatte damals schon jedes Luxemburger Herz zu trauern über die am Heilig- und Eigenthum begangenen Frevel, um wieviel mehr nicht der junge Geistliche, den der Eifer für das Haus des Herrn verzehrte? Am 26. März 1796 empfing Bs. die Priesterweihe in der Kapuzinerkirche zu Ehrenbreitstein aus den Händen des Weihbisch. M. J. v. Pidoll, und wurde am 15. Mai deß. J. dem bereits kränklichen Pfarr. Kremer als willkommener Mitarbeiter beigesellt. Aber ihm ward nicht einmal gegönnt, seine Schmerzen vor der Statue der Schmerzenmutter zu klagen. Verstümmelt von den Säbelhieben der Soldateska und geschändet schon lagen die Heiligenbilder, auch das der Gottesmutter. Des Neugeweihten Amtsantritt war wirklich schmerzenvoll, aber noch Ärgeres folgte. Nach der Eidesweigerung mußte Bs. flüchten, und würde schon in der Nacht vom 26. Brüm. VII von Brigadier Thomas gefangen worden sein, hätte er selbe nicht außer seinem Hause zugebracht. Von nun an hielt er sich abwechselnd in seinen Verstecken zu Niederkerschen, Nödlingen und Athus, wo er 1798 als Vikar fungiren sollte, und bald auch in einer Schenne oder im Gebüsche auf, bis er am 1. März 1799 mit Kremer bei seinen Verwandten ergriffen und

nach Luxemburg in's Gefängniß abgeführt wurde. Hier
schmachtete er bis zur Schobermeffe und tröstete feine ihn
jetzt befuchenden Verwandten mit der Verficherung, daß er
bald heimkehren würde; aber es erfchien im Gefängnißhofe
ein Heuwagen, den er fogleich mit vielen anderen Geiftlichen
befteigen mußte, um über Metz, Nancy ꝛc. nach Hivre und
von da unter Segel nach der Infel Ré zu fahren. Hier
angekommen, blieb er bis März des folgenden Jahres ein=
gekerkert. Zum Priefter geweiht in einer Zeit, wo dem Die=
ner Jefu nur Kämpfe und Leiden bevorftanden, und feit
Jahren an Entbehrungen und Prüfungen gewöhnt, ertrug
er fein Schickfal, Haft und Verbannung mit ftets heiterer
Stimmung. Seine älteren Leidensgefährten munterte er auf
und erwies ihnen alle möglichen Liebesdienfte. Mehrmals
hätte er das Auge feiner Wächter täufchen und fomit ent=
kommen können; aber er wollte, wie er felbft äußerte, Kre=
mer und Traufch nicht verlaffen. Auch in der Verbannung
benutzte er die ihm gewordene Gelegenheit, fich für feinen
Beruf weiter auszubilden, indem er unter Leitung des tüch=
tigen Thibiat in die hl. Wiffenfchaft tiefer eindrang. Von
feinen ausgeftandenen Leiden hörte man ihn nie fprechen.
Auf Verwendung feines Bruders Nikl. von Niederkerfchen
wurde er am 20. Pluv. VIII feiner Haft zu St. Martin
entlaffen und kam mit Kremer nach Niederkerfchen, wo er
fich als friedlicher Bürger und ohne Kultusausübung auf=
zuhalten erklärt hatte. Aber die gezwungene Unthätigkeit,
in der er fich jetzt fah, wollte ihm nicht zufagen. Wie ihn
fchon vor feiner Deportation fein Seelforgereifer zu dem
Sterbebette der Schwiegermutter Umhöfer's, einer Echter=
nacherin, und dann für fie, nachdem die Leute vor dem von
Trier herzugekommenen beeidigten Geiftlichen geflohen waren,
an den Altar getrieben hatte, fo führte ihn auch jetzt der=
felbe über die Gränze feines Wohnortes hinaus, wofür er
hart büßen mußte. Am 3. Brüm. X, am Kirchweihfefte, las
er zu Oberkerfchen die hl. Meffe. Die Andacht war groß
und die Zahl der Andächtigen noch größer. Da traten plötz=
lich drei Gend. in die Kirche und ftellten fich zwei zur Epi=

ftel= und Evangelienseite und einer an die Sakristeithüre.
Sobald nun der Priester das hl. Opfer vollendet hatte, schlepp=
ten sie ihn nach Niederkerschen und von da nach Luxemburg in's
Gefängniß. Laut weinend folgten dem Gefangenen die Gläu=
bigen nach und fleheten am nächsten Bache um Jesu willen,
daß derselbe doch nicht weiter sollte geschleppt werden. Ver=
gebens! Bs. lag nun für's zweite Mal in demselben Kerker,
aber nicht lange. Weil er durch einen gewissen Niederkorn
Bürgschaft leistete für 3000 Fr., ward er wieder in Freiheit
gesetzt, jedoch unter dem Versprechen nur, daß er sich dem
Gerichte, so oft dieß es fordern könnte, stellen würde. Mittler=
weile wurde Frieden mit der Kirche geschlossen, und Bs.
wirkte abwechsend a s Vik. zu Niederkerschen und Bebingen
bis 1811. In diesem Jahre wurde er zum Pfarr. von Athus
befördert, wo er 36 Jahre lang die Hirtenpflicht erfüllte und
am 8. Febr. 1851 dem Herrn entschlief im Alter von 82
Jahren und im Rufe großer Demuth, gränzenlosen Seelen=
eifers und hingebungsvoller Wohlthätigkeit. Wie arm er aus
der Verbannung, so arm ging er auch aus dem Erdenleben.

Brimmer, Chrys., von Strassen, war Benediktiner und
Kellner seines Klosters zu Echternach, als die französische
Revolution das Luxemburger Land in ihren Strudel hinein=
zog. Den Republikseid wies er standhaft ab, wurde deswegen
am 27. Brüm. VII mit noch vier andern Benediktinern von
Gend. Hochstetter verhaftet und in's Gefängniß nach
Rochefort abgeführt. Hier erreichte er sein 50. Lebensjahr,
als er nach der Insel Ré eingeschifft ward. Diesen Verban=
nungsort verließ er in Folge des Konsularbeschlusses vom
18. Brüm. VIII, kehrte zurück in sein Land und verlebte
seine übrigen Tage bei seinen Verwandten.

Brosius, J. N., vom Schwarzenhof, war Karmeliter
zu Arl, als er den Revolutionseid verweigerte. Er wurde
eingefangen und, obwohl 63 J. alt, am 2. Okt. 1799 auf
die Insel Ré verschifft. Seiner Verbannung ward ein Ziel
gesetzt durch den Konsular=Beschluß vom 18. Brüm. VIII,
zufolge dessen er in seine Heimat zurückkehrte. Er erhielt
die Kaplanei Waltzing. Aber seine Gesundheit war zerrüttet,
und bald darauf wurde er todt in einem Feldwege gefunden.

Bürden, Jak., seit 1775 Pfarr. zu Grosbous, verweigerte die Ableistung des republikanischen Eides, wurde von Seiquer nach Everlingen beschieden, um sich wegen seiner Subsistenzmittel auszuweisen, daselbst aber als Ruhestörer festgenommen, und, obwohl über 60 J. alt, am 31. Brüm. VII mit 30 anderen Geistlichen nach Luxemburg, darauf nach Rochefort, und von da an Bord einer Fregatte auf die Insel Ré gebracht. Einige Zeit nachher erhielt er seine Freiheit wieder und kehrte in seine Pfarre zurück, in welcher er bis 1805 pastorirte. Noch ist sein Andenken zu Grosbous nicht erloschen.

Chennaux, Pet. Jos., geb. aus Bissen, war Vik. zu Hostert, als ihm der Revolutionseid abgefordert wurde. Kein Beweggrund vermochte ihn dahin zu bringen, dem Zumuthen der Republikaner zu willfahren. Nachdem er eine Zeitlang, bald hier bald dort, meistens aber zu Rippig und Femstal sich aufhaltend, den Nachstellungen ausgewichen war, fiel er am 5. Brüm. VII in dem letztgenannten Orte den Gend. in die Hände, wurde auf Luxemburg, von da durch viele Gefängnisse bis nach Rochefort geschleppt, und dann nach der Insel Ré eingeschifft. Letzteres geschah am 20. Oft. 1799, nachdem er ein Alter von 45 Jahren erreicht hatte. Von Hunger, Schmutz und Ungeziefer war er nahe aufgezehrt, als er, nach Veröffentlichung des Konsular=Dekretes vom 18. Brüm. VIII, seine Freiheit wieder erlangte. Mit seinem deportirten Mitpriester Leroi kam er zurück über Paris, wo sie sich wegen Geldmangels auf dem fünften Stockwerke einquartirten und mehrere Tage verweilten. Nach Abschluß des Konkordates ward er als Kapl. in Ferschweiler und darauf als Past. nach Erdorf versetzt. Fanden es Viele belustigend, ihn mit Kalenderlesen oder, wie Domitian, mit Mückenfang beschäftigt anzutreffen, so gaben dennoch Alle seinem glaubensvollen Wandel das einmüthigste Zeugniß. Von Alter verkindert und fast erblindet, st. er 1829.

Cleffe, Frz. Ludw., geb. zu Tintigny, war in seinem Geburtsorte Vik., als er zur Ablegung des Republikseides aufgefordert wurde. Denselben verweigerte er standhaft, wes=

halb er, durch Dekr. vom 14. Brüm. VII zur Deportation verurtheilt, aufgegriffen, über Etalle, Luxemburg, Metz, Verdun, ꝛc. nach Rochefort weggeschleppt, und von hier, erst 36 J. alt, am 2. Jan. 1799 nach der Insel Ré eingeschifft ward. Von Ungeziefer wimmelnd, schmachtete er in der Verbannung bis zur Veröffentlichung des Konsulardekretes vom 18. Brüm. VIII. Da schickte ihm die Etaller Munizipalität ein Apostasie-Zeugniß, daß er seit Vend. IV keine Priesterfunktion ausgeübt und sich nie wider den Eid vom 19. Frukt. V ausgesprochen habe. Ese. protestirte mit Entrüstung gegen dieß Lügenstück. Aber vergebens! Er mußte seine Freilassung annehmen.

Collignon, J. P., geb. zu Arl und Bernardiner zu Cambrai, war, um der Priesterverfolgung in Frankreich zu entgehen, in seine Vaterstadt, woselbst er eine Zeitlang als Vik. stand, zurückgekehrt. Als ihm auch hier der Republikseid abgefordert wurde, erklärte er, daß er denselben nicht leisten, sondern lieber in die Verbannung gehen wolle, und bot sich von freien Stücken dem Gendarmerie-Kommandanten als Gefangener an. Dieser ließ ihn am 28. Brüm. VII, nachdem er eben sein 40. Lebensjahr angetreten hatte, nach Luxemburg wegführen. Hier ward er in die Münsterabtei eingekerkert. Gewahrend, daß man ihm keine Gerechtigkeit widerfahren ließ, entschloß er sich mit Anderen heimlich zu entweichen. Die Ausführung seines Entschlusses aber scheiterte. Während sein Mitgefangener J. B. Faulbecker durch die Fenstertraljen entschlüpfte, machte für En. seine Dickleibigkeit es unmöglich, zwischen diesen eisernen Stangen durchzukommen. Er mußte im Gefängnisse bleiben und sich auf die Insel Ré deportiren lassen. Nach seiner Freilassung und dem Abschlusse des Konkordates bekam er zu seiner Anstellung die Kaplanei Guirsch, woselbst er am 30. Jan. 1825, in einem Alter von 65 Jahren, verstarb.

Comes, Wilh., aus Luxemburg, war Franziskaner und Frühmesser zu Bastnach, als er wegen Eidesverweigerung aufgegriffen und am 2. Jan. 1799, in einem Alter von 45 Jahren, nach der Insel Ré eingeschifft wurde. Nach Ende der

Verbannung kehrte er in seine Heimat zurück und hörte, nach wie vor, niemals auf die Heilsgeheimnisse öffentlich zu feiern.

Davesne, Steph., von Mons, war Bernardiner zu Orval. Er verweigerte den Republikseid, weswegen er gefesselt und, 56 J. alt, nach Rochefort abgeführt und von hier, am 2. Jan. 1799, auf die Insel Ré verschifft wurde. Nach Verlauf seiner Verbannung kehrte er in seine Heimat zurück.

Deblir, Pet., von Hostert, war Vik. zu Närdingen. Durch Seiquer's perfide Einladung nach Everlingen verlockt, wurde er daselbst mit 30 anderen Geistlichen seines Kantons gefesselt, auf einen Wagen geladen, nach Luxemburg und von Gefängniß zu Gefängniß bis nach Rochefort geschleppt, und am 2. Jan. 1799 nach der Insel Ré verschifft, woselbst er in harter Verbannung, von Hunger, Wust und Ungeziefer verzehrt, über ein Jahr verbringen mußte. Dann erhielt er, kraft Konsularbeschlusses vom 18. Brüm. VIII, seine Freiheit wieder und kehrte, 41 J. alt, in seine Heimat zurück.

Eschweiler, Nikl., geb. zu Bastnach, trat in den geistlichen Stand und wurde Benefiziat in seinem Geburtsstädtchen. Hier war es, wo er den Revolutionseid ablehnte, und von da an auf allerlei Weise verfolgt und aufgespürt wurde. Endlich fiel er den Gend. in die Hände, welche ihn von Gefängniß zu Gefängniß bis nach Rochefort schleppten. Von da wurde er am 2. Jan. 1799 nach der Insel Ré eingeschifft, woselbst er die übrige Zeit seiner Verbannung zubrachte, bis er in Folge des Dekretes vom 18. Brüm. VIII seine Freiheit wieder erlangte. Nach Wiederherstellung der Kirchengewalt ward er zum Pfarr. von Flamisoul ernannt, in welcher Eigenschaft ihn der Tod am 4. Febr. 1837, in seinem 80. Lebensjahre, ereilte. Für seine überlebenden Nachbargeistlichen war es eine fühlbare Leere, den Bekenner nicht mehr zu hören, der ihnen so oft seine Leidensgeschichte erzählt hatte.

Eyschen, Nikl., geb. zu Baschleiden, Sohn des Nikl. und Neffe des berühmten Georg v. En., studirte zu Luxemburg und Löwen, woselbst er sich unter die drei Ersten und fogar zum Primus der Univerfität erfchwang, und den Doktortitel der Theologie erwarb, weswegen er, auf den Vorfchlag diefer Hochfchule, zum Profeff. der Theologie in's Filialfeminar nach Luxemburg berufen wurde. In diefer Eigenfchaft wirkte er fegensvoll und ftand manchem Geiftlichen, befonders als die franzöfifche Revolution hereinbrach, mit Rath und That bei. Von dem Zeitpunkte diefes Ereigniffes ab verbrachte er die meifte Zeit in feinem Geburtsorte und bei feinem geiftlichen Bruder Wilh. Weil er den Republikseid entfchieden abwies, fo follte er feftgenommen werden. Von vielen Seiten her und felbft durch die ihn fchätzenden Gend. gewarnt, verfchmähete er es, zu fliehen oder fich zu verbergen. Die Folge davon war, daß er am 1. Frim. VII zu Guerlingen aufgegriffen und, 43 J. alt, nach Luxemburg, Rochefort und von da unter Segel auf die Infel Ré transportirt wurde. Es wäre ekelhaft darzuftellen, was er während feiner Verbannung durch Hunger, Schmutz, Blöße, Kälte und graufame Behandlung auszuftehen hatte. Nachdem er zu Anfange des J. 1799 auf der Infel gelandet war, follte er kurz darauf mit einem guten Theile feiner Unglücksgefährten ertränkt werden. Schon hatten fie deshalb unter dem Scheine, als follten fie während der Nacht weiter transportirt werden, ein fegelfertiges Schiff befteigen müffen, und ftanden auf dem Punkte, in die Wellen des Meeres verfenkt zu werden, da eben kam noch rechtzeitig der Konfular=Befchluß an, welcher fie in Freiheit zu fetzen befahl. Nun durften Diejenigen, welche in die Tiefe des Oceans hinabfteigen follten, zu ihren Leidensbrüdern zurückkehren und fofort ihrer Heimat zufteuern. En. kam wieder zu den Seinigen, aber phyfifch ruinirt. Seine Gefundheit und Kräfte waren gefchwunden. Zum Skelett abgemagert, trat er nach der Wiederherftellung des Kultus die Pfarre Martelingen an, verwaltete fie aber kaum ein Jahr; er ftarb inmitten feiner Pfarrkinder 1802. Wie feinen Leib die Verbannung, fo hatte fein Vermögen die Freigebigkeit zerrüttet. Den Armen reichte er oft, was er felbft effen follte. Nach feinem Abfterben mußte für ihn fein Bruder von Bafchleiden noch einen Theil feiner Schulden bezahlen.

Faulbecker, Ambr., geb. aus Luxemburg, ältester Bruder seines Geschwisters, Benediktiner zu Echternach, verweigerte die revolutionäre Eidesleistung, weswegen er, durch Defr. vom 14. Brüm. VII zur Deportation verurtheilt, mit noch fünf anderen seiner Ordensgenossen von dem Gend. Hochstetter am 27. Brüm. VIII festgenommen und nach Luxemburg in den Eicher Thorthurm abgeführt wurde. Am 12. Jan. 1798 wurde er, 50 J. alt, zu Rochefort nach der Insel Ré eingeschifft. Hier wurde er sehr strenge gehalten, sah jeden Abend sein Schlafzimmer von Außen verriegelt, und hatte Vieles zu leiden. Nachdem er beinahe zwei Jahre in harter Verbannung zugebracht hatte, erlangte er unter den Konsuln seine Freilassung und kam in seine Vaterstadt zurück.

Flagontier, Joh. Greg., von Izel, stand als Pfründner zu Chassepierre, als er, wegen Eidesverweigerung weithin aufgesucht, endlich am 27. Brüm. VII ergriffen, nach Florenville und von da nach Rochefort geschleppt wurde. Er zählte, als er von hier nach der Insel Ré zu Schiffe ging, 36 Lebensjahre. Gegen Ende Oft. 1799 kam er an dem Orte seiner Verbannung an, wo er von Schmutz und Ungeziefer furchtbar zu leiden hatte. Das Konsular-Defr. vom 18. Brüm. VIII machte seiner Gefangenschaft ein Ende. Er starb als Pfarr. zu Florenville am 5. Mai 1824.

Goffin, Karl, von Tintigny, Vik. zu Etalle, war an diesem Orte 36 J. alt geworden, als er wegen der Eidesverweigerung vielfach verfolgt, durch Defr. vom 14. Brüm. VII zur Deportation verurtheilt, überall aufgesucht und zuletzt von den Republiksschergen aufgefangen und bis nach Rochefort fortgeschleppt wurde. Seine Einschiffung daselbst nach der Insel Ré geschah am 2. Jan. 1799. Nachdem er während der Verbannung von Hunger und Schmutz Vieles gelitten, erlangte er durch Defr. vom 18. Brüm. VIII seine Freiheit wieder, und kehrte in das Land seiner Geburt zurück.

Haal, Raym., Dominik., gemäß Defr. vom 14. Brüm. VII in die Deportation verfällt, wurde in „Theato's" im Pfaffenthal, wo er die hl. Sakramente spendete, ergriffen, von Kerker zu Kerker und endlich vom Fort St. Malo aus auf die

Insel Ré gebracht. Hier lag er mit P. Schumann in der Kaserne, während daselbst einst ein Luxemburger Namens N. Breithof Wache stand. Dieser ließ sie frei ein- und ausgehen. Als er darüber vom Hauptmann derb zurechtgewiesen ward, sprach er: „Ich konnte nicht anders, denn ich kenne diese braven Patres zu gut!" Am 27. Niv. VIII ward Hl. von der Deportation freigesprochen und kehrte nach fünfmonatlicher Verbannung in seine Heimat zurück.

Haas, Math., von Luxemburg, klein und fein, war Kapl. und Sprachlehrer zu Beringen und als solcher sehr thätig, als er wegen verweigerten Eides bitter verfolgt und endlich zu Rollingen ergriffen, sich zu Mersch den Händen der ihn gebunden fortführenden Gend. entriß und darüber einen sehr gefährlichen Säbelhieb in die Backe, wodurch ihm ein Ohr fast abgelöst ward, erhielt. Von dem unseligen Augenblicke ab irrte er wie wahnsinnig 14 Tage lang im Walde herum, bis er von Vorbeigehenden daselbst angetroffen und auf Haus zurückgebracht ward. Ihm wurde die Wunde geheilt und das Leben erhalten. Bald aber mußte er sich von Neuem festnehmen und nach Rochefort fortschleppen lassen. Am 20. Okt. 1799 ward er nach der Insel Ré eingeschifft. An diesem Orte hatte er viel Hunger, Kälte und Insektenbisse zu leiden, endlich auch das Glück, in Folge des Konsular-Dekr. vom 18. Brüm. VIII, wieder in Freiheit gesetzt zu werden. Er starb als Pastor zu Rumlingen.

Hamlinger, Jos., von Trier, Bernard. zu Orval, durch Dekr. vom 4. Brüm. VII zur Deportation verurtheilt, wurde zu Luxemburg am 25. desselben Monats verhaftet und, 49 J. alt, am 1. Frim. desselben Jahres auf die Insel Ré weggeschifft. Der Konsular-Beschluß vom 18. Brüm. VIII brachte ihm seine Freiheit wieder.

Heber, Pet., von Gosseldingen, war 47 J. alt und Vik. zu Merscheid, als er, den Republikseid verweigernd, ergriffen, und auf die Insel Ré transportirt wurde. Seine Einschiffung geschah zu Rochefort am 2. Jan. 1799. Nachdem ihm das Dekr. vom 18. Brüm. VIII Erlösung gebracht hatte, kehrte er in seine Heimat zurück.

Jardin, Joh. Pet., von Schwiedelbruch, war Vik. zu Holz und 51 J. alt, als er wegen Ablehnung des Republiks-eides eingefangen und am 2. Jan. 1799 von Rochefort aus auf die Insel Ré, wo er viel Ungemach zu leiden hatte, transportirt wurde. Durch das Dekr. vom 18. Brüm. VIII erhielt er seine Freiheit wieder.

Jeanjean, Frz. Ludw., von Ruette, war 46 J. alt und Past. zu Gerouville, als er wegen Eidesverweigerung ver-haftet und zuerst nach Etalle, wo Agent Magnette die Ein-gefangenen pathetisch zum Gehorsam ermahnte, und von da in die Münsterabtei nach Luxemburg abgeführt ward. Hier stellte man das Militär mit geladenem Gewehr und ihm gegenüber die Geistlichen auf. „Jetzt werden wir erschossen!" wimmerten Viele; aber man verkündigte ihnen nur unter Trommelschlag das Deportationsurtheil. Weil Jn. noch kräf-tig war, so wurde er über Metz, Verdun ꝛc. nach Rochefort, und von hier am 2. Jan. 1799 zu Schiffe nach der Insel Ré transportirt. Nachdem er hier an Leib und Seele Vieles gelitten, fand er in dem Dekr. vom 18. Brüm. VIII einen Wiederbringer der Freiheit. Er kehrte auf seinen früheren Posten zurück, woselbst er 1819 starb, vier Gemälde, „die Jahreszeiten", welche ihm sein Busenfreund, Brud. Abraham, geschenkt hatte, hinterlassend.

Kariger, Joh. Nikl., geb. zu Redingen um 1743, wurde, nachdem er die Priesterweihe empfangen, bald als Pfarr. zu Ell angestellt. Weil er den Revolutionseid verweigerte, wurde er auf den 20. Nov. 1797 vor den Kommissär Seiquer nach Everlingen eingeladen, auf daß er sich dort wegen seines Lebensunterhaltes ausweisen sollte. Als er aber daselbst ankam, wurde ihm sowie 31 anderen Geistlichen angekündigt, daß sie am folgenden Morgen nach Luxemburg transportirt würden. Weil Jacobi der Entweichungsversuch gelungen war, so wiederholte ihn auch Kr. Aber diesem mißlang er. Als Kr. hinauszog, wurde er von einem Gend. Namens Henri in's Schloß zurück-genöthigt, mit Ketten gefesselt, am folgenden Tage auf einen Wagen geladen und mit seinen Amtsbrüdern nach der Stadt abgeführt. Hier mußte er als Gefangener einige Wochen liegen und sich dann über Metz nach Rochefort durch 32 Gefängnisse schleppen lassen. Am 2. Jan. 1799 kam er, 56 J. alt, auf der Insel Ré an, auf welcher er 18 Monate darbte. Nachdem er den Leidenskelch völlig verkostet, zog er, kraft Beschlusses vom 18. Brüm. VIII, zurück in die Pf. Ell, welche er von Neuem heimlich und nachher öffentlich verwaltete. Weil er Letzteres ohne Treugelobung gegen die Konstitution that, wurde er im selben Jahre vom Gerichtshofe zu Diekirch zu 500 Fr. Buße, 3 Monaten Gefängniß und zur Kostenvergütung verurtheilt. — Kr. war ein verfreundlicher und wissenschaftlicher Priester, und hielt Prinzipisten, unter denen sich Salentiny, nachmaliger Notar, und Bögen, späterer Pfarrer, befanden.

Koob, Joh. Pet., geb. zu Siebenborn gegen 1756, wurde, zum Priester geweiht, bald Pfarr. zu Wahl. Weil er den Eid des Königthumshasses verweigerte, so ward er lange vergebens aufgesucht und dann mit den andern Priestern seines Kantons von Kommissär Seiquer auf den 20. Nov. 1798 in's Schloß nach Sperlingen eingeladen, auf daß er sich daselbst wegen seiner Subsistenzmittel ausweisen möchte. Nichts Arges ahnend, zog er an dem anberaumten Tage hin, wurde aber nebst 30 seiner Mitpriester gebunden zwischen 20 Husaren auf Luxemburg abgeführt. Als sie die Stadt verlassen mußten, wurden sie zusammen auf dem Paradeplatz in die Reihe gestellt, während unter ihren Augen die Soldaten ihre Gewehre mit Kugeln luden. „Jetzt werden wir erschossen! sprach Kb., laßt uns einer dem andern die sakramentalische Lossprechung ertheilen!" Nachdem die Gefangenen durch 32 Gefängnisse gegangen waren, kamen sie zu Rochefort an, und am 2. Jan. 1799 auf der Insel Ré. Damals war Kb. 43 J. alt. Als sie hier 18 Monate jämmerlich zugebracht hatten, wurden sie, in Folge des Dekr. vom 18. Brüm. VIII, in Freiheit gesetzt. Kb. kam in seine Pfarre zurück, woselbst er kurz darauf, im 46. Lebensjahre, das Irdische mit dem Himmlischen vertauschte.

König, Hch. P., Kapuziner Justus zu Luxemburg, war ein Nathanael ohne Arg. Auf die Trugworte, die ein Spaßvogel ihm durch's Kirchengewölbe zurief: « Juste, ibis Romam; fies Papa!» antwortete er: «Domine, non sum dignus!» Weil er den Republikseid verweigerte, so wurde er im Herbste 1797 aufgegriffen nnd von einer französischen Stadt zur andern geschleppt, um auf die Insel Oleron deportirt zu werden. Am 12. März 1798 ward er aus dem Militärgefängniß zu Rochefort hervorgezogen, von den übrigen Gefangenen mit Schatel von Remich abgesondert und dann auf die „Charente" gleichsam eingepackt. Nachdem das Schiff in einem heftigen Treffen mit 3 englischen Fregatten Vieles gelitten, strandete es am Stapel zu Royan. Von hier ward P. Is. am 7. Aug. 1799 auf die Insel Ré transportirt, woselbst er, von Ungeziefer halbverzehrt, keine andere Nahrung fand als verdorbenen Reis und schimmlichtes Kommißbrod. Unter dem Dreikonsulate verließ er mit seinen Mitgefangenen den Ort seiner Verbannung und kehrte an den seiner früheren Wirksamkeit zurück. Hier machte er sich längere Zeit hindurch bemerkbar dadurch, daß er die zum Tode Verurtheilten zur Richtstätte begleitete und ihnen den letzten geistlichen Beistand leistete. Noch jetzt stellen sich manche alte Luxemburger ihn vor, wie er im Momente der Hinrichtung den Unglücklichen zunächst stand und dann ihre Leichen zum Begräbniß einsegnete. Auch schützenden Rath ertheilte er wider die bösen Geister und führte der Sterbenden viele an die Schwelle der Ewigkeit. Er selbst st. gegen 1810. Gegenwärtig noch sieht man seinen schwerkörnigen Rosenkranz in der Behausung der Redemptoristen zu Luxemburg.

Kremer, Th., geb. zu Schuweiler den 4. März 1761, erhielt daselbst seine erste Jugendbildung bei Kapl. Schmit. Im J. 1777 stand er auf der untern Klasse der Grammatik, wie zu ersehen aus seines Preises Inschrift: « In infim. gramm. cl. *Primus* Th. Kremer ex Schuweiler. Lbgi, 22ª april. 1777. J. Musmann, Fig. prof.» Seine theolog. Studien vollendete er zu Trier, wo er um Ostern 1787 zum Priester geweiht wurde. Um St. Joh. deff. J. erhielt er seine erste Anstellung zu Zolwer, wo Trausch pastorirte, und verrichtete den Gottesdienst in der St. Viktorskapelle, welche damals zugleich als Pfarrkirche für Ehleringen diente. So wirkte er zwei Jahre segenreich, da rief ihn die Differdinger Äbtissin Mar. Magd. Gräf. v. Gourcy in ihr Kloster. Nachdem er hier vier Jahre lang die geistliche Leitung der gottgeweihten Jungfrauen besorgt hatte, ernannte ihn 1793 das genannte Stift zum Pfarr. von Niederkerschen. Aber schon das folgende Jahr kamen die Franzosen, plünderten dieß Dorf und steckten es am 22. Mai in Brand: 36 Häuser zergingen in Staub und Asche, die übrigen erlitten mehr oder weniger Beschädigung; nur die in der Nähe der Kirche gelegenen wurden verschont, weil in einem derselben ein hinkender und greiser Schenkwirth, der den unliebsamen Gästen seinen Keller geöffnet, und in einem andern eine Alte, die sich ihnen zu Aufsuchung von Werthschaften behilflich gezeigt hatte, zurückgeblieben waren. Außer diesen und einer in Folge ihrer Schändung verstorbenen Frau hatten alle Einwohner die Ortschaft verlassen und waren mit ihren Heerden bis Mamer und Merl, wo sie bis zum Abzuge der Mordbrenner, d. h. bis St. Joh. lagerten, gezogen. Von Hausthieren hatten nur Hühner und Hähne ihre Wohnung nicht verlassen, wofür sie aber auch jetzt so unbarmherzig mitgenommen wurden, daß die wenigen, welche entkamen, wehmüthig aufschrieen und wegflohen, sobald sie einer französ. Uniform ansichtig wurden; ein Umstand, der die Federviehzucht auf längere Zeit hin erschwerte. Was die Truppen unversehrt ließen, ward von faulem Gesindel geraubt, von ihm auch Einiges, was die Preußen auf ihrem Rückzuge verkauft hatten, zurückgenommen. Kr. war seinen Pfarrkindern auf der Flucht gefolgt und theilte mit ihnen Entbehrung und Ungemach. Mit ihnen kehrte er auch zurück, aber nur auf kurze Zeit. Beim Wiedererscheinen der Franzosen blieb ihm in der ganzen Gegend kein sicherer Ort mehr übrig. Meist im Gebüsche über Tag versteckt, konnte er nur des Nachts das hl. Meßopfer verrichten und die hl. Sakramente spenden, wozu er sich von Bann zu Bann einen Altartisch nachtragen ließ. Dieß sein herumirrendes Leben dauerte bis zur Ankunft des Kommissärs Umhöfer. Da dieser das

Pfarrhaus in Besitz nahm, ließ er Kr. als „friedlichen Bürger" das Vikarshaus bewohnen, eine Gunst, die ihm durch
täglich fließende Spenden vergütet werden mußte. Als dem
Seelsorger von Niederkerschen der republikanische Eid abgefordert wurde, verweigerte er nicht bloß denselben auf's
Standhafteste, sondern verfaßte dawider auch eine öfter ge-
lesene lateinische Abhandlung. So geschah es denn auch,
daß Umhöfer nur Einen „Eidt", wie er sagte, auf sein Verzeichniß bekam, und dieser „Eidt" war ein Priester, der dasselbe mit „Nein" unterzeichnete. Mehr noch, als gegen den
Eid, eiferte Kr. gegen den Götzendienst des „Kuetzelkätchen".
In der Kirche war diese Göttin aufgestellt und vor ihrem
Bilde wurden die Dekadi gefeiert. Ein gewisser Michaux bestieg die Kanzel und rief: „Es gibt keinen Gott!" Antw.:
„Es gibt keinen Gott!" „Es lebe die Republik!" Antw.:
„Es lebe 2c.!" Niemand ist heute mehr anzutreffen, der diese
Gottlosigkeit mit angesehen, aber mehr als Einer, der die
angeführten Worte mit Ohren vernommen. Zu der abgötte-
rischen Versammlung gingen nur die Beamten und einige
vorwitzige Kinder. Dieß veranlaßte den Kommissär zur An-
lockung des Volkes die Statue im Freien aufzurichten. In
der Mitte des Dorfes stand ein gewaltiges Kreuz, wahrscheinlich aus der Zeit der spanischen Herrschaft, bei welchem vor-
mals die «haute et basse justice» gesprochen wurde. Diesem
über 13 Stiegen errichteten Erlösungszeichen ward, nachdem
es hinreichend verstümmelt und der Schandpfahl zu seiner
Linken abgebrochen worden, eine Jakobinermütze aufgesetzt
und daran das Vernunftbild angebracht. Aber auch jetzt fand
die Dekadifeier keinen Anklang. Das Volk ging witzelnd und
spöttelnd vorbei. Da ließ Umhöfer der aufgestellten Gottheit
kopiöse Libationen bringen, was anfangs die lustige Jugend
anzog, alsbald aber so mit Verachtung erfüllte, daß sie das
Bild mit riechender Salbe anstrich und in glänzender Lohe
wolkenwärts trieb. Kr.'n wurde dieß Alles zur Last gelegt.
Der bisher für „friedlich" ausgegebene Priester mußte am
1. März 1799 nach Luxemburg, wo er mit Nikl. Breckels
eine Zeitlang in der Oberstadt wohnte, ward dann in's

Münsterkloster, wo sie Besuch und Geld von den Pfarrkin=
dern erhielten, abgeführt. Während beide einer nahen Heim=
kehr entgegensahen, erschienen am 20. Okt. 1799 in dem
Hofe des Gefängnisses zwei Heuwagen, worauf sie sofort mit
anderen Geistlichen geladen und nach Diedenhoven wegge=
fahren wurden. Schon in der Frühe des andern Tages kamen
ein Verwandter Kr.'s und der Vater Breckels, reichten ihnen
Reisegelder und wurden, da sie weinten, von denselben ge=
tröstet. Von Diedenhoven ging's über Metz und Pont=à=
Mousson bis nach Nancy, wo die Gefangenen in einer ab=
gedachten Kirche übernachteten, dem alten Priester Trausch
Trostworte zusprachen und ihn erwärmten. Von ihrer Weiter=
reise bis zur Insel Ré ist gar nichts bekannt, als daß sie
überall bei dem Volke ehrfurchtsvolle Auf= und Theilnahme
fanden. Daß sie, wie einst der hl. Ignaz, auch wohl manch=
mal von Leoparden umgeben waren, läßt sich aus P. Zalen's
Erzählung schließen. Sie aber sprachen nur von dem Guten,
und nie von dem Bösen, das ihnen widerfuhr. Auf der
Insel Ré befanden sie sich in ziemlich gelinder Haft, bis
einige von ihnen auf einem Kahn zu entkommen versuchten,
drei davon verunglückten und Einer an's Land zurückruderte.
Von diesem Augenblicke an verschärfte sich die Aufsicht, unter
welcher sie standen. Mittlerweile waren Verwandte und
Pfarrkinder immer thätig, Kr.'s und Breckels Freilassung zu
erwirken. Mit Berufung auf die Konsular=Verordnung, kraft
welcher die der Kultusausübung entsagenden Geistlichen ihrer
Haft entlassen werden sollten, sowie auf ein von der Muni=
zipalität ausgestelltes und von der Departementsverwaltung
visirtes Zeugniß brachten sie es dahin, daß den beiden Ver=
bannten ein Freiheitsbrief nebst Paß auf die Insel nachgeschickt
wurde. Am 7. März 1800 kamen diese nach Niederkerschen
zurück. Elendiglich sah es aus in der Pfarre. Seit Jahren
hatte der Gottesdienst aufgehört und im Gotteshause herrschte
der Gräuel der Verwüstung. Nur die hl. Gefäße und 4 Glo=
cken waren gerettet worden; alles Übrige lag scheuslich ver=
unstaltet. An den Heiligenbildern hatten die Soldaten mit
Säbelhieben und Bajonnettstichen ihren Frevelsinn erprobt.

Es hatten das Chor zur Befriedigung unnennbarer Bedürfnisse und die auf der Wandbekleidung gemalten Apostel dabei als Zielscheibe gedient. Alle Grundgüter der Kirche waren
am 21. Prair. VI an einen gewissen Hubert von Vieux-
Virton für 12,000 Fr. zugeschlagen worden. Kr., welcher
seit seiner Rückkehr in einem seiner Schwester eingeräumten
Backhause wohnte, bezog nach Abschluß des Kirchenfriedens
das Vikars- und 1808 das Pfarrhaus. Erst nach Ablegung
der Eide des Gehorsams und der Treue gegen die Konstitution am 1. Frukt. XIII gelangte er dahin, mit Nachdruck
seine Heerde zu sammeln und zu weiden. Alles lag zertrümmert, die Pfarrbücher waren in weltlichen Händen, die Stiftungen verloren, die hl. Sakramente vergessen, die Civilehen
in Menge. Aber die Thatkraft des Seelenhirten schuf Hülfe.
Neue Stiftungen wurden gemacht, alte aufgesucht und deren
Titel erneuert, Rückstände eingetrieben, die Rosenkranzbruder-
schaft wieder in's Leben gerufen, und erlittene Schäden aus-
gebessert. Ganz für die Pfarre lebte Kr., weshalb ihm auch
deren Angehörige, wie dem Vater die Kinder, zugethan waren.
Seine überstandenen Leiden und die Besorgniß, welche sie
bei den Pfarrkindern erregt, hatten zwischen diesen und ihm
ein so inniges Band geknüpft, daß letzterer jenen seine Wirksamkeit ausschließlich zuwenden und sich von ihnen durch
nichts trennen lassen wollte, bis er am 28. Nov. 1833, von
einem Schlaganfalle gerührt, in's bessere Leben hinüberschied,
im Alter von 73 Jahren und nach 40jährigem Wirken zu
Niederkerschen.

Krier, Joh. Bapt., geb. und Vik. zu Arl, ließ sich mit
seinem Pfarr. Schlim freiwillig gefangennehmen, erklärend,
daß er nie den Eid vom 19. Frukt. V leisten würde. Er
war eben 40 J. alt geworden, als er über Metz abgeführt
und von Rochefort aus, am 2. Jan. 1799, nach der Insel
Ré transportirt wurde. Nach vielfachem Darben und Leiden
erhielt er, in Folge des Dekr. vom 18. Brüm. VIII, seine
Freiheit wieder und kehrte in sein Vaterstädtchen zurück.

Linckels, Joh. Pet., geb. aus Walsdorf, empfing zu
Köln, wo er eine Zeitlang studirte, die Priesterweihe, ver-

richtete seine erſten Paſtoraldienſte in seinem Geburtsorte, die nächſtfolgenden vierjährigen als Altariſt zu Luxemburg, während welcher er ſich durch Freimüthigkeit bemerkbar machte. Im Weinberge des Herrn arbeitete er, obgleich ohne Gehalt und mit geringem Einkommen, zufrieden und unverdroſſen bis zum Jahre 1798. Weil der damals geforderte Civileid nicht mit seinem Gewiſſen im Einklange ſtand, ſo verwei=gerte er ſtandhaft deſſen Leiſtung. Überall aufgeſucht, mußte er ſich bald hier bald dort verbergen. Die meiſte Zeit hielt er ſich in „Pettingers“ zu Landscheid auf, woſelbſt er hinter dem von ihm angeſtrichenen Kapellaltare die Meſſe las, ſo daß ihn die Anweſenden nicht ſahen und ihnen beim Sanktus und am Schluſſe mit dem Kerzenhörnchen gewinkt werden mußte. Doch half ihm seine Vorſichtigkeit nur auf kurze Zeit. Eines frühen Morgens, am 25. Brüm. VII, wurde er in seinem Schlupfwinkel von den Häſchern ertappt, gebunden und über Vianden nach Luxemburg und von hier von Kerker zu Kerker bis nach Rochefort weggeführt. Dieß geschah im Spätherbſte des Jahres 1798, als er sein 37. Lebensjahr vollendet hatte. Am 20. Okt. 1799 ward er mit vielen an=deren Prieſtern nach der Inſel Ré eingeſchifft. Daß er Vieles leiden mußte vom Hunger und besonders vom Schmutz und Ungeziefer, hat man ihn oft erzählen hören. Diese Plage nahm dergeſtalt zu, daß er sie für unausſtehlich hielt. Da forderten er und seine Mitgefangenen, daß der Kerkermeiſter sie in Freiheit ſetze, oder sie würden sie mit Gewalt erzwin=gen. Dieſer aber erwiderte: „Mein Hund wird euch Lehre geben!“ Durch diese Worte ließen ſich Alle einschüchtern, nur Ls. nicht. Wie er feurigen Temperamentes war, ſo ent=blößte er seine Bruſt und sprach: „Laß deinen Hund kommen; es iſt beſſer, daß er uns zerreiße, als daß wir so zu Grunde gehen!“ Diese Rede wirkte; von nun an bemühete ſich der Gefängnißwärter zu ihren Gunſten und verschaffte ihnen ihre Freiſetzung, bevor noch die Konſuln die aller Deportirten beschloſſen. Mit vielen seiner Mitgefangenen kehrte Ls. 1800 in sein Vaterland zurück, privatiſirte einige Jahre bei seinen Verwandten und ward im Febr. 1806 zum erſten Pfarr. von

Berg bei Ettelbrück ernannt. Von seiner Thätigkeit an die=
sem Orte hat sich nur Löbliches im Andenken erhalten. Er
war, wie die Zeitgenossen ihn schildern, ein guter Singer,
„Kirchenmann“ und „Krankenfreund“. Mit den zwei letzten
Worten kennzeichnet das Volk den wahren Priester. Nicht
nur in geistlicher, sondern auch in leiblicher Hinsicht trug
er Fürsorge für die Kranken. Zu ihnen, wie erzählt wird,
lief er mehrmals selbst den Arzt rufen. Darum hielt er nicht
weniger auf Ordnung und Disziplin. Einmal wagte er es
sogar, mit Alb' und Stol' angethan, den Trinkgästen das
Aspergeswasser in die Wirthsstube zu tragen. Sein Ansehen
in der Pfarre war so groß, daß er ihm durch eine solche Hand=
lung nichts vergeben zu können glaubte. In seinen Freistunden
beschäftigte er sich mit Drechseln, worin er, wie Augen=
zeugen sagen, eine ziemliche Fertigkeit erlangt hatte. Überhaupt
wirkte er segenreich zu Berg, würde aber des Guten noch
mehr daselbst gethan haben, wäre er nicht so früh von da
und zwar in Folge eines Zerwürfnisses mit dem Schlosse
abberufen worden. Diese Abberufung geschah seinem eigenen
Wunsche zuwider und zum Herzensleide seiner Pfarrkinder im
Aug. 1808. In demselben Jahre wurde er von Metz aus
nach Ernzen bei Echternach versetzt, in welcher neuerrichteten
Pfarre er viel Dankenswerthes that und sich durch Frei=
gebigkeit und Gastfreundlichkeit die Liebe und Achtung der
Seinigen erwarb. Seine Seligkeit war es Andere zu bewir=
then, wenn er dadurch für sich selbst auch nur Kartoffeln
behielt. Auf nachahmungswürdige Weise beschäftigte er sich
in den Mußestunden mit Gärtnerei und Obstbaumzucht,
wodurch er manchen Pfarrgenossen zur Verbesserung ihrer
Landwirthschaft Veranlassung gab. Als einen „Bilderfreund“
begrüßte ihn Bischof v. Hommer. Körperliche Gebrechlichkeit
zwang ihn 1832 das Pfarramt abzudanken; er zog sich in's
Spital nach Kues zurück, wo er, um 1845, in einem Alter
von 77 Jahren sein müdes Leben beschloß.

Linden, Chrstp., geb. zu Landscheid gegen 1728, studirte
zu Trier und trat daselbst in den Karmeliterorden. Darauf
kam er nach Luxemburg, wo er wegen Eidesweigerung

aufgefangen und auf die Insel Ré deportirt wurde. Das Dekr. vom 18. Brüm. VIII brachte ihm die Freiheit wieder, worauf er sich bei seinem Bruder in Warken niederließ und, deffen Sohn unterrichtend und seelforgerliche Aushülfe leistend, den Rest seiner Tage verlebte. Er st. am 7. Apr. 1808.

Lucas, Joh., geb. und Karmeliter zu Arl, verweigerte die geforderte Eidesleistung, hielt sich zu Udingen auf, wurde aufgesucht, endlich eingefangen und am 20 Okt. 1799 zu Rochefort nach der Insel Ré weggeschifft. Er war damals 46 J. alt. Die Zeit der Verbannung war für ihn äußerst bitter und voll Ungemach. Um so größer war seine Freude, als ihm, in Folge des Beschlusses vom 18. Brüm. VIII, seine Freilaffung angekündigt wurde. Am 13. Pluv. deff. J. ward seine Befreiung von der Deportation ausgesprochen.

Martin, Rom., war geb. und Benediktiner zu Luxemburg, woselbst er im März 1795, wie er selbst bezeugt, ein vom Bruder Abraham für seine Abtei verfertigtes Gemälde in Empfang nahm. Weil er den Revolutionseid verweigerte, so wurde er eingefangen und zu Rochefort, am 2. Jan. 1799, nach der Insel Ré abgeschifft. Seine Verbannung begann, als er 48 J. alt war, und nahm ein Jahr später, in Folge des Dekr. vom 18. Brüm. VIII, glücklicher Weise ein Ende. Erst mit seiner Verbannung hörte auch die vielfältige Mißhandlung auf, welche er erdulden mußte. Im Schooße seiner Familie fand er erquickliche Ruh' und einen sanften Tod.

Masius, Kl. Bernh., aus Echternach, war kaum in den Priesterstand getreten, so sah er auch schon über sich und viele Andere den Sturm der Verfolgung hereinbrechen. Er war Pfarr. zu Rosport und Definitor des Landkapitels Bitburg, als er den Republikseid abzulegen aufgefordert wurde. Weil er dieß zu thun entschieden verweigerte, so wurde er behufs Deportation aufgesucht. Da floh er nach dem Girster Kläuschen. Sobald sein dortiger Aufenthalt kundbar wurde, folgten ihm zu demselben die Gend. Ihnen lief aber dahin Gerber De la Rue, welcher es merkte, zuvor, um Denjenigen, welchen sie suchten, zu warnen. Sogleich erhoben sich daselbst aus dem Fußboden zwei Diele; eine

klaffende Öffnung, in welche der verfolgte Priester hinab=
stieg, entstand; und die Bretter verschlossen sich wieder über
seinem Haupte. Vergebens durchsuchten die Gend. das ganze
Häuschen und die Kapelle: ihre Beute fanden sie nicht. Und
so geschah es jedesmal, so oft sie zu demselben Zwecke wieder=
kehrten. Ms. schwand immer rechtzeitig unter den Fußboden.
Aber soviel Glück hatte er nicht überall. Am 5. Brüm. VII
spürten ihm die Häscher zu Echternach nach, und erhaschten
ihn im Elternhause. Über Luxemburg nach Rochefort trans=
portirt, mußte er von dort am 2. Jan. 1799 nach der Insel
Ré unter Segel gehen. Er hatte damals sein 35. Lebensjahr
vollendet. Nachdem er über ein Jahr in der Verbannung
verbracht und Vieles ausgestanden hatte, erhielt er durch
Konsular=Beschluß vom 18. Brüm. VIII seine Freiheit wie=
der und kehrte in seine Geburtsstadt zurück. 1805 ward er
zum Pfarr. in Grosbous befördert, woselbst er die Kirche
verschönerte, die Standbilder der Apostel Petrus und Paulus
mit eigener Hand überarbeitete und allgemeine Achtung und
Liebe mit sich in's Grab nahm. Er starb am 5. Okt. 1824.

Moes, Hch., geb. zu Keispelt den 9. Juli 1765, war
seit 1795 Vik. zu Vichten, als er den Revolutionseid mit
Entrüstung verweigerte. Er wurde vielfach aufgesucht und
endlich, vom Kommiss. Seiquer nach Everlingen behufs vor=
geblich wichtiger Angelegenheiten eingeladen, in der Schlinge
gefangen und bis nach Rochefort abgeführt. Von da wurde
er, 35 J. alt, am 2. Jan. 1799, ohne daß ihm auf Haus
zu schreiben gestattet worden, nach der Insel Ré transpor=
tirt. Hier konnte er, wie er in einem merkwürdigen Briefe
schrieb, täglich die hl. Messe celebriren und sollte auf Oleron
deportirt werden, als das Dekr. vom 18. Brüm. VIII auch
ihm die Freiheit verkündete. Nach seiner Rückkehr in sein
Vaterland ward er bei Wiederanerkennung der Kirche zu Pe=
tingen angestellt, woselbst er den 8. Mai 1827 starb.

Nilles, Krl., geb. und Vik. zu Luxemburg, durch Dekr.
vom 4. Brüm. VII zur Deportation verwiesen, wurde den
25. deff. Monats vom Brigadier Delacour unter Beihülfe
von Soldaten aufgegriffen und zu Rochefort am 2. Jan.

1799 nach der Insel Ré eingeschifft. Er hatte damals ein Alter von 48 J. Sobald der Beschluß vom 18. Brüm. VIII seiner Verbannung ein Ziel setzte, kehrte er in seine Vaterstadt zurück.

Richard, Ans., geb. zu Arl gegen 1765, trat frühzeitig zu Echternach in den Benediktiner-Orden, in welchem er zuletzt die Würde eines Guardians bekleidete. Weil er den Eid des Königthumshasses zu leisten sich weigerte, so wurde er mit noch 4 anderen Geistlichen seiner Genossenschaft durch Gend. Hochstetter am 27. Brüm. VII gefänglich nach Luxemburg und Rochefort geführt, und von da nach der Insel Ré verschifft. Hier kam er am 2. Jan. 1799, in einem Alter von 34 Jahren, an. Da er hinlänglich Geld besaß, so ließ er für sich von mehren seiner Mitgefangenen täglich das hl. Meßopfer celebriren mittelst eines Stipendiums, das er ihnen zahlte. Unter den Fünfhundert zu Paris hatte Rd. einen Busenfreund, mit dem er in einem ununterbrochenen Briefwechsel stand, und der ihn von Allem ausführlich benachrichtigte, was in der gesetzgebenden Versammlung vorging. Hiedurch kam oft Betrübendes zu seiner Kunde; denn die Nachrichten lauteten manchmal nichts weniger als günstig. So vernahm er es gleich, wenn ein Todes- oder Verbannungsurtheil wider Priester ausgesprochen ward. „O meine Brüder, rief er dann, laßt uns beten!" Aber auch Freudiges vernahm er. So war er es, welcher zuerst die Auflösung des Nationalkonvents durch Napoleon verkündete und dadurch unbeschreiblichen Jubel auf der Insel veranlaßte. Durch Dekr. der Konsuln vom 8. Brüm. VIII in Freiheit gesetzt, kehrte er in seine Heimat zurück.

Schanck, Willibr., geb. zu Schlindermanderscheid 1754, stand daselbst als Kaplan in voller Thätigkeit, als er, von den Gend. 1798 aufgegriffen, nach Luxemburg und von da von Kerker zu Kerker bis nach Rochefort geführt wurde. Von hier ging er, 45 J. alt, am 2. Jan. 1799 nach der Insel Ré zu Schiffe, woselbst er viel Hunger, Wust, Ungemach, Entbehrung und Widerspruch erleiden mußte. Doch hatte er das Glück, kraft des Konsularbeschlusses vom 18. Brüm. VIII

seine Freiheit, wie zuvor, zu erhalten und gesund seine Hei=
mat wieder zu betreten. Nachdem die Pfarre Brandenburg
nach Flüchtung ihres Pastors Schwab drei Jahre lang von
einem geschworenen Priester verwaltet worden, kam eines
Tages 1801 dahin ein hoher, abgezehrter Mann in blauem
Rocke, welcher durch seine Papiere darthat, daß er daselbst
Pfarrer sei. Dieser Mann war Schk. Viel Gutes hätte der=
selbe wohl zu Stande gebracht, wäre seiner Wirksamkeit seine
Laune weniger in den Weg getreten. Lange durften die unter
ihm 1807 gegossenen Glocken, weil er es so wollte, nicht
geläutet werden. Läuteten die Leute eigenmächtig, dann ver=
ließ er Altar und Kirche und lief davon. Dieses, mehrmals
wiederholt, veranlaßte seine Versetzung nach Fuhren und darauf
nach Birels. Er st. am 20. Febr. 1826, im Alter von 75 J.

Schatel, Jos., geb., Frühmesser und Beneficiat zu Re=
mich, wurde wegen Eidesweigerung und kraft besonderen
Direktorial=Beschlusses am 1. Frim. VI aufgegriffen, im J.
1798 nach Rochefort abgeführt, daselbst von seinen Schicksals=
genossen Custer, Havelange, Müller, Wagner 2c. abgesondert,
und sollte unmittelbar darauf nach der Insel Oleron depor=
tirt werden. Die „Charente" aber, welche sie bestiegen hatten,
mußte gegen drei englische Fregatten einen harten Kampf
bestehen und strandete am Stapel von Royan. Hier wurde
Schl., weil er sehr bedenklich erkrankt war, abermals von den
Mitgefangenen abgeschieden und im Gefängnisse zurückge=
halten. Nachdem er in diesem eine Zeitlang zugebracht hatte,
wurde er, obgleich 60 J. alt, auf die Insel Ré fortgeschifft.
Von diesem Orte kehrte er etwas früher als die anderen
Deportirten, nachdem er nämlich 7 Monate lang den Glau=
ben an Jesus in Kerker und Banden, in Noth und Angst,
handelnd und leidend bekannt hatte, in seine Heimat und
den Kreis seiner früheren Anstellung zurück, woselbst er wie=
der, wie zuvor, als Vikar fungirte und während der Abwe=
senheit des Past. Molitor den Pfarrdienst versah. Er starb
1808, den 23. Jan., im Alter von 69 Jahren.

Schleich, Ant., von Ospern, war Bernardiner zu Or=
val, als dieß Kloster verwüstet wurde. Nachher verweigerte

er den Republikseid, ward deshalb aufgefangen, verhaftet, nach Rochefort und von da am 2. Jan. 1799 nach der Insel Ré transportirt. Von dieser kehrte er nach Verlauf eines Jahres und vielerlei ausgestandenen Leiden in seine Geburtsstätte zurück.

Schlim, Joh. Nikl., geb. zu Luxemburg den 24. Aug. 1751, wurde Pfarr. zu Arl, wo er am 24. Flor. VI unkirchliche Zumuthungen abwies, dann aber, durch Beschluß vom 6. Messid. zur Deportation verurtheilt, sich mit seinem Vik. den Gend. freiwillig übergab, was er, wie er betheuerte, viel lieber that, als daß er den Republikseid leistete. Dafür ward er geknebelt und von Gefängniß zu Gefängniß bis nach Rochefort, wo er im Spätherbste 1798 ankam, geschleppt. Von hier wurde er, 43 J. alt, am 2. Jan. 1799 nach der Insel Ré eingeschifft. Er erzählte oft von seinen und seiner Schicksalsgenossen vielfältigen Leiden. Das Dekr. vom 18. Brüm. VIII brachte auch ihm die Freiheit wieder, worauf er in seine Geburtsstadt zurückkehrte. Hier hielt er sich bei seinen Verwandten auf, bis er nach Regelung der kirchlichen Angelegenheiten die Kantonspfarre Mersch erhielt, woselbst er seit 1804 des Guten viel wirkte. Sein Amtskreis war sehr ausgedehnt und seine Wirksamkeit fiel in eine sehr wichtige Epoche. Nicht nur stand er der Pfarre als treuer Seelsorger vor, sondern gab sich auch rastlos mit Erziehung und Unterricht ab. Zu Mersch hielt er bis zu seinem letzten Lebenstage eine Lateinschule, welche von vielen Jünglingen der Umgegend besucht ward. Er that dieß, weil er dazu vom Bischof Jauffret behufs Vermehrung der Aspiranten des geistlichen Standes aufgefordert worden. Ein Gleiches thaten gleichzeitig Ungeschick zu Hessingen, Glodt in Fels, Bernardy zu Greisch, Haas 2c.; was eine Verstärkung der Seminarsbevölkerung zur Folge hatte. Auf die Pflanzschulen dieser Geistlichen richtete dieser Prälat seine ganz besondere Aufmerksamkeit und ließ sich darüber 1808 ausführliche und tabellarische Auskunft ertheilen. Nach 20jähriger segenreicher Thätigkeit zu Mersch verstarb daselbst Pfarr. Schm. am 12. April 1824. Seinen Verlust beweinten lange die Pfarrangehörigen.

Schmitz, Pet., von Straßen, besaß von Natur schöne Anlagen, betrieb mit Auszeichnung seine Studien zu Luxemburg und sechs Jahre zu Löwen, empfing in letzterer Stadt kurz vor Ausbruch der französischen Revolution die Priesterweihe, und ward einige Zeit darauf zum Pfarr. von Lenningen befördert. Schon lange vor Übergabe Luxemburg's sah er sich durch die Republiktruppen öfter bedrängt und hart mitgenommen. Von Grevenmacher aus schickte ihm unter'm 27. Fruktid. II ein Proviantaufseher der Rhein- und Moselarmee, Namens Garnier, diese Weisung: „Drescher, die ich nach Lenningen abgesendet habe, werden provisorisch in Deiner Scheune dreschen, und ich werde, was Deinen Bedarf betrifft, bei Dir passiren und mit Dir, wie sich's ziemt, verfügen." Und wie ihm angesagt ward, so geschah es. Seine Scheune wurde rein ausgedroschen, aber nicht für ihn, sondern für die zu Grevenmacher stationirenden Truppen. Doch war dieser Raub nur das Vorspiel zu einem größern, dessen Gegenstand er selbst später werden sollte. Weil er den Eid des Hasses gegen das Königthum zu leisten durchaus verweigerte, so zog er sich Seitens der Republikaner Zorn und Verfolgung zu. Schon am 21. Brüm. VI schrieb ihm der Kommissär seiner Munizipalität: „Ich habe vernommen, Bürger, daß Sie sich erlauben, wider die durch's Gesetz von den Kultusdienern abgeforderte Unterwerfung zu predigen und zu schreien; Sie wissen, daß die Priester, welche durch ihre Reden oder anderswie die öffentliche Ruhe stören, im Falle sind deportirt zu werden; ich ermahne Sie demnach ruhig zu sein und sich nicht darum zu kümmern, das Volk zu beunruhigen; es würde mir leid thun, wenn Sie sich deshalb Unannehmlichkeiten zuzögen. Gruß und Brüderlichkeit!" Auf Requisition desselben Kommissärs beschloß am 18. Frim. VI die Munizipalität Remich, daß „die nicht beeideten Pastoren, darunter auch der von Lenningen, innerhalb zehn Tagen, ihre bisherigen Wohnhäuser verlassen sollten." Etliche Tage später, im Messid. deſſ. J., räumte Schtz. das Pfarrhaus, ließ seine besseren Möbel nach Ehnen transportiren und siedelte in einem Privathause. Den 14.

Brüm. VII nahm das Vollziehungs-Direktorium in Gemäßheit des 24. Art. des Gesetzes vom 19. Frukt. V einen Beschluß, worin es wörtlich heißt: „Nach Einsicht der Belegstücke, woraus hervorgeht, daß die Priester und Mönche der vereinigten Departemente, die sich dem Gesetze vom 7. Vent. IV nicht unterworfen und den vom Gesetze vom 19. Frukt. V vorgeschriebenen Eid nicht geleistet, die grausamsten Feinde Frankreichs sind, beständig die Wirksamkeit der Regierung gehemmt, die Republiksverfügungen herabgesetzt, Unruhen veranlaßt, die Leidenschaften aufgereizt, den Fanatismus und Brandschriften verbreitet, die Staatsbeamten dem Dolche der Meuchler geweiht, Privatoratorien gehalten, Conciliabel präsidirt und den eben ausgebrochenen Generalaufstand organisirt haben.... 2c." Kraft dieses Beschlusses sollten alle eidscheuen Geistlichen der neun belgischen Departemente verhaftet und über die Republiksgränze deportirt werden. Unter den vielen Geistlichen, welche dieser Beschluß traf, befand sich auch Pfarr. Schtz. Schon im Okt. 1797 wurde er in der Frühe von vier Gend., die seine Wohnung umsetzt hielten, gefangen genommen. Kaum fand er Zeit sich anzukleiden und das Nothwendigste für die Reise mitzunehmen. Anfangs ließen sie ihn zwischen sich reiten und führten ihn gen Luxemburg hin. Als sie am Ötringer Berge ankamen, standen daselbst im Hinterhalte und nur einen Flintenschuß weit von der Straße die Brüder Wellenstein mit doppelt geladenen Flinten. Von Unwillen hingerissen legte der jüngere sein Gewehr an sprechend: „Bruder, welchen soll ich nehmen?" „Halt! rief der ältere, sonst verschlimmern wir nur unsere Lage!" Diesem Rufe allein verdankten die Gend., daß sie besser als Malchus davon kamen; denn die Brüder waren ihres Schusses gewiß. Zu Luxemburg saß Schtz. im Ramthurme bis zum 22. Nov. Von da ward er bei Tagesreisen von 5 bis 10 Stunden und von Gefängniß zu Gefängniß über Diedenhoven, Metz, Stenay, Verdun, Clermont, Ste. Menehould, Courtisols, Châlons, Sommesous, Arcis-sur-Aube, Troyes, Villeneuve, Sens, Courtenay, Montargis, Bellegarde, Chateauneuf, Orléans, Beaugency, Blois, Amboise, Tours, St. Maure,

Chatellerault, Poitiers, Lusignan, St. Maixent, Niort, Surgères bis nach La Rochelle geschleppt. Unterwegs fand er
mehr schlechte als gute, auch solche Nachtquartiere, in denen
er wahrhaft mißhandelt wurde. In allen mußte er Essen
und Lager übertheuer bezahlen und erhielt oft als Geleit,
wie er scherzend erzählte, eine „vollständige Leibwache von
Läusen". Am 22. Jan. 1799 kam er, im Alter von 38 J.,
auf der Insel Ré an. Hier befand er sich mit 1200 anderen
Unglücklichen, und hatte seine Wohnzelle unter dem Ziegel-
dache der Kaserne. Das Nachtlager war eine Strohstreu,
auf welcher ihrer je 12 bis 13 zusammenschliefen. Über eines
jeden Hab und Gut ward ein genaues Verzeichniß errichtet,
und sie mußten, wenn Einer starb, dem Kommissär vollständig abgeliefert werden. Einmal wagte es ein Deportirter
sein verlumptes Kleid gegen das bessere eines eben Verstorbenen zu vertauschen. Da wurde mit Ketten und Banden
gedroht, bis er das vertauschte Kleid zurückerstattete; und
der Kommissär sprach: „Ihr seid nicht hier, um zu erwerben;
Ihr selbst und Alles, was Ihr habt, gehört der Republik!"
Die Nahrung, welche sie bekamen, war verdorben. Nur wer
Geld hatte, konnte sich eine bessere verschaffen. In diesem
Falle befand sich zuletzt Schh. Nachdem er lange gedarbt hatte,
kamen Rodenschmid von Lenningen und Welschbillig von Ehnen und brachten ihm soviel Geld, daß er über 15 Monate,
d. h. bis zur Freilassung ausdauern konnte. Nachdem die er-
sehnte Stunde geschlagen, nahm ihn ein von den Konsuln
abgeschicktes Geschwader an Bord. Er erreichte das Festland,
und kam bald darauf auch gesund und wohlerhalten in seine
Heimat zurück. Seine geistlichen Obern und die Republiks-
behörden selbst betrachteten ihn als einen der ausgezeichnetesten Priester. Nach Abschließung des Konkordates beför-
derten sie ihn zum Seelsorger von Wellenstein und dann
zum Kantonspfarrer von Remich, in welchen Eigenschaften
er rastlos für das Reich Gottes wirkte. Dabei war er äußerst
leutselig, gesellschaftlich, wohlgelaunt, witzig, farzenerfinderisch,
schnurrig, und starb 1831 tiefbetrauert, nachdem er der letztgenannten Pfarre und seinem Kanton beinahe 30 Jahre vor-
gestanden.

Schon, Mich. Xav., aus Doningen, war Vik. zu Weicher=
dingen, als er den Republikseid verweigerte und deshalb
verfolgt und verhaftet wurde. Nach Rochefort transportirt,
wurde er von hier am 2. Jan. 1799 nach der Insel Ré
eingeschifft, wo er Vieles zu leiden hatte. Er hatte damals
36 J. Erst in Folge des Konsulardekr. vom 18. Brüm. VIII
nahm seine Verbannung ein Ende, nach welcher er in seinen
Geburtsort zurückkehrte.

Schruber, Nikl., von Recht, war Vik. zu Elwingen,
als er, wegen verweigerten Eides, in perfider Weise nach
Everlingen beschieden, daselbst mit 30 anderen Geistlichen
des Kantons am 30. Brüm. VII verhaftet, nach Rochefort
transportirt und von da am 2. Jan. 1799 auf die Insel Ré
deportirt wurde. Erst 40 J. alt, überlebte er glücklich seine
entbehrungs= und leidensvolle Verbannung, kehrte in sein
Vaterland zurück und starb daselbst als Pfarr. zu Sterpenich.

Schumann, Frch. Wenc., von Haffel, Dominik. und
Kapl. im Pfaffenthal, hielt sich, nachdem er den Republikseid
abgelehnt, in dem „Nonnenhause" in „Morfels" verborgen,
unterrichtete, beichtete und nahm die Kinder zur hl. Oster=
kommunion. In derselben Mansarde, worin er die hl. Sakra=
mente spendete, celebrirte er auch die hl. Messe, bis er da=
selbst am 25. Brüm. VII vom Brigadier Delacour verhaftet
und auf das Eicherthor nebst 13 anderen Geistlichen bei
Waffer und Brod eingekerkert ward. Mit diesen, welche je
zwei mit einer Hand aneinander gebunden, in der anderen
einen Reisestock und ein Bündelchen, fortzogen, wurde er
nach Rochefort mit nur 18 Schilling, die für ihn die Ar=
beiter kollektirt hatten, in der Tasche, abgeführt und von da
nach der Insel Ré, woselbst er im Jan. 1799 ankam, ver=
schifft. Nach dort ausgestandener schmerzlicher Gicht und
vielfacher Prüfung, die ihm der Insassen Freigebigkeit mil=
derte, erhielt er unter den Konsuln, auf Empfehlung seiner
Munizipalität, seine Freilassung und kam, 43 J. alt, in
sein Geburtsland zurück.

Sinner, Nikl., geb. zu Grosbous, wurde nach Empfang
der Priesterweihe zum Vik. in seinem Geburtsorte ernannt.

Den Eid des Königthumshasses verweigerte er mit Entschie=
denheit und hielt sich von der Zeit an mit noch 11 anderen
Geistlichen meistens in einer Erdhütte der Bissener Hecken
auf, aus welcher er sich nur durch List, nämlich Seiquer's
Vorladung zum Ausweis über Unterhalt und Subsistenz,
hervorlocken ließ. Am 20. Nov. 1798 erschien er mit 31
anderen Priestern seines Kantons im Schlosse zu Everlingen.
Um 2 Uhr Nachmittags trat der Kommissär in ihre Mitte
und fragte die Erschienenen, wie und womit sie ihr Leben
fristeten. Da antwortete Sr., welcher französisch sprach:
„Mich nähren meine Eltern!" Desgleichen antworteten auch
die übrigen Geistlichen. Nun forderte Seiquer, sie sollten
diese Erklärung schriftlich geben, was sie auch thaten. Dann
trat er hinaus, kam aber nach einem Weilchen zurück und
sagte, er habe eben einen neuen Befehl von Luxemburg er=
halten, sie alle dahin sogleich transportiren zu lassen. Und
im selben Augenblicke wurden alle Zugänge des Schlosses
durch 20 grüne Husaren besetzt, so daß für die Anwesenden
an kein Entkommen mehr zu denken war. Am andern Tage,
21. Nov. und Mariä Aufopferung, wurden 31 dieser Prie=
ster, darunter Sr., gebunden auf fünf Wagen nach Luxem=
burg abgefahren. Von hier wurden sie einige Wochen später
über Metz und durch 32 Gefängnisse, in welchen sie viel
Schmähliches und Bitteres zu leiden hatten, nach Rochefort
gebracht. Den 2. Jan. 1799 landeten sie auf der Insel Ré.
Diesen Ort verließen sie erst in Folge des Konsular=Dekr.
vom 18. Brüm. VIII, und kamen glücklich in ihr Vater=
land zurück.

Stoltz, Math., geb. aus Steinsel, wurde Pfarr. zu Ro=
denborn, wo er, nachdem er Vieler Rathgeber geworden,
den Republikseid zu leisten verweigerte und in Folge dieser
Verweigerung der Gegenstand langer und arger Verfolgungen
wurde. Im J. 1798 ward er durch die Häscher verrätherisch
aus seinem Schlupfwinkel aufgejagt, am 17. Frim. VII ver=
haftet, nach Luxemburg, wo er einige Monate in Gefangen=
schaft verblieb und Zeit gewann, sich die unentbehrlichsten
Kleidungsstücke und Effekten für die Weiterreise nachschicken

zu laſſen, darauf durch 55 Gefängniſſe nach Rochefort und
von da am 20. Okt. 1799 nach der Inſel Ré transportirt.
Auf der Reiſe, wie er öfter erzählte, hatte er ſehr viel zu
leiden, fand aber auch häufig herzgute und mitleidige Men=
ſchen, die ſich der Geiſtlichen, beſonders der luxemburgiſchen,
annahmen, wurde zu Poitiers mit anderen ſeiner Mitprieſter
von vornehmen Bürgern aufgenommen, mit Geld und ſonſti=
gem Bedarfe verſehen, getröſtet und erquickt. Auf der genannten
Inſel, auf welcher er über 18 Mon. als Gefangener lebte, hatte
er anfangs viel Hunger, Kälte und Schmutz auszuſtehen,
darauf aber auch, obwohl einer der jüngſten, das Glück, den
Kindern des Inſel=Kommiſſärs mathematiſchen Unterricht zu
ertheilen, wofür er das Privilegium, auf der ganzen Inſel
frei herumzugehen, und noch verſchiedene andere Annehm=
lichkeiten genoß. Endlich, nach dem 18. Brüm. VIII, ſchlug
ſeine Erlöſungsſtunde, und er kehrte in ſeine Heimat zurück.
In drei Abtheilungen wurden er und ſeine Mitverbannten
ihrer Acht entlaſſen: zuerſt diejenigen, welche keinen Eid,
dann die, welche den letztgeforderten, und zuletzt jene, welche
alle Eide geleiſtet hatten. Sz. gehörte zu der erſten Abthei=
lung. Nach zwei Jahren Abweſenheit kam er, 34 J. alt,
nach Rodenborn zurück. Inzwiſchen hatten ſich in Manchem
die hieſigen Lokalverhältniſſe verändert, weshalb er 1804
ſeine Pfarrſtelle mit der des Paſtors Hormann in Contern
vertauſchte. Sz. hatte gute Gymnaſialſtudien gemacht und
war zweimal zu Löwen gekrönt worden. In den zwanziger
Jahren arbeitete er an einem Katechismus, welcher den Scou=
ville'ſchen erſetzen ſollte, aber Manuſkript geblieben iſt. Er
ſtarb inmitten ſeiner Pfarrkinder am 5. März 1839, in
einem Alter von 72 Jahren.

Trauſch, Pet., geb. aus Merſch, verwaltete die Pfarre
Zolwer, als die Verfolgung hierlands ausbrach. Weil er den
Republikseid ablehnte, ſo wurde er überall aufgeſucht und
endlich ergriffen, über Luxemburg, Metz und Nancy bis nach
Rochefort im Spätjahre 1798 weggeführt, am 20. Okt. 1799
eingeſchifft und auf die Inſel Ré ausgeladen. Er hatte un=
beſchreiblich viel zu leiden, gleichwohl das Glück, in ſein

Vaterland zurückzukommen. Nach seiner Rückkunft in einem alten wust- und ungezievervollen Soldatenmantel wurde er, 64 J. alt und arm wie Job, Pfarr. zu Kayl, woselbst er später starb. Den Republikanern war er ein Dorn im Auge, aber ein lammfrommer, demüthiger und tugendsamer Priester, ein wahres Muster der Ergebung im Leiden.

Wagener, Nicet., von Diekirch, Benediktiner zu Echternach, verweigerte standhaft den Republikseid, weswegen er von dem Gend. Hochstetter am 27. Brüm. VII verhaftet, und 43 J. alt mit noch vier anderen Echternacher Benediktinern in die Gefangenschaft und Verbannung weggeführt wurde. Am 2. Jan. 1799 bestieg er zu Rochefort das Schiff, welches ihn auf die Insel Ré deportirte. Hier verbrachte er unter bitteren Leiden und harten Entbehrungen beinahe ein volles Jahr, bevor er auf Verordnung der Konsuln in seine Heimat zurückziehen durfte.

Wirz, Math., aus „Wirz" von Biwer, stand als Vik. zu Consdorf und hatte ein Alter von 50 J. erreicht, als ihm der Eid des Königthumshasses abgefordert wurde. Entrüstet wies er ihn ab, weswegen er am 5. Brüm. VII von den Gend. eingefangen, nach Luxemburg und von da durch 52 Gefängnisse bis nach Rochefort geschleppt wurde. Am 2. Jan. 1799 ging er unter Segel nach der Insel Ré, auf welcher er gefangen blieb, bis das Dekr. der Konsuln vom 8. Frim. VIII seiner Gefangenschaft ein Ziel setzte. In sein Vaterland zurückgekehrt, wirkte er noch eine Zeitlang als thätiger Seelsorger zu Osweiler, woselbst er auch starb, konnte aber seine frühere Gesundheit nie wieder erlangen, noch sich des Branntweinsgenusses, zu welchem ihn langwierige Verfolgung genöthiget hatte, ganz entwöhnen.

Zalen, Joh. Math., verdient unter den Luxemburger Glaubensbekennern besonders hervorgehoben zu werden, weil er alle seine hierländischen Schicksalsgenossen zu überleben berufen ward. Geboren den 11. Aug. 1769 zu Schandel, lernte er die Anfangsgründe der lateinischen Sprache in Eppeldorf bei seinem Oheim und dortigem Pfarr. Nikl. Zn., verließ nach zwei Jahren diese Ortschaft, und begab sich

4

in's Kollegium nach Virton, wo er Poesie und Rhetorik
studirte und bereits mit dem Gedanken umging, in einen
geistlichen Orden einzutreten. Er verließ daher Virton und
kam nach Arl, wo er unter dem Klosternamen Ambrosius
in den Karmeliterorden aufgenommen wurde. Von hier wurde
er kurz darauf nach Mons in das Haus desselben Ordens
geschickt, und von da nach Brugelette in den Niederlanden,
woselbst er sich auf die Theologie verlegte. Kaum hatte er
in dortigen Kloster 15 Monate zugebracht, so wurde ihm
schon zu Mons vom Erzbisch. von Cambrai, Prinzen von
Rohan, am 5. April 1794, die Priesterweihe ertheilt. Geeilt
wurde mit dieser Ertheilung, um dadurch den Neugeweihten
bei Ermangelung anderweiten Einkommens in den Stand
zu setzen, täglich ein Meßstipendium zu verdienen. Als derselbe sein theologisches Triennium beinahe vollbracht hatte,
brach der Revolutionssturm auch in den Niederlanden los,
vernichtete am 11. Nov. 1796 das Kloster in Brugelette,
und entließ die Patres, gemäß des Vorstehers Ausdruck,
«in orbem terrarum». Den theuren Aufenthalt verließ
P. Zn., ohne daraus etwas Anderes mitzunehmen, als seine
Kleider und eine Reliquie, die ihm der Prior lebenslänglich
bei sich zu tragen empfohlen, und kehrte zurück in seine Geburtsstätte Schandel, welche er zu seinem fortanigen Wirkungskreise wählte. Was ihn zu dieser Wahl bestimmte, war eine
dortige Familienstiftung von 3000 Reichsthaler Kapital, deren Genuß er für sich in Anspruch nahm. Es gelang ihm,
daselbst angestellt zu werden. Außer Kaplanseinkommen bezog
er auch anfangs eine Klosterpension von 300 Fr., die später,
gemäß Übereinkunft zwischen Pius VII. und Napoleon I.,
auf 700 angesetzt, ihm aber erst die zwei letzten Jahre seines
Lebens, als nur noch vier Patres von Brugelette lebten,
vollständig ausbezahlt wurde. Darneben erhielt er auch aus
dem Kloster, ohne selbst zu wissen auf welche Weise, eine
jährliche Pension von 30 Fr., sowie 1830 noch ein anderes
Jahrgehalt von 30 Fr., welches jährlich zunahm und die
zwei letzten Jahre, wo nur mehr er und P. Dominik lebten,
90 Fr. betrug. P. Zn. hatte noch keine volle zwei Jahre

als Kaplan zu Schandel gewirkt, da brach 1797 auch hierlands die Priesterverfolgung aus. In jener Schreckenszeit
stationirte im Schlosse zu Everlingen der religionsfeindliche
Kommissär Seiquer. Dieser ließ, vorgeblich höherem Befehle
gemäß, sämmtliche Pfarrer, Kapläne und Vikare des Kantons Ospern auf den 20. Nov. 1798 zu sich bescheiden, auf
daß sie sich, wie er vorwandte, hinsichtlich ihrer Subsistenzmittel ausweisen sollten. An dem anberaumten Tage erschienen 32 Priester, unter ihnen auch P. Zn., und würden sogar
34 gewesen sein, hätten nicht die zwei Useldinger Geistlichen,
Biwer und Stümper, wegen Besetztheit des Schlosses
mit Soldaten Böses ahnend, den Rückweg angetreten. Um
2 Uhr Nachmittags trat der Kommissär in der Priester Mitte,
und fragte sie, womit sie ihr Leben fristeten. Der Vik. von
Grosbous, Sinner, welcher etwas französisch sprach, erklärte,
daß er von seinen Eltern ernährt würde. Desgleichen thaten
auch die anderen Anwesenden. Nun verlangte der Kommissär,
daß sie ihm diese Erklärung schriftlich geben sollten, was sie
sofort auch thaten. Alsdann entfernte er sich auf einen Augenblick, trat dann von Neuem unter die Versammelten, und gab
vor, er habe so eben einen neuen Befehl von Luxemburg erhalten, gemäß welchem sie alle am folgenden Morgen müßten
nach der Stadt abgeführt werden. Und im selben Augenblicke
besetzten 20 grüne Husaren mit gezucktem Schwerte alle Ein-
und Ausgänge des Schlosses, so daß an kein Entkommen zu
denken war. Nur der Kaplan von Niederpallen, ein gewisser
Jacoby, verstand es, die ihm ertheilte Erlaubniß, eines Be-
dürfnisses halber vor das Schloß zu gehen, zum Entfliehen
zu benutzen. Die übrigen wurden mit Stricken gebunden
und am folgenden Tage, Mariä Aufopferungsfeste, von den
Husaren begleitet, auf fünf Wagen, zwei Everlinger und
drei Schandeler, nach Luxemburg abgeführt. Wie lange und
in welcher Weise sie hier im Gefängnisse schmachten mußten,
läßt sich nunmehr nicht mehr ermitteln. Doch weiß man noch
recht wohl, daß diese muthigen Glaubensbekenner, bevor sie
von Luxemburg abgeführt wurden, alle auf dem Waffenplatze
in die Reihe treten und unter ihren Augen die Soldaten

ihre Gewehre laden laſſen mußten. Auch erzählt man, daß
einer der Gefangenen, der Paſtor von Wahl, zu den andern
ſprach: „Jetzt, meine Herren, werden wir erſchoſſen; darum
laßt uns noch zuvor einer dem andern den letzten geiſtlichen
Beiſtand erweiſen!“ Von der Reiſe von Luxemburg bis auf
die Inſel Ré hat P. Zn. faſt nie etwas Spezielles erzählt,
als dieſes bloß, daß ſie durch 32 Gefängniſſe paſſirten, ehe
ſie am Orte ihrer Beſtimmung anlangten; daß ſie bei kalter
Winterszeit in Scheunen und Ställen, wie die Schafe, eingepfercht wurden; daß überall, wo ſie durchzogen, die Reli-
gionsfeinde ihnen entgegenkamen mit Heugabeln, Äxten und
dergleichen Inſtrumenten und nach dem Leben ſtellten; und
daß manche von ihnen, obwohl ſie zwiſchen zwei Reihen
Soldaten durchgeführt wurden, dennoch Verwundungen, aber
keine tödtlichen, erlitten. Auch erzählte er, wie einſt, als ſie
zwiſchen einem doppelten Spalier Soldaten aus einem Gefängniſſe geführt wurden, er, damals jung und ſtark, des
Kaplans von Grosbous verlorene Börſe in die Gefängniß-
ſtreu zu ſuchen zurückkehrte und auch fand; wie er aber, als
er aus dem Kerker trat, von der Wache mit dem Flinten-
kolben einen ſo derben Schlag auf den Hinterkopf bekam,
daß er auf der Stelle ohnmächtig zu Boden fiel; wie er doch
bald ſich wieder zuſammenraffte und mit bluttriefendem Na-
cken ſeinen Standesbrüdern nachlief. Von der Zeit dieſer
Verwundung an litt P. Zn. lebenslänglich unſägliche Kopf-
ſchmerzen. Auch verlor er das Gehör, was er ebenfalls dem
erlittenen Schlage mit dem Kolben zuſchrieb. Nie ſprach er
nachher davon, ſowie von ſeinen anderen unterwegs und am
Orte ſeiner Verbannung ausgeſtandenen Leiden, als mit
Thränen in den Augen. Die meiſten von ihnen, wie er hin-
zufügte, hatten weder Kleider noch Geld, und mußten ihr
Brod betteln. Daher geſchah es denn auch einmal, daß er
und ſeine Leidensgenoſſen in eine Dorfſchenke einkehrten
mit der Bitte, der Hauswirth möchte ihnen doch etwas zu
eſſen reichen. Dieſer, anſcheinlich ein guter Mann, bedauerte
herzlich, kein Brod und keine Nahrung im Hauſe zu haben.
„Doch, ſo ſprach er zu ihnen, iſt heute mein Hund mit Tod

abgegangen; wenn Ihr wollt, so will ich Euch eine Mahlzeit daraus bereiten." Und sie waren recht froh, Ja zu sagen und ihren Hunger an diesem Leckerbissen zu stillen. Ein anderes Mal, wie noch P. Zn. erzählte, kehrten sie auch, vom Reisen und Hunger ermattet, in ein Haus ein, um etwas zu essen zu bekommen. Da fuhr sie der Meister des Hauses mit tobenden Worten an, sie möchten sich alsogleich nur aus dem Staube machen, sonst würde er wohl ein Mittel ausfindig machen, sie dazu zu zwingen. Bei diesen Worten hetzte er einen großen Hund an sie; doch, siehe! dieser ließ sich nicht an die Priester, sondern an seinen Herrn selbst, und packte diesen derart am Halse, daß derselbe todt niederstürzte. Dieses entsetzende Ereigniß sahen alle Anwesenden an als eine Schickung und Strafe Gottes. Als Zn. und seine Gefährten auf der Insel Ré, am 2. Jan. 1799, ankamen, wurden sie in eine Kaserne eingesperrt, hatten aber zu ihrem Nachtlager weder Bettgestell noch Stroh, weder Leinwand noch sonstiges Bettzeug. Auf der ganzen Insel war nichts zu haben, als etwas Gerstenstroh, wovon sie sich jeder einen Bündel kauften und auf glattem Boden ihre Streu bereiteten. Ihre Nahrung bestand aus etwas Salat und ein wenig Fleisch. Anfangs bekamen sie guten Wein und wohlfeil, zu 5 Sols die Flasche, später aber nur schlechten und übertheuer. Nichts war für sie unerträglicher, als das Ungeziefer. Um des Nachts schlafen zu können, mußten sie, wie P. Zn. erzählte, Abends Wein trinken. „Des Abends waren wir darum glücklich wie große Herrn, des Morgens aber elender, als Bettler." Um sich der Flöhe etwas zu entledigen, bedienten sie sich eines eigenen Kunstgriffs. Brannte des Tages die Sonne heiß, so breiteten sie die Bettdecken im Hofe über den Boden aus, so daß sich auf deren Oberfläche die Flöhe sammelten, warfen die Decken umgekehrt in's Wasser, wodurch sie dann wieder für einen Tag der Schmarotzer los waren. Dieses Mittel mußte täglich von Neuem angewendet werden. — Mit P. Zn. waren 1100 Priester, Patres und Ordensbrüder in der Kaserne eingesperrt. Jede Nacht starben ihrer mehrere, und während einer, die besonders kalt war,

sogar 25. Jedoch hatte P. Zn. weniger auszustehen, als die
meisten andern. Ihm gab der reiche Guardian von Echter=
nach soviel gute Stipendien, als er nur hl. Messen für ihn
lesen konnte, so daß er mit dem dadurch erlangten Gelde
für seinen Lebensbedarf ausreichte. In beständigem Brief=
wechsel stand dieser Guardian mit seinem vertrauten Freunde,
einem Mitgliede der pariser gesetzgebenden Versammlung,
was ihn in den Stand setzte, die nahe Auflösung dieser
Körperschaft durch Napoleon und seinen Mitgefangenen deren
Befreiung voraus zu verkünden. Die durch diese Verkündigung
verursachten Freudenergüsse auf der ganzen Insel waren
gränzenlos. Für Zn. gingen gleich die Tage der Prüfung
zu Ende. In Folge eines Beschlusses der Konsuln vom 8.
Frim. VIII und auf Andringen seines Neffen Augustin Gengler
von Schandel, welcher nachwies, daß sein Oheim seine öffent=
lichen Kultusverrichtungen bereits vor der Promulgation des
Gesetzes vom 7. Vendem. IV eingestellt hatte und übrigens
ein friedsamer Bürger sei, wurde dieser zu St. Martin, den
20. Pluv. VIII, wieder in Freiheit gesetzt. Sogleich wurde
er mit den anderen Befreiten über's Meer transportirt und
an das Festland gebracht. Sie waren kaum so kühn, durch
Paris zu ziehen. Doch wie ganz umgeändert fanden sie jetzt
die Bewohner dieser Stadt. Freiwillig und zuvorkommend
boten diese den Glaubensbekennern Essen und Trinken an.
P. Zn. kam nach 18monatlicher Abwesenheit zurück in seine
Heimat, in welcher er wieder das Kaplansamt versah, und
anfangs zwar noch im Geheimen, dann aber auch öffentlich
das hl. Meßopfer celebrirte. Mit der Thätigkeit im Wein=
berge des Herrn verband er von nun an auch noch die im
Lehr= und Erziehungsfache. Als junger Priester hielt er be=
ständig zehn bis zwölf Studenten, aus welchen später tüch=
tige Geistliche hervorgingen, namentlich die HH. Pf. Welter
und Gengler in Lothringen, Pf. Math. Frantz in Nettig
(Preußen), Dechant Bourg in Grevenmacher, Pf. Koch in
Senzig, u. m. a.— P. Zn. war klein zwar von Gestalt, aber
groß durch Körperstärke. Ungefähr 60 J. alt, wurde er, als
er einst von der Grosbouser Kirmeß nach Schandel zurück=

kehrte, plötzlich von einem Straßenräuber überfallen und
angehalten mit der Forderung: „Geld oder Blut!" „Beides,
erwiederte der Pater, sollst Du haben! packte den Angreifer
beim Kragen und prügelte ihn mit seinem Stocke dermaßen
ab, daß derselbe schrie: „Es war mir nur Spaß!" „Dann
geh'! sprach der Pater, auch mir ist es nur Spaß!" —
Bekanntlich durfte Zn. keine Seelsorgerstelle annehmen, weil
er sonst seiner Pension verlustig gegangen wäre. Aber er
wollte auch keine bekleiden, weil er vor dem Gedanken an
die damit verbundene Verantwortlichkeit erzitterte. Noch zwei
Tage vor seinem Hinscheiden betheuerte er ruhig sterben zu
können, weil er nie Pfarrer gewesen, und empfahl auch einigen anderen Priestern, ebenfalls nie Pfarrer zu werden. Am
letzten Abende seines Lebens lag er mit gefalteten Händen
auf seinem Bette. Da erhob er noch einmal seine matten
Augen und Arme gen Himmel rufend: „In deine Händ', o
Herr, empfehl' ich meinen Geist!" und hauchte, am 23. Nov.
1848, seine gottergebene Seele ruhig aus, nachdem er 51 J.
als Kaplan zu Schandel und 55 als Priester verlebt hatte.

V. Abtheilung.

Zur Deportation verurtheilte und verhaftete Geistliche.

Vorbemerkung. Einige Geistliche waren durch besonderes Detr.,
oder das vom 4. Brüm. VII, die meisten aber durch das vom 14. dess.
Monats zur Deportation verurtheilt. Dieses letztere, welches an 850
Luxemburger traf, hatte zum Beweggrunde die Erwägung: „daß die
widerspänstigen Priester und Mönche die grausamsten Feinde Frankreichs seien, die Verwaltung hemmen, die Republik herabsetzen, Unruhe
stiften, die Leidenschaften aufreizen, Fanatism und Brandzettel verbreiten, dem Meuchlerdolche die Bürger weihen, Privatoratorien und Conciliabel halten, den hin und wieder ausbrechenden Aufstand organisiren,
ihren Einfluß zu Gunsten von allerlei Exzessen mißbrauchen, sich mit den
auswärtigen Republiksfeinden verschwören, den Bürgerkrieg anschüren,

und an keine Ruhe denken lassen, so lange sie sich nicht den Gesetzen unterwerfen." Im Regierungs-Archiv haben wir wohl die Namen der in Verhaft Genommenen, aber über viele keine Nachrichten angetroffen, und deshalb uns entschlossen, diese letzteren entweder ganz mit Stillschweigen zu übergehen, oder doch nur insofern zu besprechen, als wir anderweite Erkundigungen über sie einziehen konnten.

Adami, Bernh., Trinitarier, Pfarr. zu Assenois, wurde wegen Eidesverweigerung noch in seinem 70. Lebensjahre verhaftet und gefangen abgeführt. Nachdem er viel Hartes und Bitteres erlitten, st. er im Rufe völliger Gottergebenheit.

Arnoul, J. Jos., Vik. zu Muno, wurde am 27. Brüm. VII verhaftet. Nach seiner Freilassung erhielt er die Pfarre Chiny, woselbst er 1821 starb.

Bach, J. Bapt., Vik. zu Wormeldingen, durch Dekr. vom 14. Brüm. VII zur Deportation verurtheilt, wurde verhaftet, dann freigelassen und am 3. Vent. VIII der Deportationsstrafe enthoben.

Bach, Mart., Vik. zu Redingen, wurde, Seiquer's Einladung folgend, am 30. Brüm. VII zu Everlingen verhaftet und nach Luxemburg abgeführt. Weil er genugsame Bürgschaft leistete, ward er wieder in Freiheit gesetzt.

Barthel, J. B., Vik. zu Grendel, wurde, obwohl 70jährig und krank, noch verhaftet. Er freute sich, um seines Standes willen Schmach zu leiden.

Bartz, Jos., Franziskaner von Diekirch, wohnte zu Grenzingen, wurde, obwohl gichtkrank und in seinem 70. Lebensjahre, noch verhaftet.

Beckerig, P., Vik. zu Rodingen, wurde verhaftet, dann entlassen und am 23. Pluv. VIII für deportationsfrei erklärt.

Bergmann, Ad., Bernardiner zu Orval, ward zu Luxemburg am 25. Brüm. VII verhaftet.

Bernard, J., Vik. zu Jamoigne, wurde am 27. Brüm. VII verhaftet, am 13. Germ. VIII von der Deportation freigesprochen.

Bertrand, J., Vik. zu Florenville, wurde, obgleich 70jährig, am 27. Brüm. VII in Verhaft genommen, am 13. Germ. VIII aber von der Deportation freigesprochen.

Block, Maur., Trinitarier zu Vianden, durch Dekr. vom 4. Brüm. VII zur Deportation verurtheilt, fiel am 25. deff. Monats in die Hände der Häscher.

Bodewin, Dom., Vik. zu Filsdorf, weigerte sich ausdrücklich den Republikseid zu leisten. Diese Weigerung koftete ihn seine Freiheit. Am 15. Brüm. VII wurde er in's Gefängniß abgeführt, dann aber nach einigen Monaten wieder auf freien Fuß gesetzt.

Bolg, Frz., Benediktiner zu Münfter, ward am 25. Brüm. VII verhaftet, am 8. Pluv. VIII der Verbannungsftrafe enthoben.

Bontems, Nikl., Pfarr. von Künzig, ward im J. VII verhaftet, am 16. Pluv. VIII aber für verbannungsfrei erklärt.

Bornheim, Pet., Pfarr. zu Cruchten, ein schlichter Fischangeler, wie ihn ein altes Schloßgemälde zu Berg darftellt, verweigerte den Revolutionseid, hielt sich verfteckt und schien, weil er keine Feinde wohl aber schützende Freunde hatte, der Gefangenschaft leicht vorbeugen zu können. Dennoch packten den 80jährigen Greis die Gend. am 29. Frim. VII auf und schleppten ihn sammt seinem Vikar nach Luxemburg. Gemäß Dekr. vom 14. Brüm. deff. Jahres sollte er deportirt werden. Da bürgte für ihn Bürger Funck, bei dem er 14 Tage verweilte. Nach Cruchten zurückgekehrt, wurde er am 7. Germ. VIII von der Deportation losgesprochen.

Budeler, J. B., Vik. in Fels, eine gutmüthige Seele, wurde wegen Eidesweigerung am 29. Frim. VII verhaftet, von der Deportation aber am 24. Vent. VIII freigesprochen. Nach Wiederordnung der Kirchenangelegenheiten erhielt er Fels zum Paftorate. Durch seine Einfalt und Dienftfertigkeit gewann er alle Herzen. Unbeschreiblich war die durch sein Abfterben verursachte Trauer.

Büren, M., Dominikaner zu Luxemburg, war durch Dekr. vom 14. Brüm. VII zur Deportation verurtheilt, verbarg sich aber und übernachtete bald zu Lannen, bald zu Hoftert und bald zu Nagem. Seinen Vertrauten gab er seinen Aufenthalt dadurch zu erkennen, daß er bei einem Kreuze zwischen den genannten Ortschaften derjenigen, in welcher er verfteckt

4*

lag, die Spitze eines weißen Steines zukehrte. Trotz seiner Behutsamkeit ward er verhaftet, nach Luxemburg in den Eicher Thorthurm und mit vielen anderen Geistlichen gebunden nach Auxerre transportirt, und erst im Pluv. VIII seiner Haft entlassen. Darauf zog er sich nach Grosbous zurück, woselbst er nach Kurzem im nahen Walde todt angetroffen ward.

Burlet, P. Jos., Pfarr. zu Sainlez, wurde am 27. Brüm. VII verhaftet, am 8. Pluv. VIII für deportationsfrei erklärt.

Cartheuser, Joh., Vik. zu Beaufort, wurde im J. VII verhaftet, am 28. Vent. VIII aber für deportationsfrei erklärt.

Casel, Frz., aus „Kirchen" von Biwer geb., ward zur Deportation verurtheilt, während er die Pfarre Hemstal seelsorgerlich verwaltete. Monatelang verkroch er sich mit dem Conscrit Frz. Kandel bald in den nahen Wald und bald in ein Bauernhaus zu Rippig, oder vielmehr in ein dortiges Faß unter dem Heu- und Haberschober. Vergebens kamen die Häscher, um ihn aus seinem Verstecke zu locken, vor das Stubenfenster mit Schieß- und Fechtübungen gaukeln. Cl. blieb unter dem Heu und vollkommen unsichtbar. Eines Tages aber begegnete er auf seinem Wege zwei Gend., von denen er, obwohl einen Kittel tragend, sogleich erkannt wurde. „Hier ist Cl.!" rief der eine, und sie führten ihn gebunden auf die „Ram" nach Luxemburg. Nachdem er 100 Louisd'or Lösegeld, welches er entlehnen und schwer verzinsen mußte, bezahlt hatte, ward er freigelassen. Darauf fungirte er wieder als Seelsorger in Hemstal, ward Kapl. zu Meningen, dann Past. zu Malberg, darauf zu Irel und zuletzt zu Cruchten (Preußen). Ein guter Israelit, in dem kein Arg war, und Gottes Wort mehr als Gold und Topaz achtend, beschränkte Cl. seine Lesung auf einige Erbauungsschriften und den „Hinkenden Boten". In seinen spätern Jahren ward er vollblütig und ängstlich, so daß er einmal um Mitternacht Echternach zulief, um sich dort gesunden Leibes mit den Sterbsakramenten versehen zu lassen. Er starb 1829.

Collet, Jak., Pfarr. zu Oberpallen, fiel in die ihm gelegte Schlinge: er nahm Seiquer's Einladung an, ward festgenommen und, 48 J. alt, in's Gefängniß nach Luxemburg abgeführt.

Collin, J. B., Pfarr. von Jamoigne, gelehrt und talentvoll, wurde am 27. Brüm. VII verhaftet und am 15. Pluv. VIII für deportationsfrei erklärt. Während der Verfolgung celebrirte er täglich die hl. Messe und spendete die hl. Sakramente. Er starb, 80 J. alt, bei seinen Pfarrkindern am 26. März 1833.

Crendal, N., von Wiltz und Pfarr. zu Weicherdingen, wurde, obwohl 76 J. alt, am 1. Frim. VII verhaftet und gefangen weggeführt.

Crousse, Bernh., Vik. zu Villers vor Orval, wurde verhaftet, darauf am 13. Niv. VIII freigesetzt.

Delbouvier, H. J., Franziskaner zu Houffalize, wurde im J. VII verhaftet, am 6. Pluv. VIII aber freigegeben.

Destenay, Hier., Franzisk. zu Virton, wurde, obwohl 64 J. alt, im J. VII verhaftet. Er starb 1804, nachdem er viele seiner Leidensbrüder in ihrem Muthe bestärkt hatte.

Devillers, N., Jesuit zu Tintigny, wurde, obwohl ein 67jähriger Greis, im J. VII verhaftet.

Didier, J. B., Vik. zu Virton, am 17. Prair. VII verhaftet und am 2. Pluv. VIII freigesprochen, hörte nie auf, seinen Seelsorgerdienst muthig zu versehen.

Didier, Laur., 46 J. alt und Karmelit, wurde im J. VII verhaftet und wegen Geistesschwäche am 17. Flor. deff. J. entlassen. Von da an hielt er sich bei seinen Verwandten auf. Der 12. Pluv. VIII brachte ihm seine Freisprechung von der Deportation.

Duchemin, H. J., Pfarr. zu Tintigny, durch Talent und Fähigkeiten ausgezeichnet, wurde im J. VII und in seinem 61. Lebensjahre verhaftet, nach Luxemburg in die Münsterabtei geschleppt, wo er ein ganzes Jahr siechte, und dann nach Bürgschaftsstellung freigelassen.

Felten, Dom., Pfarr. von Übingen, ward am 23. Messid. VII verhaftet.

Feyder, Th., Trinitarier zu Eischen, ward im 65. Lebensjahre verhaftet, am 7. Frim. VIII freigelassen.

Flammang, Pet., geb. aus Lipperscheid, war Kapl. zu Welscheid, als ihm der Republikseid abgefordert wurde. Weil er ihn verweigerte, wurde er durch Dekr. vom 14. Brüm. VII zur Deportation verurtheilt, in Verhaft genommen, zuerst nach Luxemburg und dann, 55 Jahre alt, hinter Paris weggeführt. Doch ward er bald darauf, in Folge geleisteter Bürgschaft, wieder freigelassen und kehrte mit Vik. Perlen in sein Vaterland zurück. Nach Abschluß des Konkordates erhielt er die Vikarsstelle zu Beckerich, welche er aber wieder aufgab, um sich in seiner Heimat niederzulassen, woselbst er ein Dutzend Jahre später verstarb.

Fourier, H., Frühmesser zu Rossignol, ward im 52. Lebensjahre verhaftet und am 14. Vend. VIII nach Luxemburg weggeführt, wo er in der Münsterabtei, wegen Krankheit, ein ganzes Jahr gefangen zurückblieb.

François, Pet. Joh., war Pfarr. und Dechant zu Nive und in seinem 51. Lebensjahre, als er durch die Gend. ausgespäht, aufgegriffen, auf einen Karren gebunden und nach Luxemburg in's Gefängniß abgeführt wurde. Hier hatte er Vieles durch Hunger, Schmutz und Kälte auszustehen, bis er am 3. Pluv. VIII von der Deportationsstrafe freigesprochen und der Haft entlassen ward. Alsdann kehrte er nach Nive zurück, in welcher Pfarre er bis an sein Ende die Seelsorge mit Auszeichnung verwaltete. Wie er ein guter Seelenhirt, so war er auch ein begabter Kopf. Proben seines Malertalents besitzt noch jetzt die Dame François in Wilz. Er starb, 80 J. alt, am 27. Jan. 1827.

George, Wilh., Dominikaner, wohnhaft in „Morfels" oder „Ternes", las einmal die hl. Messe, während viele der Andächtigen im „Pferdsweg" standen. „Die Gendarmen!" schrie man plötzlich. Der Priester hatte kaum noch Zeit die hl. Gefäße einzuwickeln, und entkam den Händen der Häscher nur dadurch, daß er sich in einen Frauenmantel hüllte und sich für eine Weibsperson halten ließ. Gleichwohl ward er bald darauf festgenommen und nach Auxerre in die Gefangenschaft abgeführt, aus welcher er, auf Reklamation beim Ministerium, im Pluv. VIII entlassen wurde.

Georges, H. J., Frühmesser zu Lahage, wurde im J. V und 41 J. alt verhaftet, über Luxemburg und Verdun weggeführt, konnte aber wegen seines Gesundheitszustandes nicht deportirt werden.

Gerard, Claud., Pfarr. zu Virton, durch Talent ausgezeichnet, wurde am 10. Frim. VIII verhaftet, am 16. Niv. dess. Jahres freigesprochen.

Gindorff, Dom., Kapuziner, wohnhaft bald im Pfaffenthal und bald zu Kehlen, ward am 18. Flor. V verhaftet und im Spital des „Grund" eingekerkert, am 14. Germ. VIII von der Deportation freigesprochen.

Goffinet, J. B., Pfarr. von Muno und gelehrt, wurde am 27. Brüm. VII verhaftet.

Gofflot, J. Am., Pfarr. von Neuschateau, wurde im J. VII verhaftet.

Graff, J., Vik. und nachher Pfarr. zu Trotten, verwarf den Republikseid, ward in's Gefängniß nach Metz abgeführt und starb in seinem 81. J. zu Roder den 3. Febr. 1857.

Haas, Fr., Franzisk. zu Luxemburg, ward am 25. Brüm. VII verhaftet, am 2. Pluv. VIII für deportationsfrei erklärt.

Hamilius, P., Beneficiat zu Düdlingen, im J. VII verhaftet, am 11. Pluv. VIII freigesprochen.

Henkes, J. H., Vik. zu Bastnach, wurde, obwohl 60jährig, im J. VII verhaftet.

Herfort, Ferd. Ant., geb. aus Koblenz und Pfarr. zu Hemstal, hatte bereits das Alter von 67 Jahren erreicht und mußte gleichwohl wegen Eidesweigerung sich verborgen halten. Nur kurze Zeit gelang es ihm, den Nachstellungen der Priesterfänger auszuweichen. Als er am 5. Brüm. VII verkleidet unter Bauersleuten nach Echternach wallfahrtete, erkannten ihn die Gend., rissen ihn aus der Prozession heraus und schleppten ihn in's Gefängniß nach Luxemburg. Nachdem er auf der hiesigen „Ram" mehrere Monate geschmachtet, erhielt er unter Bürgschaftstellung seine Freilassung und kehrte zu seiner Heerde zurück.

Hermani, Chrys., Bernardiner von Orval, wurde am 25. Brüm. VII zu Luxemburg verhaftet.

Hermann, Nikl., Jesuit zu Luxemburg, durch Dekr. vom 4. Brüm. VII zur Deportation verwiesen, war, als ihm der Republikseid abgefordert wurde, bereits ergraut, lag krank und mit geschwollenen Beinen auf seinem Lager. Deswegen entließ die Brigade, nachdem sie ihn am 25. Brüm. VII verhaftet, ihn wieder nach Hause, d. h. in's Nebengebäude des Seminars, welches ihm der Eigenthümer Würth zur Wohnung eingeräumt hatte. Hier hielt er heimlich, obschon er, um den sakramentalischen Segen zu ertheilen, sich auf seinen Chorknaben, den noch lebenden Handelsmann Hrn. Würth P. E. stützen mußte, Gottesdienst und Unterricht, Betrachtungen und geistliche Übungen für zahlreiche Theilnehmer. Am 8. Vent. VIII wurde er von der Deportation freigesprochen.

Hintgen, Ans., von Straßen, wurde als Karmeliter im J. VII verhaftet. Er war damals 54 J. alt.

Jacob, Bas., 59 J. alt, Kapuziner zu Tintigny, ward zu Arl verhaftet, am 9. Pluv. VIII freigesprochen, und st. 1807.

Jone, Jak., Priester zu Luxemburg, durch Dekr. vom 4. Brüm. VII zur Deportation verurtheilt, ward am 25. Brüm. deß. Jahres verhaftet.

Jungers, J. B., Dominikaner zu Luxemburg, durch Dekr. vom 4. Brüm. VII zur Deportation verurtheilt, ward am 25. Brüm. verhaftet, am 5. Pluv. VIII freigesprochen.

Keips, Joh. Jos., Vik. zu Lullingen, wurde im J. VII verhaftet, dann der Haft entlassen und am 6. Pluv. VIII von der Deportation freigesprochen.

Kispen, Steph., Franziskaner, wurde zu Luxemburg am 25. Brüm. VII verhaftet.

Klein, J. B., Pfarr. zu Monnerich, hielt die Schule, in welcher er verhaftet ward, und wurde endlich durch Dekr. vom 13. Pluv. VIII von der Deportation freigesprochen.

Krantz, Mich., von Sassenheim, machte gute Studien, trat in den Dominikaner-Orden, wurde als Professor der Grammatik an's Kollegium zu Luxemburg berufen, in welcher Eigenschaft er eine solche Strenge ausübte, daß, um sich derselben zu entziehen, sein Schüler, der nachmalige Gouver-

neur Willmar, zum Konkurs nach Löwen entlief. Nach Bewäl=
tigung des Landes durch die Republik hielt er sich bei seinen
Verwandten abwechselnd zu Niederbeßling und Schleidweiler
auf, weshalb ihn die Republikaner mit dem dortigen Pfarrer
verwechselten. Weil er den Revolutionseid verweigerte, wurde
er, aber nur auf kurze Zeit, verhaftet, am 4. Germ. VIII
von der Deportation freigesprochen, und nach Wiederherstel=
lung der Ordnung zum Kantonspfarrer von St. Michel zu
Luxemburg befördert. Hier starb er 1819 im Alter von 80
Jahren, seinen Verwandten mehrere Morgen Waldung und
eine Studienbörse hinterlassend.

Kremer, J. Mart., Pfarr. zu Trotten, wurde verhaftet,
am 9. Pluv. VIII aber von der Deportation freigesprochen.

Krier, Dom., Pfarr. zu Esch, wurde im J. VII verhaftet,
am 13. Pluv. VIII aber für deportationsfrei erklärt.

Lambert, Ant., Pfarr. zu Torgny, wurde am 15. Therm.
VIII am Altare ergriffen und weggeführt, am 2. Pluv. dess.
Jahres aber freigelassen.

Leyder, Nikl., geb. zu Grenzingen, war Gutsverwalter
zu Loupy (Verdun) und dann Pfarr. zu Brachtenbach, als er
den Republikseid ablehnte, und lag mit Priester Hahn auf
dem „Stoppelhofe", wo des letzteren Schwester wohnte, ver=
borgen. Aber bald hatten dieß die Gend. ausgespürt, kamen
öfter dahin Haussuchung anstellen, und ließen sich gut be=
wirthen, erhaschten aber keinen der Geistlichen. So ging es
geraume Zeit fort. Eines Tages aber, als sie bereits den
Hof verlassen sollten, sahen sie vom Fenster des oberen Stock=
werkes ein Mannsgesicht herabschauen. «Voilà un corbeau!»
rief der eine und sie stürmten zurück in's Haus. Hahn ent=
kam glücklich; Lr. aber, welcher zum Fenster hinaussprang,
brach das Bein und fiel in die Hände der Häscher. Diese
legten ihn ungeachtet seines Gewimmers gebunden auf einen
Karren, fuhren mit ihm nach Echternach und von da über
Grevenmacher nach Luxemburg. Seinem Beinbruche zwar
verdankte der Gefangene, daß er nicht wie seine Mitgefan=
genen deportirt wurde, zog sich aber in Folge desselben und
als Zeichen der bestandenen Prüfung das Unglück zu, zeitlebens

zu hinken. 1809 wurde er Pfarr. zu Everlingen; dann verlebte er einige Jahre als Hauskaplan bei dem Grafen v. Custine auf dem Schlosse Lusin. Von 1827 an verbrachte er den Rest seiner Tage bei seinem Neffen Gengler zu Ettelbrück in der Zurückgezogenheit und Vorbereitung auf den Tod. Er starb den 21. Mai 1838, in einem Alter von 79 J.

Lutgen, Korn., des Jak. Ln. Bruder, geb. und 18 J. lang Vik. und Schullehrer zu Eschweiler, wohnte während der Republikszeit in einem unterirdischen Verstecke seiner Heimat, in welchem er eine Zeitlang die hl. Geheimnisse feierte und die Neugeborenen taufte. Anfangs brachten die Eltern ihre Verwandten mit, und wohnten mit diesen der Ceremonie bei. Als aber Solches kundbar wurde, taufte Ln. die von ihm abgeholten Täuflinge heimlich, während nur Eine Person, die bejahrte Anna Kath. Reisen, ihm als Pathin zur Seite stand, und verrichtete das Meßopfer im Walde „Lutschbüsch“. Als er hier eines Tages die Gend., die seinen Aufenthalt ausgewittert hatten, auf sich zukommen sah, floh er und ließ, um sie zu beschäftigen, vier Kronenthaler zur Erde fallen, wodurch er sich die nöthige Weile, ihnen zu entweichen, verschaffte. Ein anderes Mal mußte er sich, weil er alt und schwerfüßig war, auf der s. g. „Tomm“ von den Gend. einholen und binden lassen, wurde aber von denselben, nachdem er ihnen alles Geld, was er bei sich trug, gereicht hatte, wieder freigelassen. Doch wurde er nachher wieder von Neuem durch die Gend. verfolgt, weshalb er sich in der obgenannten Waldung, worin er sich ein Felsenbett ausgemeißelt hatte, versteckt hielt, bis er am 13. Vent. VIII von der Deportation freigesprochen ward. Er starb 1804 in einem Alter von 97 Jahren.

Majerus, J. F., geb. zu Mamer, wurde Franziskaner zu Luxemburg, und hielt sich, nach Aufhebung seines Klosters, zu Lövelingen und bei seinem Neffen zu Kolpach auf. Bei diesem letztern wurde er, weil er den Republikseid verwarf, aufgegriffen und in's Gefängniß abgeführt. Einige Monate später von der Deportation freigesprochen, kehrte er zu seinem früheren Aufenthaltsorte zurück. Bei Wiederherstellung der Ordnung fand er Aufnahme und Obdach auf einem Landgute des Notars Huberty, bei welchem er den Rest seiner Tage verlebte.

Malempré, J. Jof., Pfarr. zu Givry, wurde verhaftet, am 18. Pluv. VIII der Deportationsstrafe enthoben.

Malempré, J. Lamb., Priester und Schloßverwalter zu Jamoigne, ward am 27. Brüm. VII verhaftet, am 13. Pluv. VIII freigesprochen, darauf Pfarr. zu Tillet, woselbst er 1822 starb.

Marquis, Mart., Pfarr. zu Rachamps, wurde wegen Eidesverweigerung im J. VII nach Luxemburg transportirt, dort eingekerkert, nachher freigelassen.

Marson, St., Franziskaner zu Bastnach, wurde als eidscheu verhaftet und am 1. Vend. VII über Verdun weggeführt.

Mathieu, Jof., Pfarr. zu Chassepierre, wurde des Nachts, am 27. Brüm. VII, vom Brigadier und 6 Füsiliers in Verhaft genommen und weggeführt, dann aber, am 13. Germ. VIII, von der Deportation freigesprochen. Er st. 1807.

Mathieu, Oliv. Jof., Pfarr. zu Mande-Ste.-Marie, wurde verhaftet, am 3. Pluv. VIII für deportationsfrei erklärt.

Mayer, Hub., eidscheuer Pfarr. zu Arzfeld, wurde, während er bei den Gebrüdern Joh. und Pet. Schmit zu Herborn die hl. Messe las, von den Echternacher Gend. am 15. Prair. VI verhaftet und weggeführt, bald darauf aber freigelassen.

Mertens, Theod., geb. zu Kehlen, Pfarr. zu Greisch und dann zu Garnich, hatte während der Blokade Luxemburg's 1794 von den Streifzügen der Rothmützler und aufgerafften Gesindels Vieles zu leiden. Oft kamen ihrer 10 bis 15 Brod, Fleisch, Milch, Hemden ꝛc. fordern, so daß die Einwohner zuletzt die langbewährte Geduld verloren. Diese bewaffneten sich, um die Vexationen abzuwehren, mit Knütteln, Gabeln ꝛc., vertrieben eine Streifbande von zehn Mann, und warfen einen Soldaten in den Weier, aus welchem er die Fische geraubt hatte. Am andern Tage kamen 100 Fußgänger mit einigen Reitern nach Garnich, fanden zu seinem Glücke den Pfarrer nicht zu Hause, mißhandelten die Köchin, drangen in die Kirche, hieben den Heiligenbildern die Köpfe und Hände ab, verbrannten die auf der Kirche gefundenen Bücher und Schriften, verwüsteten verschiedene Bauernhäuser und schleppten drei Garnicher mit sich fort in's Lager nach Strassen, aus welchem sie selbe nur gegen ein nicht unbedeutendes Lösegeld entließen. Im J. VII verweigerte Ms. die vorgeschriebene Eidesleistung, weswegen er zur Deportation verurtheilt wurde. Von nun an mußte er sich verborgen halten, und las heimlich Messe, wozu er den Schweinhirten das Zeichen durch sein nächtliches „Draderada" geben ließ. Befand er sich in seinem Geburtsorte, so celebrirte er in „Mreien". Auf sein Anrathen wurden die Glocken in einen darnach „Glockenwasser" genannten und nächst der Mühle befindlichen Timpel versenkt. Trotz seiner Umsichtigkeit gelang es den Gend., ihn eines Morgens im Bette anzutreffen und festzunehmen. Sie schleppten ihn, obwohl bejahrt und kränklich, in's Gefängniß nach Luxemburg. Von da kehrte er jedoch, durch Beschluß vom 26. Pluv. VIII von der Verbannungsstrafe freigesprochen, zu seinen Pfarrkindern zurück. Wie schmerzlich mußte es für ihn sein, bei seiner Rückkunft das Zeichen der Erlösung weder mehr auf der Kirche noch auf den Gräbern zu erblicken! — Ms. war ein frommer und bescheidener Priester, auf Reinerhaltung des Glaubens und der Sitten bedacht, und stand als Dechant an der Spitze des Kapitels Arl. Um so empfindlicher berührte ihn das Erlebte. Er starb 1819 hoch an Jahren und Verdiensten.

Molitor, Frz. Kst., geb. um 1766, wurde 1791 zum Priester geweiht, und bald darauf zum Pfarr. von Wallendorf ernannt. Nach der französischen Invasion mußte er, weil er den geforderten Eid nicht leistete, sich versteckt halten und von Schlupfwinkel zu Schlupfwinkel flüchten, um den Nachspürungen der Gend. zu entgehen. Auch mußte er einmal, um diesen zu entweichen, mit Lebensgefahr die Sauer durchwaten. Die meiste Zeit der Verfolgung brachte er bei Echternach unter einem Waldfelsen bei „Melek" zu. Todes-

angst befiel ihn, als er daselbst eines Tages einen jungen
Mann mit gespannter und angelegter Flinte auf sich zukom=
men sah. Er wähnte einen verkleideten und ihn erschießenden
Gend. zu sehen. In der That aber war es nur ein Jäger
mit Namen „Jans“ oder „Meleker Michel“, welcher, als er
des Laubes Bewegung gewahrte, ein darunter verkrochenes
Wild wittern wollte. Die bei dieser Gelegenheit zwischen
beiden entstandene Freundschaft dauerte fort und nahm nur
mit dem Leben ein Ende. Gleichwohl ward Mr. einmal bei
Mersch von einem Gend. eingeholt und gefangen genommen,
wußte diesen aber zu täuschen und dahin zu bereden, daß
er von ihm gehen gelassen wurde. Nach Verlauf der Verfol=
gungszeit ward Mr. zum Pfarr. von Medernach befördert,
dann im J. 1811 zum Kantonspfarrer von Vianden. In die=
sem Flecken gerieth er in Mißhelligkeiten mit dem Friedens=
richter, und zog 1815 als Kantonspfarrer nach Beßdorf.
Hier gab er 1835 seine „Vertraute Reden eines Landgeist=
lichen an seine Pfarrkinder“ heraus. Wegen Altersschwäche
ließ er sich 1843 in Ruhestand versetzen, und zog sich nach
Echternach zurück, woselbst er den 22. Aug. 1846 im Alter
von 78 Jahren starb.

Molitor, J. B., Vik. zu Bondorf, ward verhaftet, doch
gleich entlassen und am 15. Vent. VIII für deportationsfrei
erklärt.

Molitor, Wilh., Benediktiner von Münster, 47jährig,
am 25. Brüm. VII zu Luxemburg verhaftet, wurde als Blöd=
sinniger behandelt. Gemäß Dekr. vom 4. dess. Monats sollte
er deportirt werden.

Neumann, Rich. Ant., jüngerer Bruder des J. Bernh.
und Sohn von Hch. Nn. und Maria Anna Scheurette, wurde
geb. zu Bögen im März 1763, erhielt seine erste klassische
Bildung beim damaligen Pfarrer von Itzig, ging von dort
an die Kollegien nach Herve und Luxemburg, in welchen
er jährlich als Preis eine Silbermedaille davon trug, und
begann auch in letztgenannter Stadt die theologischen Stu=
dien unter dem gelehrten Havelange, damaligem Semi=
narsprofessor, dessen Lob er noch in späten Tagen verkündete.

Von Luxemburg kam er in's Seminar nach Trier und wurde zum Priester geweiht in Lüttich, woselbst er seine Primiz unter Beistand des nachher berühmt gewordenen Rubrizisten Romsée feierte. Seine erste Anstellung und einzige als Vik. war Niederwampach. Von da wurde er 1793 zum Pfarr. nach Harlingen befördert, in welcher Eigenschaft er aber nur kurze Zeit ruhig wirken durfte. Während er standhafter Eides=weigerung halber überall aufgesucht wurde, hielt er sich ver=borgen im Pfarrhofskeller und bei seinem Pfarrkinde Huberty. Aber bald wurde sein Aufenthaltsort verrathen. Da kamen zwei Husaren in's Dorf und fragten nach dem Bürger Nü=mann. Keiner wollte ihn kennen. Endlich kamen sie auch zu dem verkleideten Pastor und fragten ihn ebenfalls, ob er Bürger Nümann kenne. „Ja, antwortete er mit Athanasius, ich kenne ihn sehr wohl; wartet ein wenig, dann zeig' ich ihn.“ Dann ließ er sein Pferd satteln, bestieg es behende, rufend: „Hier ist Nümann!“ und entrannte nach Bögen. Eines anderen Tages drohte ihm noch größere Gefahr, der er sich aber auch auf rechtzeitig erhaltene Warnung entriß. Am folgenden Morgen verließ er die Pfarre und zog wieder nach Bögen. Dieß gereichte ihm zum Glücke; denn an dem=selben Tage wurde das Haus Huberty's von Soldaten über=fallen und dessen ältester Sohn, Männi zugenannt, den sie für den Pfarrer nahmen, nach Bastnach in's Gefängniß geschleppt. Zu Bögen traf Nu. mit seinem aus dem Kloster von St. Hubert vertriebenen ältern Bruder Jak. Bernhard zusammen. Hier hielt er sich theils im Vaterhause als vermeintlicher Sekretär seines Bruders und Friedensrichters Joh. Nikl. und theils in „Mentges“ auf, in welchem letzteren er einmal den Gend. dadurch entging, daß er sich in deren Gegenwart bettelnd ein Stück Brod reichen ließ. Weil er sich aber trotzdem auch hier so wenig in Sicherheit sah, flüchtete er zu seinem Vetter Bockholz in Wilwerwiltz, bei welchem er sich Jahre lang bin=nen vier Mauern aufhielt und während dieser Zeit nur bei verschlossenen Thüren die heiligen Geheimnisse feierte. Da die Priesterverfolgung etwas nachließ, kehrte er zu seiner Pfarr=gemeinde Harlingen zurück. Er entwich glücklich den vielen

Gefahren, in denen er beständig schwebte, bis zum 6. Vent. VII. An diesem Tage wurde er von zwei Gend. festgenommen, aber wegen scheinbarer Schwächlichkeit sogleich für nichttransportabel erklärt. Am 3. Pluv. VIII erhielt er seine Freierklärung von der über ihn ausgesprochenen Deportationsstrafe. Nach Abschließung des Konkordates behielt er seinen früheren Posten immer bei, und wollte Harlingen nicht verlassen, obschon ihm mehrmals eine Kantonspfarre, und namentlich die von Bastnach, die von Nive, und 1806 die von Speicher angetragen ward. Aus Liebe zu seinen Pfarrkindern lehnte er jede ihm angetragene Promotion ab, erklärend, er sei dafür zu alt. Als treuer Seelsorger wirkte er des Guten viel, was auch die Seinigen dankbar anerkannten. Sein Priesterwandel war wirklich musterhaft. Den Tag widmete er der hingebungsvollsten Erfüllung seiner Amtspflichten und die Nacht gutentheils dem Gebete und der Betrachtung. Seine Amtsbrüder verehrten ihn mit besonderer Achtung und unbedingtem Zutrauen. Im J. 1847 erhielt er von S. M. König-Großherzog Wilhelm II. die Dekoration vom Eichenlaube. Aber sie zu tragen kostete seiner Bescheidenheit Gewalt, so daß er nur durch vieles Zureden sich bewegen ließ, mit diesem Zeichen der Ehre in des Bischofs Gegenwart zu erscheinen. Obgleich er bereits seit längerer Zeit einen Pfarrgehülfen hatte, so wollte er dennoch einige Jahre vor seinem Absterben als Jubelpriester abdanken; da fleheten die Pfarrangehörigen insgesammt, daß er doch bis an sein Ende bei ihnen bleiben und seine Gebeine in ihrer Mitte lassen sollte, sie würden nöthigenfalls für seine Nothdurft sorgen. Der gerührte Seelenhirt ließ sich bereden, und entschloß sich den Rest seiner Tage zu Harlingen zu verleben. Er starb, 88 J. alt, am 22. Jan. 1851, im Rufe heiligmäßiger Tugend.

Nickels, Jak., Frühmesser zu Klein-Elcherodt, ward in Verhaft genommen und am 28. Vent. VIII für deportationsfrei erklärt.

Nicolas, Krl., Jesuit zu Arl, wurde, obwohl 65jährig, noch verhaftet, am 28. Pluv. VIII aber in Freiheit gesetzt.

Nicolay, J. Fr., Pfarr. zu Mont-le-ban, ward verhaftet, am 6. Pluv. VIII aber von der Deportation freigesprochen.

Odille, N., Kapuziner, wurde, 43 J. alt, am 25. Brüm. VII zu Luxemburg verhaftet, im J. VIII von der Deportation freigesprochen.

Palen, N., geb. zu Rodt, war anfangs Vik. zu Fristingen, dann Kapl. zu Petingen und zuletzt Pfarr. zu Beckerich. Von hier wurde er wegen Eidesverwerfung, nachdem er in seinem Vaterhause aufgegriffen, mit Kapl. Flammang über Luxemburg und Metz bis hinter Paris weggeschleppt, und wäre deportirt worden, hätten nicht die Advok. Bochholz und Laval und Notar Reding seine Freilassung erwirkt. Er kehrte nach Beckerich zurück, welche Pfarre er nach Konkordatsabschluß mit der von Ell vertauschte. Hier starb er gegen 1817.

Pallange, Joh. Ludw., Pfarr. zu Arl, verwarf den Republikseid, weswegen er durch Dekr. vom 14. Brüm. VII in die Deportation verfällt wurde. Nachdem er eine Zeitlang den Häschern entgangen, wurde er eines Morgens in seiner Wohnung festgenommen, dann entlassen, am 15. Therm. VIII aber vom Gerichtshofe zu Luxemburg wegen Kultusausübung zu drei Monaten Gefängniß, 500 Fr. Buße und Kostenvergütung verurtheilt.

Perlau, J., Frühmesser zu Bellefontaine, wurde, obwohl 75 J. alt, noch verhaftet.

Pittinger, P., Kapuziner zu Luxemburg, wurde am 25. Brüm. VII in Verhaft genommen und in's Gefängniß geführt.

Poncin, J. B., Priester zu Luxemburg, durch besonderes Dekr. vom 4. Brüm. VII zur Deportation verurtheilt, wurde in der Frühe des 25. desselben Monats verhaftet.

Prost, J. Bapt., geb. aus Niederdonwen, Benediktiner, wurde nach Aufhebung seines Klosters zuerst Vik. zu Bous und dann Pastor zu Mertert, woselbst er regsam wirkte, als ihn die französische Revolution berührte. Er verweigerte standhaft die Leistung des Republikseides, weswegen er vielen bittern Verfolgungen anheimfiel und sich manche harte Entbehrung gefallen lassen mußte. In dem Hause „Adenisch" zu Oberdonwen, wohin er sich einst zu seinen Verwandten geflüchtet hatte, wurde er von den Gend. gefangen genommen,

und mußte mit ihnen daselbst übernachten. Eine alte Frau
wartete ihnen auf und reichte ihnen Branntwein in Über=
fluß. Als endlich die Gend. trunksatt geworden, ließen sie
sich ein Streulager in der Stube machen und nahmen ihre
Beute, wie einst die Wächter den hl. Petrus, in ihre Mitte.
Nach ungefähr einer Stunde kam das alte „Müßchen" Visite
halten, fand alle drei im tiefen Schlafe, ging mit ihrer
Lampe alle Thüren öffnen, dann auf ihren bloßen Strümpfen
zurück in die Stube, klopfte Pastor Pt. auf die Schulter,
welcher gleich verstand, was zu thun wäre, und sich über die
Mosel bei Nittel in's Trier'sche davon machte. Zwar wollten
nun mehrmals die Gend. die Frau und die Ihrigen plagen;
aber diese wußte sich zu helfen mit den ihnen in's Gesicht
geschleuderten Worten: „Wenn Ihr nicht geht und uns ruhig
laßt, dann verklag' ich Euch, daß Ihr Euch von Eurem Ge=
fangenen habt bestechen lassen!" Nach Regelung der kirchli=
chen Verhältnisse übernahm Pt. das Pfarramt in Manter=
nach, wo er sich als Literaturfreund erwies und auf die
kirchlichen Interessen ein sehr aufmerksames Auge richtete.
Auf seinen Antrag wurden einige neuerschienene Schulbücher
in den Index librorum prohibitorum gesetzt, weshalb 1826
im «Journal de Luxembourg» ein verdächtigender Anfall auf
seine Friedlichkeit gemacht wurde. Im J. 1830 verließ er
Manternach und zog sich auf den „Weiderterhof" bei Fels
zurück, vertauschte aber nach dessen Eigenthümers Tode diesen
Aufenthaltsort mit Perl, und starb zu Schengen am 3. Jan.
1847, in einem Alter von 70 Jahren.

Reding, Christoph., Benediktiner zu Ehner, hatte seinen
Versteck im Keller des Hauses „Reding" zu Beckerich, wurde
gleichwohl nachher verhaftet, am 22. Vent. VIII freigespro=
chen, und starb als Vikar zu Lövelingen 1821.

Reichling, Andr., Vik. zu Lischer, 38 J. alt, verrichtete
Knechtsdienste bei seinem Schwager, wurde aber erkannt,
verhaftet und dann freigelassen.

Renardy, Jak., Priester zu Luxemburg, hierselbst am
25. Brüm. VII verhaftet, am 24. Niv. VIII von der Depor=
tation freigesprochen.

Reuter, Hub., Benediktiner, wurde am 25. Brüm. VII zu Luxemburg verhaftet, am 2. Pluv. VIII für deportations= frei erklärt.

Reynard, N., Kapuziner zu Virton, in die Deporta= tion verwiesen, hatte bereits 68 Jahre, als er verhaftet und nach Luxemburg in die Gefangenschaft abgeführt wurde.

Rongvaux, Math., Bernardiner von Orval, ward am 25. Brüm. VII zu Luxemburg verhaftet, nachher zum Vikar zu Weiler z. Th. ernannt, woselbst er am 16. Febr. 1834, im Alter von 84 Jahren, starb.

Salentiny, Nikl., aus Bocholz, Vik. zu Arl, hielt sich während der Schreckenszeit an der Ober=Sauer in Erd= hütten der Gösdorfer und Masseler Waldungen, in wel= chen er manche Nacht verächzte, und besonders in seinem Geburtshause „Henkes" auf. Um den Häschern, wenn er am Tage erschien, zu entkommen, trug er einen weißen Kittel, nahm Knechtsarbeit vor, ließ sich die gröbsten Be= schimpfungen ertheilen, oder ging als Bettler oder Besen= krämer aus und ein. Während seine Amtsbrüder flüchtig umherirrten, verrichtete er noch allein Gottesdienst und reichte die hl. Sakramente. Einst in der Christnacht geschah es, daß die Umwohner mehre Stunden weit zu ihm kamen, um dem Meßopfer beizuwohnen, und dann, weil der Nachen in der Sauer anfror, einen Umweg von vier Stunden ma= chen mußten, um ihre Heimat wieder zu erreichen. In Folge des Beschlusses vom 14. Brüm. VII wurde er endlich ver= haftet, bald darauf aber freigelassen.

Schlösser, Frch., geb. zu Esch a. d. S., war Kapl. zu Heiderscheid, als er durch Dekr. vom 14. Brüm. VII zur Deportation verurtheilt wurde. Wie sorgfältig er sich auch in seinem Geburtsorte verborgen hielt, so ward er nichts= destoweniger eines Morgens von den Gend. aufgegriffen und über Arl und Verdun weggeführt. Dieß geschah am 14. Vend. VIII. Nachdem mehrere Escher für ihn rechtzeitig gut= gesprochen, erhielt er unterwegs seine Freilassung. Nachher ward er zum Pfarr. in Dahl ernannt. Als die Tage seiner Erdenpilgerschaft zu Ende gingen, hörte man ihn öfter die

Worte des Apostels wiederholen: „Ich habe meinen Lauf
vollendet, den Glauben bewahrt!" „Und diesem, hätte er hin-
zufügen können, Zeugniß gegeben!" Er starb zu Dahl am
4. Juli 1839, im Alter von 79 Jahren.

Schmal, Jak., Pfarr. zu Heispelt, wurde verhaftet,
dann entlassen und am 22. Vent. VIII von der Deportation
freigesprochen.

Schmit, P., Pfarr. zu Wilß, ward in Verhaft genommen, am 1. Frim. VII weggeführt, und am 3. Vent. VIII
für deportationsfrei erklärt.

Schwachtgen, J. Bapt., Vik. zu Leudelingen, wurde
in seinem 57. Lebensjahre verhaftet, am 11. Pluv. VIII aber
für deportationsfrei erklärt.

Seiwert, J. Bapt., Vik. zu Bech, wurde in Verhaft
genommen, am 11. Pluv. VIII aber von der Deportationsstrafe absolvirt.

Sinner, Wilh., Vik. zu Cruchten, wurde, weil er den
ihm abgeforderten Eid verweigerte, durch Beschluß vom 14.
Brüm. VII zur Deportation verurtheilt, mit Pfarr. Bornheim verhaftet, nach Luxemburg in's Gefängniß geführt,
daraus aber mittelst geleisteter Bürgschaft entlassen. Er kehrte
in den Kreis seiner Wirksamkeit zurück, und hielt seinen
Gottesdienst im Geheimen fort, bis er, in Folge des Konsularbeschlusses vom 8. Frim. VIII, am 17. Pluv. desselben
Jahres von der Deportation freigesprochen wurde.

Speyer, Fr., Frühmesser zu Stadtbredimus, wurde im
J. VII verhaftet, am 11. Pluv. VIII freigesprochen.

Spiegel, K., geb. zu Pittingen 1742, Pfarr. zu Holß,
stand in großem Ansehen beim Volke, wurde verhaftet, doch
bald wieder freigestellt. Er starb am 15. Mai 1815.

Steichen, P., Pfarr. zu Nörßingen, wurde verhaftet
und weggeführt, am 11. Pluv. VIII von der Eidweigerungs-
strafe freigesprochen.

Stoffel, Andr., Vik. zu Assen, kam am 3. Messid. VIII
in Verhaft.

Tadé, N., Kapuziner zu Luxemburg, wurde durch General Morand's Soldaten am 27. Vend. VI verhaftet, auf

5

die „Ram" eingekerkert, und darauf von Gefängniß zu Gefängniß bis nach Rochefort transportirt, woselbst er seine Freilassung erhielt.

Thill, Ant. Greg., Dominikaner zu Hesperingen, wurde gemäß Dekr. vom 4. Brüm. VII zu Luxemburg verhaftet. Damals zählte er 48 Jahre.

Thiry, Adolph, Franziskaner zu Virton, obwohl 60 J. alt und krank, wurde gleichwohl in Verhaft genommen, am 8. Pluv. VIII aber von der Deportation freigesprochen.

Urbin, Leo, Benediktiner zu Houffalize, wurde verhaftet, am 8. Pluv. VIII freigelassen, und starb, 85 Jahre alt, am 24. Nov. 1826.

Wagner, Math., Kapuziner, hielt sich zur Zeit der Eidesabforderung auf der Hesperinger Mühle auf, wurde gefangen und zu Luxemburg in den Kerker gesperrt, dann aber, auf Vermittelung der Frau Reuter von daselbst und in Betracht hohen Alters und körperlicher Gebrechlichkeit, wieder in Freiheit gesetzt und am 11. Pluv. VIII von der Deportationsstrafe losgesprochen.

Weber, Hch., von Beckerich, Jesuit zu Luxemburg, hielt sich im Keller und unter der Treppe des Hauses Reding in seinem Geburtsorte auf, wurde jedoch gemäß Dekr. vom 4. Brüm. VII am 4. Frim. deff. J. verhaftet, am 3. Pluv. VIII freigesprochen.

Welter, J., Vik. zu Lannen, wurde, 60 J. alt, noch verhaftet, am 18. Vent. VIII freigesprochen.

Wiesen, P., Pfarr. zu Lichtenborn, hielt sich zu Schleren auf und wurde am 14. Prair. VII verhaftet.

Winckel, J. P., Pfarr. zu Leudelingen, ward auf Befehl seines Neffen, Kommissärs zu Remich, verhaftet, nachher aber, am 11. Pluv. VIII, von der Deportation freigesprochen. Er starb am 5. Jan. 1824.

Würth, Ludw. Dion., geb. zu Luxemburg gegen 1766, studirte in seiner Vaterstadt und zu Löwen. Zum Priester geweiht, verrichtete er, als die Republikaner Luxemburg in Besitz nahmen, daselbst Vikarsdienste. Man forderte ihm den Eid vom 19. Fruft. V ab, aber er verwarf ihn auf das

Entschiedenste, sah wohl voraus, daß er verhaftet, ja sogar,
an welchem Tage und zu welcher Stunde es geschehen würde.
Dennoch wollte er nicht entfliehen. Ihm hatte man gedroht,
daß, wofern er sich nicht einstellte, sein Vater für ihn haften
sollte. Was er vorgesehen, traf wirklich ein. In Folge des
Deportationsbeschlusses vom 14. Brüm. VII umsetzten die
Gend. in der Nacht vom 3. auf den 4. Nov. 1797 sein
Vaterhaus. Derjenige, den sie suchten, lag noch im Bette.
Sie ließen ihm kaum die erforderliche Zeit sich anzukleiden,
und führten ihn weg auf die Hauptwache. Durch ihr Nachts-
treiben waren sie in einen solchen Zustand gerathen, daß der
von ihnen Weggeführte ihnen den Weg zeigen mußte. Von
der Hauptwache wurde dieser dann mit noch 41 anderen
Stadtgeistlichen nach dem Ramthurme abgeführt. Hier wurden sie bett- und beinahe nahrungslos gelassen. Wh. bekam
von Haus eine Matratze und täglich durch seinen jüngeren
Bruder Ph. Kst. seine frische Nahrung, welche er mit seinen
gefangenen Mitpriestern großmüthig theilte. Drei Wochen
mußte er so im Gefängnisse zubringen, da gelang es ihm
endlich aus demselben zu entweichen und durch Zurücklassung
seines Hutes glauben zu machen, er befinde sich noch in
Gefangenschaft. Er würde gleichwohl, wie viele seiner Leidens-
genossen, wieder eingefangen und deportirt worden sein, hätte
ihm nicht sein älterer Bruder, ein Arzt, der sich die besondere Gunst des Festungskommandanten erworben, durch diesen Nachsicht zu verschaffen gewußt. Dreimal jedoch sollte
er von Neuem verhaftet werden, wurde aber für krank erklärt, was sich bei seiner blassen Gesichtsfarbe leicht beglau-
bigen ließ, und erhielt mittelst guter Bürgschaft eine Frist,
welche er bei seinen Eltern zubringen durfte. Ihm ward,
unter Gutsprechung seines Vaters für ihn, bewilligt, daß er
„Kockelscheuer" zu seinem Gefängniß haben sollte und wirklich drei Jahre lang hatte. Erst am 2. Pluv. VIII ward er
von der Deportation freigesprochen. Nach Wiederherstellung
der kirchlichen Befugnisse sollte er nach Aug. versetzt werden,
erhielt aber 1802 die verwüstete und beinahe männerleer gewordene Pfarre Düdlingen zu seinem seelsorgerlichen Amts-

kreise. Er suchte daselbst die noch blutenden Wunden zu heilen und vertauschte 1809 diese ihm zu schwer gewordene Stelle mit Künßig. Im J. 1818 ward er nach Alzingen versetzt, welches er bis 1836 verwaltete und noch länger wohl verwaltet haben würde, hätte ihm die Harthörigkeit es nicht beinahe verunmöglicht. Den Rest seiner Tage verbrachte er zu Luxemburg. Er freute sich, als er sah, daß die Tage seiner Wanderschaft zu Ende gingen, um im ewigen Vaterhause auszuruhen. Den Tod ruhig und mit kindlich frommer Ergebenheit abwartend, entschlummerte er nach kurzer Krankheit zu einem besseren Leben hinüber am 4. April 1849 in einem Alter von 83 Jahren. Sein letztes Wort war eine Freudenäußerung über die Botschaft baldiger Rückkehr des Bischofs Laurent nach Luxemburg.

Zauer, J., Frühmesser zu Weicherdingen, wurde in Verhaft genommen, um gemäß Dekr. vom 14. Brüm. VII deportirt zu werden.

Zimmer, Ant., Vik. zu Stockem, wurde als 60jähriger Greis verhaftet und sollte gemäß Dekr. vom 14. Brüm. VII außer Landes gefahren werden. Der 15. Vent. VIII gab ihm seine Freiheit wieder.

Zimmer, J. B., Pfarr. zu Düdlingen, ward in Folge des Dekr. vom 14. Brüm. VII verhaftet, um deportirt zu werden.

VI. Abtheilung.

Verhaftete und in der Haft verstorbene Geistliche.

Vorbemerkung. Die verhafteten Geistlichen sollten sofort auch über die See deportirt werden, wurden es aber nicht alle, weil viele nicht nur evadirten, erkrankten, Bürgschaft stellten, oder zu guter Letzt schwuren, sondern auch in der Haft starben. Außer den Deportirten, welche starben, starben im Gefängnisse noch Manche, welche nicht

deportirt werden konnten. Die Zahl der letztern mag wohl nicht bedeu-
tend gewesen sein; über nur vier konnten wir uns zuverlässige Nachrichten verschaffen. Wird gleichwohl von einer großen Zahl in der
Gefangenschaft verstorbener Geistlichen gesprochen, so rührt das wohl
daher, daß man ihnen auch diejenigen beizählt, welche ihre Deportation
nicht überstanden.

Mayers, Phil., war Vik. zu Attert und schon 80 J.
alt, als er wegen Eidesweigerung und antirepublikanischer
Gesinnung zur Deportation verurtheilt, verhaftet und über
Verdun in die Verbannung weggeführt wurde. Die Weiterreise bis zum nächsten Meerhafen hielt er nicht aus, sondern
starb unterwegs, von Alter und Leiden erschöpft, am 11.
Messid. VII.

Müller, Frz., Dominikaner, wurde als Vik. zu Steinsel
und dann, als v. Neunheuser emigrirte, als Pfarrverweser
daselbst angestellt. Während der Abwesenheit des Titulars
spendete er mit vier anderen eidscheuen Hülfsgeistlichen den
Gläubigen die Heilsgeheimnisse. Mit dem Ordenspriester
Roob besuchte er des Nachts die Kranken, versah sie mit den
Sterbsakramenten und die Neugeborenen mit der hl. Taufe.
Bei Tage sah man weder ihn noch seine Amtsbrüder ausgehen, sondern nur nach Sonnenuntergang. Sie hielten sich
alle fünf vom frühen Morgen bis in die Nacht am Mamer-
flüßchen in einer Felsenhöhle, deren Niedrigkeit das Stehen
verunmöglichte, auf, und verbrachten daselbst mehre Jahre,
ohne entdeckt zu werden. Hiehin trugen ihnen zwei vertraute
Männer alle zwei Tage die nothwendigen Nahrungsmittel,
die sie sich dann selbst zubereiteten. Als einst in aller Frühe
11 Infanteristen mit 7 Dragonern und 5 Gend. den 60jäh-
rigen Kapl. Schmit von Hünsdorf durch Steinsel schleppten,
sollten sie auch Mr. in seinem Hause gefangen nehmen. Aber
einer der Eingepfarrten, dem Namen nach ein Judas, lief
den Vikar warnen, half ihm die Kleider anziehen und seine
Flucht beschleunigen. Die Republikaner fanden sein Bett noch
warm, ihn selbst aber nicht. So entging Mr. immer den auf
ihn gerichteten Nachstellungen bis zum 25. Brüm. VII. An
diesem Tage wurde er in seinem Hause, als es schon Nacht

geworden, von den Gend. überfallen, in Verhaft genommen und nach Luxemburg in's Gefängniß gebracht. Hier starb er zwei Monate nachher. Gleichwohl erklärte ihn das Defr. vom 8. Frim. VIII für deportationsfrei.

Roland, Rob., Bernardiner zu Orval, war schon 60 J. alt, als er wegen Eidesabweisung verhaftet wurde. Er starb in der Gefangenschaft zu Luxemburg am 1. Messid. VIII.

Wolff, Pet., ein glaubenswarmer Priester, war Vik. zu Pintsch und schon 67 J. alt, als er wegen Eidesweigerung sich noch verhaften und mit Rohheit behandeln lassen mußte. Zu Luxemburg im Gefängniß entschlief er dem Herrn am 11. Messid. VII.

VII. Abtheilung.

Zur Deportation verurtheilte und freiwillig verhaftete Geistliche.

Vorbemerkung. Mehrere zur Deportation verurtheilte Geistliche, ihrer Unschuld bewußt, verschmäheten es sich durch Flucht, Verborgenheit oder Widersetzlichkeit zu retten: sie boten sich, z. B. zu Arl und Neufchateau, von freien Stücken dem Arme ihrer Häscher dar und ließen sich gutwillig in's Gefängniß und zur Deportation wegführen. Ihre Zahl ist keineswegs groß, jedoch größer, als die hier verzeichnete, da außer den angeführten Namen sich noch einige andere vorfinden, die aber, weil es an näheren Angaben fehlte, wegfallen mußten.

Ancion, Hch., Vik. zu Arl, durch Defr. vom 14. Brüm. VII zur Deportation verurtheilt, entriß sich den Umarmungen seiner alten Mutter, und bot sich, am 28. deff. Monats, der Gendarmerie seines Berufsortes von freien Stücken an, und wurde, obgleich 62 J. alt, noch verhaftet und in die Gefangenschaft abgeführt.

Belche, Mich., Vik. zu Habay-la-neuve, ließ sich freiwillig gefangen nehmen, ward weggeführt, am 29. Niv. VIII aber für deportationsfrei erklärt. Er starb 1804.

Colling, Nikl., geb. aus Luxemburg, hatte sein 55. Lebensjahr erreicht, galt für republiksgefährlich und stand als Vik. zu Arl, als ihm der Konstitutionseid abverlangt wurde. Anfangs hielt er sich zu Luxemburg im „Dreikönigshaus" verborgen und spendete die hl. Sakramente, ging darauf aber, am 28. Brüm. VII, mit sechs anderen Priestern zu dem Gendarmerie-Kommandanten zu Arl, erklärte sich für marschbereit, und ließ sich freiwillig verhaften und wegführen.

Guillaume, J. B., geb. zu Arl und Vik. zu Viville, durch Defr. vom 14. Brüm. VII zur Deportation verurtheilt, entzog sich eine Zeitlang den Händen der Häscher, bot sich ihnen alsdann aber von freien Stücken zu Arl als Gefangener an, wurde sogleich festgenommen und, obwohl schon ein 81jähriger Greis mit Perrücke, noch am 28. Brüm. VII nach Neufchateau in's Gefängniß abgeführt.

Huberty, J. Hub., Franziskaner zu Luxemburg, ließ sich im J. VII freiwillig durch die Gend. gefangen nehmen und auf der „Ram" einkerkern.

Schmit, Dom., geb. zu Arl und Kapuziner zu Luxemburg, wohnte bei Steinmetz Geisbusch, als ihm der Revolutionseid abgefordert wurde. Vor dem Gendarmerie-Kommandanten erklärte er am 28. Brüm. VII, lieber sogleich in Verbannung zu gehen, als einen Eid zu schwören, der seinem Gewissen zuwider sei, und ließ sich von freien Stücken verhaften und in's Gefängniß abführen.

Schon, J. B., Vik. zu Messancy, ließ sich freiwillig verhaften, und blieb in der Haft, bis er am 3. Vent. VIII von der Deportation freigesprochen wurde.

Senocq, J. B., Jesuit, bot sich der Gendarmerie zu Neufchateau freiwillig als Gefangener an, übergab sich deren Gewalt, wurde festgenommen und sofort daselbst eingekerkert. Mehre Monate hindurch blieb er seiner Freiheit beraubt.

Sinner, Ant., geb. zu Arl und wohnhaft zu Stockem, übergab sich, am 28. Brüm. VII, freiwillig der Gewalt des

Gendarmerie-Brigadiers. Diesem Akte der Hingebung ent-
sprach übrigens sein ganzer Lebenswandel. Obwohl er über
60 J. alt war, so wurde er nichtsdestoweniger festgenommen
und in Verwahr weggeführt.

VIII. Abtheilung.

Zur Deportation verurtheilte, aber emigrirte Geistliche.

Vorbemerkung. Manche Geistliche, unter welchen sich mehrere
durch Verdienst oder Herkunft auszeichneten, emigrirten theils vor und
theils nach ihrer Verurtheilung zur Deportation, indem sie entweder mit
Einwilligung des Generalvikariats sich durch andere Priester ersetzten,
oder demselben, nach der über sie ergangenen Suspension, ihre Heerden
überließen. Sie waren zahlreich und wären noch zahlreicher gewesen,
hätten sie die zum Emigriren nöthigen Geldmittel aufbringen können.

Becker, Joh. Pet., geb. zu Dudeldorf den 24. Aug.
1768, zeigte frühzeitig glückliche Geistesanlagen, was seine
Eltern veranlaßte, ihn studiren zu lassen. Zu Luxemburg
empfing er seine erste Bildung und ging darauf behufs Fort-
setzung seiner Studien nach Trier, wo er 1791 zum Priester
geweiht wurde. Seine erste seelsorgerliche Anstellung war
Erdorf, wo er als Vikar fungirte, als sich der Revolutionssturm über das Herzogthum Luxemburg wälzte. Den Republikseid zu schwören, verbot ihm sein Gewissen. Er entschloß
sich deshalb mit einigen anderen Geistlichen, namentlich seinem Vorgänger Schwartz zu Vianden, zu emigriren und
begab sich nach Wien, woselbst er mit Frint in näheren
Verkehr trat. Hier ward sein Talent und seine Gesinnung
von der Geistlichkeit auf verschiedene Proben gesetzt, ehe er
das rechte Vertrauen gewinnen konnte. So mußte er eine
Zeitlang die Kinder im Katechismus unterrichten, was er
aber mit solcher Auszeichnung that, daß er öfter die Stelle

des Hofpredigers zu vertreten beauftragt wurde. Nach sechs
Jahren erhielt er eine der schönsten Pfarren in der Umgegend
Wien's und unweit Wagram, woselbst er die dort 1809
vorgefallene blutige Völferschlacht mit anschaute. Wie segen=
reich er seine erste Pfarre verwaltete, wissen wir nicht, aber
wohl, daß er beim Erzbischofe in hohem Ansehen stand. Als
einst eine andere nahe Pfarre vafant wurde, verlangte er sie.
Das Bisthum antwortete, daß es diesen Posten nicht, ohne
anzustoßen, einem Ausländer anvertrauen könne. Durch diese
Antwort stußig gemacht, ergriff Br., ohne vom Tische auf=
zustehen, die Feder und erwiederte, daß, sei er als Ausländer
nicht der verlangten Pfarre würdig, er dann als solcher
auch diejenige, die er verwaltete, nicht verdiene, weshalb er
seine Entlassung fordere. Der Prälat verweigerte ihm diese
anfangs, konnte ihn jedoch nicht von seinem einmal gefaßten
Entschlusse abbringen. Endlich bewilligte er ihm seine Ent=
lassung. Sogleich ließ Br. seine Möbel versteigern und for=
derte einen Reisepaß nach seiner Heimat. Diesen schlug man
ihm, weil man dadurch ihn zurückzuhalten hoffte, unter aller=
lei Vorwänden stets ab, bis er endlich deshalb eine Audienz
beim Kaiser verlangte und nun nach 13monatlichem Harren
das geforderte Schriftstück erhielt. Auf diese Weise kam Br.,
nach 20jähriger Abwesenheit, in sein Vaterland zurück 1815,
d. h. zu einer Zeit, wo die Berathschlagungen des Wiener
Kongresses und die Abtretung eines jenseit der Our gele=
genen Theiles des Großherzogthums an Preußen noch un=
beendigt waren, weshalb er ohne Weiteres zum Oberpfarrer
von Vianden ernannt werden konnte. Mit welchem rastlosen
Eifer er diese Pfarre von 1815 bis 1824 verwaltete, ist
allgemein bekannt. Während dieser Zeit war er anfangs in
beständigem Kampfe mit der diesseitigen Domän=Verwaltung,
welche das Kircheneigenthum oder sogenannte Merendeller
Land, als den Brüderschaften angehörig, an sich reißen wollte;
dann mit dem Kirchenrendanten von Roth. „Nach langem
Kampfe, schreibt Hr. Dr Neuens in seinen Viandener Kirchen=
annalen, wurde endlich diese Angelegenheit zu Gunsten der
Pfarre von Vianden entschieden, weil sie Br. mit Entschlos=

senheit und Besonnenheit durchführte. Man sieht, daß er ein
gerechter Mann war und Festigkeit genug hatte, sowohl sein
eigenes Recht als das der Kirche zu behaupten. Vor und
nach ihm war kein Pfarrer hier, der im Stande gewesen
wäre zu leisten, was er geleistet.... Man sollte glauben, die
Vorsehung hätte ihn auserkoren, die dem Schiffbruche ausgesetzten Güter der Kirche zu retten. Als er zu Vianden als
Kantonspfarrer eintrat, hatte der Kirchenrechner seit 1797
keine Rechnung mehr abgelegt, und die ächten und unächten
Papiere lagen durcheinander wie Heu und Stroh. Die früheren Kirchenverweser schwebten in großer Unwissenheit, trie-
ben träg und lässig die Fabriksangelegenheiten und waren
gleichgültig gegen deren Interessen. Gleich nach seinem Amtsantritt fing Br. an die Kirchengeschäfte zu lichten, brachte
sie in Ordnung, nöthigte den Schatzmeister zur Ablegung
seiner Rechnung, entwarf ein gesetzmäßiges Urkundenverzeich-
niß, arbeitete ganze Nächte mit den Kirchenrathsmitgliedern,
setzte ihnen Küche und Keller zur Verfügung, und ließ nicht
nach, bis er gerettet, was zu retten war." Nach 9jährigem
eisernen Wirken und mehren standhaft erduldeten Unannehmlichkeiten machte er der Pfarre den ersten Vorschlag, eine
Mauer um den Pfarrgarten zu erbauen, wozu er 300 Fr.
opfern und noch dazu die Kosten der Thüre, zu 400 Fr. geschätzt, übernehmen wollte. Dieses Anerbieten schlug der
Stadtrath aus. Als man es Pfarr. Br. hinterbrachte, rief
er aus: „Auch das gestattet man mir nicht, wie gesetzlich
und wenig kostspielig es auch sei! Dieß ist die Belohnung
für meine unabläsfige Anstrengung, die Kirchenangelegenheiten in Ordnung zu bringen! Nun denn—und nicht in den
Wind sprach er's — so will ich auch von hier weg!" War
Br. für die zeitlichen Interessen seiner Kirche besorgt, so
war er es nicht weniger für das geistliche Wohl seiner Pflegempfohlenen. Er wirkte viel Gutes, besonders durch seine
feurigen Kanzelvorträge und geschriebenen Predigten, welche
er, nachdem er sie gehalten, auch den Pfarrkindern zu lesen
gab. Im Katechisiren war er besonders geschickt, durch tiefes
Wissen weniger, als durch anschauliches Erklären. Im Jahre

1824 erhielt er auf sein Verlangen die Kantonspfarre Mersch. Nicht allein durch ergreifenden Unterricht drang er hier in die Herzen, sondern auch durch Mildthätigkeit. Von jedem Mittagsmahle, das er genoß, ließ er den Armen und Kranken ihren Antheil zukommen. In die Zeit seines Hierseins fiel auch der Federstreit, den er mit dem Namürer Kapitelsvikar Baron v. Cuvelier führte, indem er gegen dessen Verordnung, welche den Namürer Diözesan-Katechismus zum alleinigen Gebrauche für das Großherzogthum vorschrieb, den Katechismus von P. Scouville in Schutz nahm und zeigte, daß dieser jenem vorzuziehen sei. Inzwischen hatte ihm sein entschiedenes Auftreten allmälig Mißhelligkeiten mit der Ortsbehörde zugezogen. Um theils diesen zu entweichen und theils auch die Ruhe, der er bedurfte, zu finden, reichte er seine Abdankung ein, und begab sich 1835 nach Echternach in die Zurückgezogenheit. Obgleich er hier in Ruhestand und anstellungslos lebte, so gab er doch seine angewöhnte Thätigkeit nicht auf, sondern schrieb noch Verschiedenes, wie u. A. eine lateinische Lebensskizze des Pfarr. Coner, und hielt sonn= und festtäglich in der Pfarr= oder Spitalskirche weckende Vorträge bis nahezu an sein Ende. Er entschlummerte am 25. Jan. 1855, in einem Alter von 88 J. — Br. war zwar kein allseitig wissenschaftlicher Mann, dennoch kenntniß= und urtheilsvoll, und trug hierlands viel bei zur Verbreitung der Frint'schen Werke unter dem Landklerus. Gewiß kann es ihm nur zur Ehre gerechnet werden, daß er bei mangelhaften Vorstudien so schnell geworden ist, was er war. Übrigens besaß er ein cholerisches Temperament, wodurch er sich viele Gegner und Unannehmlichkeiten zuzog. Dagegen war er aber auch entschlossen, unerschütterlich in seinen Vorsätzen, unermüdlich bis zu seinem letzten Athemzuge, gewissenhaft, zugänglich für alles Gute und Rechte, gewaltig gegen eintretende Hemmnisse, begeistert für's Große und Edle, und fähig in's Werk zu setzen sein Lieblingswort: „Für meinen Christus laff' ich mich kreuzigen!"

Biwer, Nikl., geb. aus Nagem und seit 1794 Pfarr. zu Useldingen, verwarf mit Entrüstung den Eid des König-

thumshaffes, weshalb er sich bald unaufhörlicher Verfolgung
ausgesetzt sah. Um sich seiner Person zu bemächtigen, ließ
Kommissär Seiquer ihn nebst 53 anderen Geistlichen nach
Everlingen auf's Schloß einladen, unter dem Vorwande,
über deren Subsistenzmittel nähere Auskunft zu erhalten.
Br. begab sich bereits mit Bik. Stümper auf den Weg. Als
sie aber das Schloß mit Husaren umsetzt fanden, ahnten sie
nichts Gutes und kehrten eilends in ihre Heimat zurück.
Somit entging Br. der Deportation, und hielt sich von nun
an in völliger Verborgenheit theils um und zu Useldingen
in „Petesch" und im Kloster, und theils mit anderen Priestern in einer Erdhütte der Bissener Lohhecken auf. Ihre
Nachsuchungen wiederholten die ergrimmten Gend., aber Br.
ließ sich durch keine fangen. Als das Pfarrhaus und die
Wiedenhofen von Staatswegen veräußert wurden, ließ er
sie ansteigern, gab sie aber später der Pfarre gegen Erlegung
des Kaufschillings zurück. Am 29. Pluv. VIII ward er von
der Deportation freigesprochen. Sobald er das Morgenroth
der Ordnung wieder grauen sah, ging er noch auf ein Jahr
nach Köln in's Seminar, kam dann von dort zurück und
trat von nun an wieder offen als Seelsorger von Useldingen auf. Sein Amt bekleidete er bis zum Tode, welcher ihn
1823 ereilte.

Dondelinger, Fr. Xav., war Kapl. zu Bövingen, als
er die Leistung des Republikseides verweigerte und deshalb,
während er täglich in neue Gefahren gerieth, in einer Erdhütte an der Attert wohnen mußte. Die Treulosigkeit der
Seiquer'schen Einladung ahnte er genugsam, um ihr auszuweichen. Weil ihm aber von der Zeit ab ohne Unterlaß auf-
gelauert ward, so emigrirte er nach Deutschland. Von dort
zurückgekehrt und am 7. Germ. VIII für deportationsfrei erklärt, setzte er wieder seine Kaplansdienste fort, begab sich
später in den Ruhestand und starb 1841, im Alter von 88 J.

Faulbecker, Pet., geb zu Luxemburg, trat in den geistlichen Stand und erhielt alsbald zu seinem Wirkungskreise
die Pfarrstelle zu Longwy. Hier stand er in voller Seel-
sorgerthätigkeit, als die Revolution sich rings um ihn her

entfesselte. Er leistete keinen der ihm abgeforderten Republikseide, weswegen er beständig von einem Schlupfwinkel zum
andern flüchten, sich verkleiden und versteckt halten, Hunger,
Durst, Kälte und die härtesten Entbehrungen erleiden mußte.
Nur eine einzige Seele, die Besorgerin des Muttergottes-
bildes, wagte es noch, ihm Obdach und Pflege zu verleihen.
Aber je länger er dadurch den Nachstellungen der Republiksschergen entwich, desto mehr ergrimmten diese wider ihn.
Zuletzt setzten sie 30 Louisd'or auf seinen Kopf. Doch vergebens! Auch legte eines Tages eine Wache der Unterstadt
ihr Gewehr auf ihn an. Wieder umsonst! Denn ein Offizier,
der es sah, sprang heran und hielt den Schuß auf. Jetzt
erst verließ der treue Seelenhirt Longwy und zog sich nach
Halency zurück, wo er sich um die Jugend und die ganze
Pfarre durch Predigt und Unterricht verdient machte. Aber
auch dort verfolgt, floh er nach Luxemburg und von hier
nach Fulda, in welcher Stadt er eine Profeſſur bekleidete
und dem Bischof als Sekretär eine Zeitlang zur Seite stand.
Bei der Wiederkehr des Kirchenfriedens kam er in sein
Geburtsland zurück und ward als Pfarr. nach Bastnach ge-
sendet, woselbst er sich allgemeine Achtung und Liebe gewann,
so zwar, daß noch heutigen Tages sein Name dort geehrt
und gesegnet fortlebt. Er starb gegen 1809.

Feller, Kl. v., war geb. zu Johannselter und ein Stief-
bruder des berühmten Jesuiten F. X. v. Fr. Die erste Pfarrstelle, die er übernahm, war Beßdorf, wo er als Titular
im Sept. 1792 feierlich eingesetzt wurde. Hier verlegte er
sich mit allen Kräften auf Ausbesserung der Kirche, ihrer
Möbel und des Pfarrhofes. Drei Jahre lang dauerten seine
deshalbigen Anstrengungen. Weil er den Republikseid verweigerte, sollte er verhaftet und deportirt werden. Da empfahl ihm sein Freund, der Kommissariatsschreiber Weydert
von Rodt, sich in seinem Pfarrsprengel ruhig zu verhalten,
in welchem er, sollte Gefahr entstehen, rechtzeitig gewarnt
würde. Der Schreiber hielt sein Wort. Im Herbste des
J. 1797 schickte er dem Verfolgten schleunige Kunde und
Mahnung, sich unverzüglich aus dem Staube zu machen.

Mit solcher Hast begab sich v. Fr. auf die Flucht, daß er vergaß, was am andern Tage einige der Pfarrinsassen thaten, die hl. Vasen und Kirchenparamente in Sicherheit zu bringen, und emigrirte nach Deutschland, wo er schon im folgenden Jahre starb.

Franck, Joh. Pet., Benediktiner und Pfarr. in Münster zu Luxemburg, sollte am 4. Frim. und 25. Brüm. VII verhaftet werden. Dieser Verhaftung kam er dadurch zuvor, daß er zuerst entfloh und dann über den Rhein auswanderte. Da er aber aus Deutschland zu frühe zurückkam, wurde er verhaftet und am 14. Vend. VII über Verdun weggeführt. Nachdem er am 5. Pluv. VIII für deportationsfrei erklärt worden, kam er abermals in sein Vaterland zurück und starb kurz darauf bei seinen Verwandten.

Freres, Seb., geb. aus „Freres" von Danen, ein tüchtiges Subjekt, absolvirte seine Studien zu Lüttich und Löwen, und bekleidete zuerst die Kaplansstelle in Karlshausen. Nach dem Ableben des Pfarr. Leonardy 1797 wurde er für die Gränzpfarre Daleiden in Vorschlag gebracht und erhielt zu derselben nach bestandener Prüfung seine Ernennung am 16. Juni 1797. Da aber um dasselbe Pastorat sich gleichzeitig auch Nikl. Mausen, welcher sich im Besitze des Pfarrhauses und im Genusse des Wittthums zu behaupten wußte, bewarb, so verschob das Lütticher Generalvikariat, die Schwierigkeit fühlend, deren Lösung auf einen günstigeren Zeitpunkt, wo sich die Spannung gelegt hätte, und ließ beide Priester die Pfarre gemeinschaftlich verwalten. Mittlerweile kam das bedrängnißvolle Jahr 1798, in welchem den Geistlichen der Civileid mit größerem Nachdruck abverlangt wurde. Obschon es für seine Ortschaft sehr nachtheilige materielle Folgen hatte, so verweigerte gleichwohl Fs. denselben. Durch Dekr. vom 14. Brüm. VII zur Deportation verurtheilt, hielt er sich nun verborgen und verrichtete nur heimlich seine Pastoralobliegenheiten. Nach dem Arzfelder Gefecht vom 30. Okt. hatte er viele Mühe, den alle Schlupfwinkel ausspähenden Häschern zu entkommen. Da rieth ihm Gend. Schier, sein früherer Mitschüler, die Gefahr durch Flucht zu beschwören.

Jetzt floh Fs. mit seinem Schüler, dem nachmaligen Pfarr. Nikl. Müller, nach Köln, von wo aus er auf die Kaplanei Giesenkirchen versetzt wurde, und kehrte erst nach völliger Verbrausung des Sturmes in sein Vaterland zurück, in welchem er als Pfarr. von Weiswampach bis zu seinem Sterbejahre 1821 segenreich wirkte.

Gengler, Ant., geb. zu Warken gegen 1745, machte seine Gymnasialstudien zu Luxemburg. Zum Priester geweiht, wurde er als Vik. nach Mersch geschickt, in welcher Pfarre er mehre Jahre wirkte. Zur Zeit der Eidesabverlangung verbrachte er einige Wochen in seinem Geburtsorte, worauf er über den Rhein auswanderte. Beim Aufhören der Priesterverfolgung wurde er zum Pastor von Schifflingen befördert, woselbst er auch nach zwei Dezennien in einem Alter von 80 Jahren verstarb.

Genin, J. G., Pfarr. zu Hosingen, gewöhnlich wegen seiner früheren Stellung zum dortigen Nonnenkloster „Regens" genannt, ward muth- und trostlos, als er mehrere seiner Amtsbrüder den Civileid leisten sah. „Nun bin ich verlassen, rief er, und habe keine anderen Nachbaren mehr als Gendarmen!" Er wanderte nach Deutschland aus, woselbst er über ein Jahr als Verbannter zubrachte. Nachdem die Tage der Proskription zu Ende gegangen, kehrte er nach Hosingen zurück. Hier starb er, 82 J. alt, den 12. April 1827.

Girsch, Hub., Dominikaner-Prior und Pfarr. zu St. Ulrich, talentvoll und kunstfreundlich, wurde, nachdem er seit 1794 durch Bruder Abraham mehre Gemälde für seine Ordenskirche hatte anfertigen lassen, durch Dekr. vom 14. Brüm. VII zur Deportation verurtheilt, hielt sich sorgfältig verborgen und las nur heimlich Messe zu „Kockelscheuer". Weil er Klostervorsteher und sehr einflußreich war, so hielten die Republikaner auf seine Verhaftung, welche sie am 25. Brüm. VII auch bewerkstelligten. Girsch wurde des Nachts mit 41 Geistlichen der Stadt durch Brigadier Delacour aufgegriffen und in den Namthurm eingeschlossen. Aber bald darauf gelang es ihm, seiner Haft zu entweichen. Unverzüglich setzte er über den Rhein und blieb in Deutschland, bis er am 28. Niv. VIII von der Landesverweisung absol= virt wurde. Alsdann kehrte er nach Luxemburg zurück, wo= selbst er, 49 J. alt, über kurze Zeit starb.

Jacques, J. P., Jesuit zu Öl und ein glaubenswarmer Priester, wanderte beim Ausbruch der Revolution nach Ame= rika aus, wurde Pfarr. des Fort St. Peter auf der „Mar= tinique", kehrte aber zu früh in sein Vaterland zurück. Ein Dekr. vom 14. Brüm. VII verurtheilte ihn zur Deportation. Weil er sich bis zur seiner Freisprechung am 26. Niv. VIII verborgen hielt, so wurde statt seiner sein Bruder Nikl. fest= genommen und weggeführt. Den Wohlgeruch seines Bei= spiels, seine Kleider und sein Brevier hinterlassend, starb er in seiner Heimat 1804.

Kipgen, Pet., geb. aus Tüntingen und Benediktiner der Münsterabtei, war, sobald die Verfolgung begann, verhaftet worden, entkam aber der Haft und flüchtete mit seinem Prä= laten Bernh. Weis über den Rhein, indem er, wie die Sage ging, 1500 Doppelpistolen mit fortnahm. Nach Verlauf der Verfolgungszeit kehrte er, 40 J. alt, in sein Vaterland zurück, ließ sich in seinem Geburtsorte und dann zu Garnich nieder, wurde am 3. Germ. VIII von der Deportation freigesprochen und darauf als Altarist und Chorsinger zu St. Peter in Luxemburg angestellt, in welcher Eigenschaft er am 9. Jan. 1814 starb.

Kirsch, Math., geb. zu Beckerich 1747, studirte 3 Jahre mit großem Lobe an der Universität zu Trier, bereitete sich 1775 im Seminar zu Luxemburg auf den Empfang der hl. Weihen vor, wurde im selben Jahre zur Priesterwürde er= hoben, fungirte darauf 7 Jahre lang als Vikar in Garnich, und erhielt am 18. Aug. 1783, auf Verwenden seines frü= heren Mitschülers, des Grafen v. Kesselstadt, die Pfarre Helpert bei Büschdorf. Mit allem Eifer arbeitete er an dem Heile der ihm anvertrauten Seelen bis zum Ergusse der Revolution über das Luxemburger Land. Weil er den ge= forderten Eid verweigerte, so mußte er sich verbergen, oft unter Brücken und monatelang in einer Erdhütte an der Attert wohnen. Der ihm von Seiquer gelegten Falle wich

er, gewißigt von Pfarr. Biwer, klüglich aus, indem er die
an ihn ergangene Einladung als bloßen Deckmantel der
Treulosigkeit abwies. Aber um so eifriger wurde von nun
an auf ihn gefahndet. Wegen der Unsicherheit, in der er
schwebte, verließ er schon in der Nacht des 30. Brüm. VII
mit Kapl. Dondelinger das Land, begab sich über den Rhein,
hielt sich in Frankfurt und der Umgegend bis 1799 auf,
ging nach Augsburg und kehrte dann in seine Pfarre zurück.
Nach seiner Rückkehr und Freisprechung von der Deportation wirkte er wieder mit noch spätbelobtem Eifer zum Besten
seiner Heerde, bis er am 14. Juli 1838 zu einem besseren
Leben überging. Er starb als Nestor des luxemburger Klerus
im 91. Jahre seines Alters.

Krips, Frz. Aug., geb. zu Luxemburg 1757 und zum
Priester geweiht 1781, verwaltete als Seelsorger die Pfarre
Kreuzweiler nächst Remich bis zum J. 1790, in welchem er
durch den Abt von St. Maximin zum Pfarr. von Mersch
ernannt wurde. In diesem Orte erbaute er das jetzt noch
bestehende Sommerhaus des Pfarrhofsgartens und stand seinem Posten vor bis zum J. 1798, von dem an er, um nicht
in Folge eines am 6. Pluv. VI wider ihn ergangenen Deportationsbeschlusses aufgefangen zu werden, sich flüchtig oder
verborgen hielt. Anfangs war er ein entschiedener Gegner
des königthumsfeindlichen Eides, gedachte aber dann, weil
er des Leidens müde war, denselben zu leisten. In Mersch
hatte sich schon das Gerücht verbreitet, er wolle wirklich
schwören. Da ereignete sich ein Vorfall, welcher ihn zur
Besinnung brachte. Als er eines Tages, aus dem Hause
„Servais" kommend, am Küstershause vorbeiging, hörte er
darin plötzlich eine Stimme rufen: „Wenn er den Eid leistet,
so jagen wir ihn aus dem Pfarrhause!" Am anderen Tage
erzählte er seinen Vertrauten, was er gehört, und erklärte
förmlich, daß er den geforderten Eid nicht ableisten werde.
Auf Befehl der Munizipalität mußte er nun das Pfarrhaus
räumen und sich anderwärts verstecken. Der Amtmann des
Schlosses, Namens Servais, gab ihm Obdach und Wohnung
in einem der Schloßthürme. Hier lag Ks. verborgen und

las heimlich die hl. Messe. Monatelang lebte er in diesem Verstecke, ohne daß Jemand außer dem Eigenthümer es wußte. Als man aber öfter des Abends Licht im Thurme gewahrte, tauchte das Gerücht auf, Pastor Ks. müsse sich dort aufhalten. Dieß Gerücht erhärtete sich immer mehr, so daß der Verborgene sich nicht mehr für sicher hielt. Er verließ daher den Thurm und hielt sich bei Freunden und Bekannten auf. Die Merscher, die ihren Seelsorger um jeden Preis in ihrer Mitte behalten wollten, setzten ihn jetzt in das Schulhaus ein und erklärten, er sei ihr Schullehrer. Dennoch hielt er keine Schule und bezog auch, von den Spenden seiner Hehler lebend, kein Gehalt. Darüber berichteten seine Feinde an die Regierung und erwirkten den vorerwähnten Verbannungsbefehl. Diesen motivirte das Vollziehungs-Direktorium: „Erwägend, daß der genannte Kr., Ex-Pastor von Mersch, ein rasender Herabsetzer des den Kultusdienern abgeforderten Eides ist; daß er seinen Einfluß auf die Fanatiker seines Kantons derart mißbraucht hat, daß dadurch zwei beeidigte Priester ihre Amtsverrichtungen aufzugeben und sogar ihre Häuser zu verlassen genöthigt wurden; daß er sodann es dahin brachte sich zum Ortsschullehrer ernennen zu lassen und ein Gehalt, besser als das pfarrliche, zu erlangen, beschließt rc." Kommissär Legier mandatirte sogleich in dringlicher Weise seine Verhaftung. Sobald aber hievon Ks. unter der Hand Kunde erhalten, machte er sich in der Nacht auf, und ging nach Frankfurt a. M., wohin ihm mehrere Merscher, und besonders Servais, Geldunterstützungen nachsendeten. Nun sollte das Pfarrhaus von Staatswegen verkauft werden. Um dieses zu vereiteln, besetzten es die Pfarrgenossen durch den beeidigten Kaplan Bötgen von Angelsberg, den sie ausgaben für ihren Kultusdiener. Aber die Regierung, welche das Verfahren mißbilligte, erklärte, daß diese Maßnahme nur dann Geltung haben könnte, wenn der frühere Titular sich einstellte und dem Gesetze Genüge leistete. Das Pfarrhaus war wieder im Falle verkauft zu werden. Zur Beibehaltung desselben bot die Familie Servais ihren ganzen Einfluß auf, und erreichte zuletzt auch ihren Zweck dadurch, daß sie dasselbe in eine Gendarmerie umschaffen machte. Während Ks. Abwesenheit versah dessen Hauskaplan K. Carmes den Pfarrdienst, las heimlich Messe, trug den Kranken die hl. Sakramente und taufte die Neugeborenen. Die Pfarrleute versammelten sich in der Kirche, beteten den Rosenkranz ab, und hielten ihre Prozessionen unter Anführung eines gewissen P. Tempel, welcher auch die nöthigen Bekanntmachungen besorgte. Auch las Messe der geschworene Don. Bened. Servais, welcher sich in sein Vaterhaus zurückgezogen, derselbe, welcher nachher die Pfarrkirche in den Besitz ihrer schönen gothischen Monstranz setzte. Am 3. Germ. VIII freigesprochen, kehrte Ks. noch vor Abschluß des Konkordates in seine Pfarre zurück, bewohnte „Grommesch", hielt aber keinen öffentlichen Gottesdienst. Nach 1801 bezog er wieder das Pfarrhaus und übernahm von Neuem die Leitung der Pfarre, jedoch nicht für lange. Eine einflußreiche Familie, welche aus Benjaminismus auf seine Entfernung drang, bereitete ihm Schwierigkeiten. Im J. 1804 wurde Ks. Pfarr. zu Mondorf und bald darauf zu Wormeldingen, woselbst er 1807 verstarb.

Lahaye, F., Hülfspriester zu Luxemburg, emigrirte, um der Deportation zu entgehen, nach Deutschland, von woher er aber bald in seine Heimat zurückkehrte. Wegen seines Einflusses und steten Herumziehens richtete auf ihn Präfekt Lacoste, am 21. Frukt. IX, die Aufmerksamkeit der Polizeibeamten. Lahaye starb desungeachtet in gutem Rufe.

Laplume, J. B., geb. zu Asselborn und Neffe des Hch. Lme., war anfangs Kaplan zu Butgenbach und Eisenbach, in welcher Eigenschaft er den Konstitutionseid verweigerte und auf mehrere Monate nach Köln auswanderte. Nach seiner Rückkunft von daher ward er zum Pfarr. von Durler ernannt, woselbst er 1838 sein Leben beendigte.

Lauff, Hch., geb. im „Grund" zu Luxemburg, trat nach vollendeten Vorstudien in's Münsterkloster. Hier ward er der Liebling seiner Ordensgenossen, weshalb er schon das erste Jahr die Küchenmeisterstelle übernehmen mußte. Auch ward er, als es sich später um die Wahl eines neuen Abtes handelte, von Vielen für diese Würde vorgeschlagen. Nicht lange darnach traf die Aufhebung der Abteien und die Abforderung des Republikseides ein, und Lf. suchte, wie so manche Andere, jenseit des Rheines eine Zufluchtsstätte. Nachdem er sich eine Zeitlang zu Würzburg und in der Umgegend aufgehalten, kehrte er, in Folge der eingetretenen Ereignisse, in seine Vaterstadt zurück, ward Vikar in Weimerskirch, darnach in Kopstal und endlich zu Ehlingen, woselbst er, am 8. Nov. 1833, in einem Alter von 86 Jahren verstarb.

Maringer, J. B. v., auf einem Schlosse unweit Pellingen (Lothr.) von vornehmen und begüterten Eltern geb., war Pfarr. und Definitor, als er, wegen Eidesablehnung verfolgt, nach Diekirch, wo er sich jedoch nur kurze Zeit aufhielt, kam und von da über den Rhein auswanderte. Nach Abschluß des Konkordates kehrte er zurück und wurde auf D. K. München's Beförderung zum Sekundärschuldirektor an dessen Stelle zum Kantonspfarrer zu Diekirch und zugleich zum bischöfl. Kommissär für den Distrikt ernannt. Weil er aber schon bejahrt und an rheumatischem Übel leidend war, so konnte er, wie sehr sein Wandel auch als Predigt galt, dennoch überhaupt nicht so viel, als zu wünschen, in der Seelsorge leisten. Sein beständiges Kränkeln nöthigte ihn, sich der Pfarrsorgen auf die Schultern seiner jungen Vikare und Kapläne zu entlasten. Gleichwohl war er geschätzt, weil man wußte, daß er es redlich mit seiner Heerde meinte. Im J. 1818 ging er wegen einer Familienangelegenheit in seine Heimat, welche er von nun an nicht mehr verlassen sollte. Er starb daselbst im nächstfolgenden Jahre. Seine Erben ließen ihm zu Diekirch einen großen Leichendienst, wobei die aus der Nachbarschaft herbeigeeilten Geistlichen im Gasthofe bewirtet wurden, nachhalten.

Mazuir, Jak. Gerh., geb. aus der Gegend von St. Hubert gegen 1769, trat nach Beendigung seiner Humanitätsstudien zu Luxemburg in's Seminar zu Lüttich, wo er die Priesterweihe erhielt. Er stand als Pfarr. zu Ay, als die Revolutionsflut das Land überschwemmte. Um der furchtbaren Strömung auszuweichen, flüchtete er nach Sachsen,

wo er als Hauslehrer Unterkommen und zugleich Gelegen-
heit fand, das Studium der Botanik unter Anleitung eines
Schülers des berühmten Linnäus zu betreiben. Zu Erfurt
verlebte er eine geraume Zeit, besuchte Wittenberg, Eisleben,
besah auf der Wartburg gedankenvoll den durch Luther's
Wurf mit dem Tintenfasse nach dem Teufel verursachten
Wandflecksel, und bewunderte die von ihm oft gerühmte
Anmuth und Melodie, mit welcher dortlands die deutsche
Sprache, besonders von gebildeten Frauen, gesprochen werde.
Als die Priesterverfolgung in seinem Geburtslande zu toben
aufhörte, kehrte er als Seelsorger nach Ay zurück, bereitete
sich daselbst aber bald, weil er sich mit Bischof Pisani de la
Gaude überwarf, bittere Tage. Dieß bewog ihn die Vermittelung seines Freundes Dewez anzusprechen, um in's Lehr-
fach aufgenommen zu werden. Bei Erhebung des Luxemburger Gymnasiums zum Athenäum 1817 erhielt er an dieser
Anstalt das Prinzipalat und den Lehrstuhl der Poesie, vertauschte diesen aber schon im nächstfolgenden Jahre gegen
den der Rhetorik. Als Professor und Prinzipal wirkte er,
nachdem er in letzterer Eigenschaft sich Professor Trausch
beigesellt hatte, einige Zeit fort, zeigte Gewandtheit und
Freisinnigkeit, aber nicht die erforderliche Energie, weswegen
er sich von Advokat Thorn bereden lassen mußte, seine Abdankung höhern Ortes einzureichen. Aller bisherigen Hülfsquellen beraubt, würde er jetzt dem Hunger und Elend an-
heimgefallen sein, hätte nicht die Familie Metz, der er sich
aus Sprachverwandtschaft angeschlossen, sich seiner edelsinnig
angenommen und ihm bis an's Grab das Gnadenbrod ge-
spendet. Mr. starb am 20. Mai 1828, im 69 Jahre seines
Lebens, und zwar, wie das «Journ. de Lbg.» richtig bemerkte, ohne je einen ernsten Feind gehabt zu haben.

Molitor, H., ausgezeichnetes Talent, Pfarr. zu Remich,
spendete fortwährend aber heimlich die Sakramente, emigrirte
auf kurze Zeit nach Deutschland, wurde aber, nachdem er
von daher zu frühe zurückgekommen, am 15. Brüm. VI verhaftet und nach Luxemburg in's Gefängniß abgeführt. Während seiner Gefangenschaft, welche bis zu seiner am 17.

Pluv. VIII erfolgten Freisprechung währte, vertrat der Früh=
messer Schatel als Seelsorger seine Stelle.

Neumann, Jak. Bernh., älterer Bruder des Rich. Ant.,
machte seine Vorbereitungsstudien zum geistlichen Stande zu
St. Hubert und zu Lüttich, in welcher Stadt er die Priester=
weihe empfing, und trat mit dem Ordensnamen Stephan in
die Benediktinerabtei des erstgenannten Ortes. Hier fand
ihn 1794 die französische Revolution. Weil er deren Folgen
für sich und sein Kloster sich nicht verheimlichte, so ward er
schon, ehe letzteres noch zur Versteigerung kam, flüchtig und
vergrub sich mit seinem geistlichen Bruder in die Verborgen=
heit seines Vaterhauses. Da er sich aber auch hier von be=
ständiger Gefahr umringt sah, entsagte er auch diesem Auf=
enthalte und entging mit seinem Abte Spirlet nach Deutsch=
land. Aber kaum waren sie, mehre Kostbarkeiten des Klosters:
Manuskripte, Ornamente, Reliquien, die St. Hubertusstole
ꝛc., mit sich führend, bis nach Montjoie (Aachen) entflohen,
als der greise Prälat erkrankte. Nur mit Mühe konnte der=
selbe bis Eupen transportirt werden. Hier starb er nach
wenigen Tagen im Franziskanerkloster, in welchem er mit
seinem Gefährten Obdach und Aufnahme gefunden hatte.
Nun kehrte Nn. abermals in seine Geburtsstätte zurück, wo=
selbst er jedoch nur kurze Zeit, d. h. bis zur Epoche der
gottlosen Eidesforderung weilte. Alsdann wanderte er, nach=
dem er die mitgebrachten Kostbarkeiten in Sicherheit gebracht
hatte, von Neuem und jetzt allein nach Deutschland aus,
lebte ein Jahr zu Mannheim, zog nach Worms und Speier,
und kehrte, sobald die Verfolgung etwas nachließ, wieder=
holentlich in seine Heimat zurück. Durch diese frühe Rück=
kehr gerieth er in die Nothwendigkeit, den durch Beschluß
vom 18. Brüm. IX geforderten milderen Eid der Treue
gegen die Konstitution des J. VIII zu leisten. Nachdem er
einige Zeit als Privatgeistlicher zu Bögen verbracht hatte,
ließ er sich, wozu er sehr paßte, als Kommis=Greffier in
Diensten des Haupteinnehmers v. Mussel zu Ettelbrück an=
stellen. Bei Vollziehung des Konkordates trug er die Reli=
quien und Stole des hl. Hubertus in die für sie bestimmte

Basilika zurück, und ward, 1805, zum Pfarr. von Weicherdingen befördert, welche Stelle er bis 1833 versah. Ein Jahr
vor seinem Ableben zog er sich, seines Kränkelns halber, als
pensionirter Geistlicher bei seinen Neffen Theod. Nn. zurück,
in dessen Wohnung er, 74 J. alt!, am 22. Aug. 1834 verstarb. Weil er ein großer und stattlicher Mann, zudem mit
Talent, Gewandtheit, Klugheit und kräftiger Stimme begabt war, so hatte ihn schon zu St. Hubert, obwohl er der
letzteingetretene dortige Religios war, die allgemeine Mut-
maßung als den Amtsnachfolger des damals altersschwachen
Abtes bezeichnet. Seinen Erben hinterließ er unter Anderem:
1° und 2° ein goldgeschriebenes Psalter, zu mehr als 10,000
Fr. geschätzt, und eine prachtvolle Evangelienabschrift, beide
von Ludw. d. Fr. 825 der Abtei übermacht, 3° ein altes
Manuskript des polyhist. Werkes Isidor's, und 4° einen ver-
goldeten Prälatenkelch. Der gegenwärtige Besitzer dieser Sel-
tenheiten ist Hr. Staatsanwalt B. Neumann zu Luxemburg.

Neunheuser, Hch. Dom. v., das achte von 22 Kindern
des Ständedeputirten und General-Domäneneinnehmers Joh.
Fr. v. Nr. und der Mar. Elis. v. Seyl, wurde geb. zu Arl
den 12. Jan. 1755. Nach Beendigung seiner Humanitätsstudien zu Luxemburg und seiner philosophischen zu Löwen,
wo er als Primus proklamirt wurde, trat er in's Seminar
zu Trier und empfing daselbst die Priesterweihe am 29. Mai
1779. Drei Jahre später wurde er auf die Pfarre Steinsel
ernannt. Hier betrat er die Laufbahn, welche er ein halbes
Jahrhundert durch Frömmigkeit, Wohlthätigkeit und Selbst-
aufopferung zu ehren wußte. Die genannte Pfarre, in deren
zehn Ortschaften er 21 Jahre lang die Seelsorge führte,
wird spät noch das Andenken an das Gute bewahren, welches er beständig daselbst als Tröster der Unglücklichen und
Vater der Armen wirkte. Einen guten Theil seines Einkommens verwendete er zur Vertheilung von Leinwand, Getreide
und anderen Unentbehrlichkeiten, wobei er die Härterbetrof-
fenen und Schuldlosen vorzugsweise bedachte. Die Vergnügungen und Erholungen der Jugend leitete er oft selbst;
milderte die Sitten durch ernste Räthe, und vermehrte den

Erlös der Landwirthschaft durch Veredlung der Obstzucht.
Noch jetzt sieht man zu Steinsel von seiner Hand gepflanzte
oder gepfropfte Bäume. Schon beim Ausbruche der Verfol=
gung, welche den Eid des Königthumshasses abforderte, ver=
ließ er sein Vaterland. Ein Mann, dessen Charakter den
Revolutionswerkzeugen soviel Schatten warf, konnte in einer
Gegend, welche sie in einer der Menschlichkeit widersträubenden
Weise neugestalten wollten, sich nicht mehr heimisch fühlen.
Bevor er aber landesflüchtig wurde, ging er sich Raths
erholen, lud seine sämmtlichen Pfarrkinder zum Empfange
der hl. Sakramente, als ob dieser der letzte wäre, ein, nahm
alle über zehn Jahre alten Kinder zur hl. Kommunion, er=
mahnte in einer ergußvollen Abschiedsrede zur Glaubenstreue,
überließ Vik. Müller als Pfarrverweser die Seelsorge, wan=
derte außer Landes und begab sich nach Wien, woselbst er sich
während 18 Monaten dem Prinzen v. Colloredo als dessen
Almosenier anschloß. Dieser Stellung erinnerte er sich noch
in späten Jahren mit Wohlgefallen und erzählte, wie er, so
oft er wollte, das Hofleben in der Nähe anschauen durfte.
Am 29. Frim. VII sollte er verhaftet werden und wäre es
geworden, hätte er ausfindig gemacht werden können. Am 2.
Germ. VIII der Deportationsstrafe enthoben, kehrte er in
sein Heimatsland zurück und wurde 1805, da ihn die Tages=
behörden selbst als einen der ausgezeichnetesten Geistlichen
betrachteten, zu dem schönen Posten, welchen er mit so vielem
Applaus bis an sein Ende verwaltete, d. h. zum Pfarr. von
St. Peter befördert. Darüber frohlockten die Stadtbewohner,
den Steinselern blutete das Herz. Der Bischof von Metz,
welcher v. Nn.'s Eigenschaften schätzte, ernannte ihn 1806
zu seinem Provikar und beauftragte ihn mit der geistlichen
Verwaltung des Wälderdepartements. Nach Jauffret's Rück=
kehr in sein Bisthum wurde v. Nr. zum Generalvikar, sowie
dann zum Ehrendomherrn und Erzdiakon, 1823 bei Erledi=
gung des Bischofssitzes zum Kapitelsvikar, 1824 von Pisani
de la Gaude wieder zum Generalvikar und nach dessen Tode
zum Kommissär für die religiösen Angelegenheiten des Groß=
herzogthums ernannt, welche letztere Eigenschaft er bis zu

seinem letzten Athemzuge bekleidete. Seine Verwaltung fiel in eine Zeit, in welcher das kirchliche Leben zu heben und von Neuem zu begründen war. Deswegen wurde seine Thätig= keit so fruchtbar. Seine Pfarrkirche verschönerte er mehrmals, half zweimal neue Glocken anschaffen, betrat häufig die Kanzel, fand sich regelmäßig im Beichtstuhle ein, besuchte alle ihm angemeldeten Kranken. Als Kirchenoberer veröffent= lichte er mehre lateinische Rundschreiben und 1823 auch einen französischen Erlaß über den Tod Pius VII. Nur wenige Priester haben in einem höhern Grade, als er, die Eigen= schaften eines weisen Verwalters und wachsamen Seelenhirten entfaltet. Neben der strengen Verpflichtung zu priesterlicher Tugend wußte er auch jede weniger strenge zu erfüllen. Ihn hatte die Erfahrung frühzeitig zum Welt= und Menschenkenner gemacht; zudem besaß er Gewandtheit und Geistesgegenwart. Als bei feierlichem Empfange am 10. Okt. 1804 Napoleon I. den Bischof Bienaymé nach der Zahl der Pfarrstellen fragte, mußte v. Nr. allein Antwort zu stehen. Dem Mißgeschicke begegnete dieser nie, ohne es zu lindern, und verursachte in seinem Leben soviel Dankes= als nach demselben Trauer= thränen. Wieviele unterstützte er von dem Seinigen und dem durch Andere Erlangten! Wie oft schuf er sich aus seiner Mitbürger Vergnügungen Hülfsquellen für Nothleidende! Wievielen Jünglingen eröffnete er durch seine Freigebigkeit die Studienlaufbahn! Wie zog er Alles an, was sich ihm näherte! Darum hat denn auch die Dankbarkeit sein Andenken erhalten wollen, indem sie einen geschickten Bleistift mit der Zeichnung seines Porträts beauftragte und darunter die treffenden Worte (Eccl. 45) schreiben ließ: „Ein Liebling Gottes und der Men= schen, dessen Andenken in Segen bleibt." v. Nr. starb den 22. Juli 1831, im Alter von 76 J. u. 6 M. Ihm hielt sein dank= barer Schützling M. Manternach eine Leichenrede nach, in wel= cher er den anspruchlosen Priester, den Förderer des Glaubens und der Tugend, den Vater der Armen und Bedrängten, den Milde mit Ernst paarenden Würdner, den Allen Alles gewor= denen Gottesmann nach Verdienst schilderte. Was der Lobredner sprach, wird in manchem Herzen noch späten Wiederhall finden.

6

Ohmbs, Math., geb. zu Eich gegen 1740, studirte zu
Luxemburg und dann zu Trier, wo er die Priesterweihe erhielt, wurde anfangs in erstgenannter Stadt als Altarist zu
St. Nikl. und Ste. Theres. und 1780 als Pastor von Wormeldingen angestellt. Von dem sehr bedeutenden Zehnten,
den er daselbst bezog, machte er einen guten Gebrauch, hielt
sich sogar für verpflichtet, all' Einkommen, das er nicht zu
seiner Subsistenz verbrauchte, den Pfarrarmen zu spenden,
und duldete nicht, daß es Bettler unter ihnen gab. Daher
forderte er von der Kanzel alle Dürftigen auf, ihm behufs
Abhülfe ihre Noth anzuzeigen. Durch seine Uneigennützigkeit
und Frömmigkeit — wovon die zu Wormeldingen noch bestehende achttägige Abendandacht zu Ehren des hl. Donatus
ein Denkmal ist — gewann er das Zutrauen und die Liebe
seiner Pflegempfohlenen. In diesem Zustande traf ihn die
Revolution, als sie das Land überflutete. Den Republikseid
verweigerte er auf das Standhafteste, weswegen er sich in's
Verborgene vergraben und oft flüchtig werden mußte. Er,
der früher nur wenig ausgegangen, ging jetzt Jahre lang
verkleidet umher, bestärkte seine Amtsbrüder im Glauben,
und übernachtete bald in Bauernhäusern, bald in Weinbergen
und bald in umliegenden Felsenhöhlen. Dennoch wurde er
einmal von den Häschern an der Zartheit seiner Finger erkannt, und würde in ihre Hände gefallen sein, hätte er ihnen
nicht durch seine Schnellfüßigkeit zu entkommen gewußt. Weil
er nicht schwur, wurden zu Wormeldingen Kirche, Pfarrhaus
und Wiedenhofen öffentlich versteigert. Sie ließ er durch
einen seiner Verwandten ansteigern und bezahlte den Anstei-
gerungspreis mit der Absicht, das Angesteigerte nachher der
Pfarre unentgeltlich zurückzugeben, was er nach 9 Jahren
auch wirklich that. In Folge der Direktorialbeschlüsse vom
4. und 5. Sept. 1797 lauerten ihm die Gend. Nacht und
Tag auf, und fanden sich mehrmals am frühen Morgen
vor seiner Wohnung, um ihn in Verhaft zu nehmen und
wegzuschleppen. Endlich, am 15. Brüm. VII, gelang es ihnen,
indem sie seine Wohnung umzingelten, ihn zu ertappen und
gebunden nach Luxemburg wegzuführen. Allein er entwich

heimlich feiner Haft und emigrirte nach Deutschland, woselbst er bis zu feiner am 8. Vent. VIII erfolgten Freifprechung von der Deportationsstrafe verweilte. Alsdann kehrte er zwar nach Wormeldingen zurück, wo er mit offenen Armen empfangen wurde, war aber gebrochen und trug nunmehr in sich den Keim einer unheilbaren Krankheit, welche im Jahre 1800 feinem apostolischen Leben und Wirken ein Ende machte. Sein Gedächtniß bleibt in Segen.

Pastoret, Theod., geb. zu Siebenborn 1765, schlief aus ascetischem Eifer auf einer Fäsche, und war seit 1792 Vikar zu Besch, als ihm der Revolutionseid abgefordert ward. Um weder fein Gewissen zu beschweren noch der Verfolgungswuth anheimzufallen, hielt er sich anfangs in dem letztgenannten und öfter noch in dem Orte feiner Geburt verborgen, emigrirte dann über den Rhein, kam aber, sobald die Verhältnisse feines Landes sich zu Besserem gestalteten, in feinen früheren Wirkungsbereich zurück, in welchem er von Neuem Vikarsdienste verrichtete bis 1804. Von diesem Jahre ab lebte er wegen Schwerhörigkeit als Privatgeistlicher in dem Kläuschen St. Michael bei Siebenborn bis zu feinem am 16. Mai 1808 erfolgten Übergange in ein besseres Leben.

Reuter, J. P., der zweitälteste feiner geistlichen Brüder, wurde nacheinander Pfarr. zu Kreuzweiler, Besch und Schwebsingen. Wegen Eidesweigerung zur Deportation verurtheilt, wurde er am 15. Brüm. VI durch die Gend., die ihn vor Tagesanbruch in feinem Hause überfielen, verhaftet, nach Luxemburg geführt, auf Bürgschaftstellung aber feiner Haft entlassen. Um von nun an sicherer zu fein, emigrirte er nach Aschaffenburg, wo er sich ein Jahr lang auf einer Mühle aufhielt. Nachdem er hier die Schreckenszeit überlebt und fein nicht unbedeutendes Erbgut beinahe verzehrt hatte, kehrte er in fein Vaterland zurück. Am 23. Pluv. VIII erfolgte feine Freifprechung von der Proskription. Er st. 1840.

Schaar, Jof. Steph., Jesuit zu Luxemburg, sollte am 25. Brüm. VII des Nachts aufgegriffen werden. Dem aber beugte er dadurch vor, daß er, einige Tage vorher, feiner Nichte feine Habe überlassend, nach Steinsel entwich und, wie vor ihm v. Neunheuser, jenseit des Rheines emigrirte. Die meiste Zeit der Verbannung verlebte er in Würzburg, von woher er bei Wiederkehr der Ordnung in seine Geburtsstadt zurückkam.

Schlechter, Joh. Math., aus Wilz, verwarf den ihm abgeforderten Eid, wanderte darauf mit dem Grafen von Custine, seinem Ortsgenossen, nach Bamberg aus, kam nach der Verfolgung in sein Geburtsstädtchen zurück, und st. als Pfarr. zu Ulflingen den 3. Dez. 1850, in seinem 80. Lebensj.

Schmit, Mart., Kapl. an der Mosel, kam der Deportation, in die er durch Dekr. vom 14. Brüm. VII verfällt war, dadurch zuvor, daß er nach Deutschland auswanderte. Nach seiner Rückkehr ward er Vik. und Altarist zu St. Peter in Luxemburg und darauf Pfarr. zu Wormeldingen, woselbst er sich allgemeine Liebe erwarb, und im Alter von 71 J., am 10. Nov. 1827, das Zeitliche mit dem Ewigen vertauschte. Den Verlust seiner eindringlichen Predigten konnten seine Pfarrgenossen lange nicht verschmerzen.

Schumacher, Jos., Vik. zu Luxemburg, sollte daselbst am 25. Brüm. VII aufgegriffen werden. Der Verhaftung aber kam er, rechtzeitig gewarnt, zuvor, indem er sich in der nächstvorigen Nacht aufmachte und über den Rhein entwich.

Schwartz, A., geb. zu Clerf, stand als Vik. zu Wismansdorf, als ihm die französische Republik den Eid des Königthumshasses abforderte. Die Leistung desselben schlug er mit Entschiedenheit ab und entschloß sich, mit Becker und anderen Geistlichen nach Wien auszuwandern. Mit diesen hatte er bereits die Reise angetreten und schon über die Hälfte des Weges zurückgelegt, als er sich ohne Geld und außer Stand sah, sich dessen behufs der Weiterreise zu verschaffen. Becker und die anderen Reisegefährten wollten ihn kostenfrei bis nach Wien mitnehmen. Schz., welcher ihnen nicht zur Last werden wollte, schlug das Anerbieten aus und trat den Rückweg an. Als er seine Heimat wieder betrat, hatte der Verfolgungssturm nachgelassen, und es währte nicht lange, so hörte derselbe in Folge der Konsular-Dekr. gänzlich auf. Am 17. Germ. VIII ward er von der Deportation freigesprochen, zum Schloßkaplan zu Vianden, und im Sept. 1808 zum Pfarr. daselbst ernannt, als welcher er am 15. Jan. 1811 verstarb. Laut mehrseitigen Zeugnisses war er ein ebenso gebildeter als braver Seelsorger.

Smets, Frch., von Lieler, wohnte mit mehren anderen Priestern 6 Monate lang in „Doktesch" zu Weiswampach. Während des Tages hatten sie ihren Aufenthalt in einem abgelegenen Zimmer des Hauses, des Nachts aber unter dem Stroh in der Scheune. Eines Abends waren sie in der Stube mit verschiedenen Ortsbewohnern versammelt. Dieß vernahmen die Republiksschergen und umsetzten das Haus. Da wollte „Schmitz Kreng" von Binsfeld ausgehen. Sobald er die Hausthür' eröffnete, sah er fünf Bewaffnete mit ge- zucktem Schwert an der Treppe stehen. Eilends schlug er die Thüre zu, lief in die Stube, und zeigte das Geschehene an. Die Priester liefen sich in die Scheune verstecken. Am frühen Morgen des anderen Tages kamen 23 Gend. Haussuchung anstellen. Nachdem sie diese sorgfältig betrieben, begaben sie sich auch in die Scheune, wo sie das Stroh mit ihren Lanzen durchstachen. S. wurde durch einen Stich berührt und an dem Beine leise verwundet, jedoch nicht entdeckt. Sobald die Männer der Gewalt abzogen, krochen die Versteckten wieder hervor an's Tageslicht; S. machte Reißaus über den Rhein, und kam erst, nachdem er über ein halbes Jahr im Auslande zugebracht hatte, in den Kreis seiner früheren Thätigkeit zurück.

Soret, Jos., ehemaliger Professor zu Luxemburg, durch Dekr. vom 4. Brüm. VII zur Deportation verurtheilt, sollte am 25. Brüm. deff. J. durch Brigadier Delacour aufgegriffen werden. Er ließ sich aber rechtzeitig verwarnen und emigrirte nach Deutschland.

Spirlet, Nikl., war der 58ste und letzte Abt von St. Hubert. Vor seiner Erhebung zu dieser Würde, d. h. vor 1760, hatte er mehrere Jahre am Hofe des Generalstatthal- ters der Niederlande zu Brüssel verlebt und daselbst sich an Reisebeschwerden, aber auch an Luxus und Glanz gewöhnt. Außerdem verspürte er in sich eine große Neigung für

Induſtrie, ſo daß er ſich bald auf Landbau, Gerberei, Holz-
ſägerei, Potaſchfabrikation, und bald auf Eiſenhammer- und
Schmelzöſenſtudium verlegte, viel Geld verſchwendete und es
am Ende hieß: „er mache aus Gold Eiſen“. Hiedurch ent-
ſtanden zwiſchen ihm und ſeinen Ordensbrüdern Zwiſtigkeiten.
Nachdem dieſe und einige betreffs der Oberhoheit von St.
Hubert aufgetauchte Schwierigkeiten gehoben worden, erhielt
er, wie ſeine Vorgänger, Sitz und Stimme in den Land-
ſtänden. Darin machte er beim Ausbruche des „Patrioten-
rommels“ ſeinen Einfluß zu Gunſten Öſtreich's geltend, weswegen er beſchuldigt wurde, die Verſammlung nach ſeinem
Willen zu lenken und eines Tages zu Namur ſogar Gefahr
lief, vom Janhagel mißhandelt zu werden. In die franzöſ.
Revolution eingeſtrudelt, erfuhr ſeine Abtei daſſelbe Schickſal
wie die übrigen Zufluchtsſtätten der Frömmigkeit: ſie wurde
durch Geſetz vom 1. Sept. 1796 aufgehoben; ihre Güter
wurden verſteigert und die Mönche verjagt. St., welcher den
Sturz ſeines Hauſes vorgeſehen, verließ ſchon 1794 St. Hubert und wanderte mit Don Stephan dem Rheine zu. Als
ſie Montjoie erreichten, erkrankte der Abt und konnte nur
mit genauer Noth bis nach Eupen fortgeſchafft werden. Im
hieſigen Franziskanerkloſter ſtarb er in den Armen ſeines
gedachten Reiſegenoſſen.

Steichen, Jak., geb. 1755 aus einem wohlhabenden
Hauſe von Wärken und deshalb zur Unterſcheidung von den
gleichnamigen Geiſtlichen der „Reiche“ zubenannt, ſollte
Pfarr. werden, als er zur Eidesleiſtung aufgefordert wurde.
Er zog es vor, mit Pfarr. v. Neunheuſer auszuwandern nach
Deutſchland. Beim Wiederaufbau der Ordnung kehrte er in
ſeine Heimat zurück und erhielt zu ſeinem Amtskreiſe die
Pfarre Stegen, woſelbſt er bis zum J. 1823 ſegenvoll durch
That und Wort wirkte. Um dieſe Zeit zog er ſich wegen
Altersſchwäche nach Ettelbrück zurück, und verlebte daſelbſt
mit Prieſter Leyder im Hauſe „Gengler“ den Reſt ſeiner
Tage. Er ſtarb, 76 J. alt, am 13. Jan. 1832.

Thull, Pet., geb. zu Tinnen den 21. Okt. 1773, ſtudirte
anfangs zu St. Hubert, wo er durchgängig der Erſte ſeiner

Klaſſe ward und ſich muſikaliſch bildete, und dann zu Lüttich, wo er zum Diakon geweiht wurde. Als ſolcher ſchon
ward er von der Revolution berührt, hielt ſich einige Zeit
zu Heiderſcheid auf, und entſchloß ſich, um dem nahenden
Ungewitter und dem Gleichheitseide zu entweichen, auszuwandern. Mit einer ihm von ſeinem Vater gereichten Piſtole
in der Taſche reiſete er nach Köln, wurde in der Nähe
Schloßlehrer, empfing die Prieſterweihe, fungirte 2 Jahre
als Vikar zu Schöneck, und kam dann, nach Wiederher-
ſtellung der kirchlichen Ordnung, zurück in ſein Vaterland. Hier wurde er zuerſt, wiewohl nur auf kurze Zeit,
als Vik. zu Simmern und darauf zu Attert angeſtellt; kam
dann nach Luxembnrg als Waiſen-, Spitals- und Gefäng-
niß-Seelſorger, in welcher Eigenſchaft er ſehr rüſtig wirkte,
einmal an Einem Tage über Hundert mit den Sterbſakra-
menten verſah, im Verkehr mit den Ausländern ſich das
Italieniſche und Spaniſche aneignete, und 2 Jahre vor ſeiner Abreiſe von hier zwei zum Tode verurtheilte Walloner,
Brüder, wovon er den einen, einen beurlaubten und furchtbar
aufgeregten Militär, durch Zureden zu beſänftigen wußte,
auf's Blutgerüſt geleitete. So viele Anſtrengung machte ſeine
Geſundheit wanken: erſchöpft verließ er die Stadt und begab
ſich als Pfarr. nach Sterpenich, wo er gleichwohl noch einige
Studirende bei ſich hielt. Als er aber hier, des Nachts zu
einem Kranken gerufen, über einen Bach ſpringen wollte,
brach er ein Bein. Von dieſer Zeit an war ihm eine ver-
ſpreitete Pfarre wie Sterpenich zu beſchwerlich und er ließ
ſich 1818 auf die von Leudelingen verſetzen, in welcher er
hochverdient und einige Predigthefte hinterlaſſend den 13.
Okt. 1829 dem Herrn entſchlummerte.

Valentiny, Pet. Hier., geb. 1773 zu Holler, zeigte
frühzeitig eine große Vorliebe für den Prieſterſtand, und
würde ſchon in ſeinem Knabenalter ſich förmlich auf denſelben
vorbereitet haben, hätten es ihm ſeine Eltern zugelaſſen. Erſt
als er bereits das 18. Lebensjahr erreicht hatte, gelang es
ihm, ſeinen Vater anders zu ſtimmen und von ihm die Erlaubniß zum Studiren zu erhalten. Als Zögling fand er

zunächst Aufnahme beim Seelsorger Backes zu Durth, studirte
darauf zu St. Hubert, und erwarb sich eine ziemliche Fer=
tigkeit im Lateinschreiben. Sein hiedurch empfohlenes Gesuch
um Aufnahme in's Kölner Seminar ward ihm gewährt.
Nachdem er kurze Zeit in dieser Anstalt und im Ganzen nur
5 Jahre studirt hatte, empfing er 1796 die Priesterweihe.
Weil aber hierlands eben nun schon des von ihm verab=
scheuten Eides halber die Verfolgung begann, so ließ er,
der Seelsorge das Privatleben vorziehend, sich in einem
Dorfe nächst Köln nieder, woselbst er 5 Jahre lang die Kin=
der eines Pächters unterrichtete und den Mangel gediegener
Vorstudien zu ersetzen suchte. Hiedurch gewann er die ihm
lebenslänglich gebliebene Gewohnheit Unterricht zu ertheilen.
Nach dem Konkordatsschlusse kehrte er in die Heimat zurück
und ward Kaplan zu Niederbeßlingen. Gleich war die
Jugenderziehung, der er alle seine Kräfte weihete, wieder
sein Lieblingsgeschäft. Während er sich aber unverdrossen
damit abgab und zugleich wahren Gotteseifer bekundete, zog
er sich der Welt Haß zu. Zu einsichtig, dem keck vortreten=
den Irrthum anheimzufallen, und zu gewissenhaft, demselben
zu fröhnen, gerieth er in Spannung mit dem Ortsvorsteher.
Dieser erhielt Befehl, dem weltlichen Arme den Priester zu
überliefern, was auch geschehen wäre, hätte dieser sich nicht
schon in der erstfolgenden Nacht dem Rheine zu geflüchtet.
Die Niederbeßlinger brachen in laute Klagen und Verwün=
schungen wider den Verfolger aus, und schickten, nachdem
dieser anderthalb Jahre später aus dem Leben geschieden,
Vny. einen Eilboten, der ihm ihr Verlangen, ihn als Seel=
sorger zu besitzen, mittheilte. Vny. kehrte zwar in die Pfarre
Niederbeßlingen zurück, übernahm daselbst aber, um sich mit
Unterricht abgeben zu können, nicht die Pastoration, sondern
die Kaplansstelle zu Oberbeßlingen. Mit diesem Posten be=
traut verbrachte er 20 Jahre, während welcher er eine Thä=
tigkeit entfaltete, für die gewöhnlich ein einziger Mensch nicht
hinreicht. Von allen Seiten und sogar entfernten Punkten
strömten ihm Schüler zu, wodurch er sich oft von 70—80
Sprachen, Philosophie und Theologie Lernenden umschaart

fah. Keinen, reich oder arm, wofern nur seine Sitten rein
waren, wies er ab. Dürftige nahm er entweder zu sich in
sein Haus, oder ward für sie ein Befürworter in den Häusern seiner Bauern. Diese Wirksamkeit erhielt engere Schran-
ken, als Vny. 1822 nach Bastnach zum Pfarr. von St. Jos.
berufen ward. Dennoch folgten ihm dahin mehrere seiner
bisherigen Studenten und setzten unter seiner Leitung ihre
Studien fort. Sechs Jahre später ward er als Pfarr. in
sein Geburtsort versetzt, wo er bis an sein Lebensende wirkte.
Auch hier gab ihm die Heranbildung junger Aspiranten zum
Priesterberufe große Beschäftigung. Aber zugleich machte er
daraus eine große Leistung. Über 400 Priester, darunter
Hr. Provik. Adames, werden gezählt, die unter ihm studirt
haben. Auch der berühmte Orientalist Bourggrave war sein
Schüler. Darum vergab Vny. seiner sonstigen Pflichterfüllung
nichts. Dem Kirchenfabrikswesen zu Holler half er wieder
auf, brachte Ordnung in die Rechnungen und rettete durch
rastlose Thätigkeit die Pfarreinkünfte. Durch ihn erhielt die
Ortschaft ein Schulhaus und einen Schullehrer. Die Trä-
gen stachelte er auf, entließ von sich die selbstverschuldete
Armuth, geißelte mit voller Kraft die Trunkenbolde, Prozeß-
stifter und Chikaner, versöhnte die Entzweiten, und eiferte
bei jeder Gelegenheit wider das Löwener philos. Kollegium.
Solcher Thätigkeit konnte ein Ziel setzen nur der Tod, welcher ihn am 25. Mai 1838, nach seinem 66. Lebensjahre,
in Folge eines Schlagflusses ereilte.

Vandernoot, J. Bernh., Kapuziner aus Arl, war 46
J. alt und zu Boferdingen seßhaft, als er, durch Dekr. vom
14. Brüm. VII zur Deportation verurtheilt, am 29. Frim.
deff. J. in der Nacht verhaftet werden sollte. Nur durch
schleunige Flucht nach Luxemburg, woselbst er aber, wäre er
nicht des Nachts durch die Schleußen der Eichertthorsbrücke
gebrochen, wohl nur die Gefangenenzahl vermehrt hätte, von
dort nach der Colmarer Schmelz, wo er, von den Gend. verfolgt, 4 Tage verborgen lag, und von da in's Ösling, fand
er Rettung und emigrirte, neuer Gefahr zuvorzukommen,
nach Deutschland. Er erreichte seinen Zweck. Bei Wieder-

6*

herstellung der Ordnung kam er in seine Kaplanei zurück und starb darin am 1. Sept. 1824.

Vandernoot, Joh. Theod., geb. zu Luxemburg am 6. Aug. 1769, studirte anfangs in seiner Vaterstadt und dann zu Löwen, wo er zum Primus in der Philosophie proklamirt wurde, und empfing zu Trier die Priesterweihe. Als Privatgeistlicher sah er die Revolution eintreffen und die christliche Religion verbannen, wies als solcher den Eid des Königthumshasses entrüstet ab, und hielt sich versteckt bei seinen Eltern. Darum sollte auch er kraft des Deportations= beschlusses vom 14. Brüm. VII während der Nacht vom 3. auf den 4. Nov. 1797 verhaftet werden, wurde aber mit seinem Bruder Joh. Bapt., nachmaligem Chirurgus, glück= licher Weise verwechselt. Während er sich ruhig in seinem Bette verhielt, fielen die Häscher über den letzteren her, und schleppten diesen, den sie für den Geistlichen hielten, auf die Hauptwache. Mittlerweile fand Priester Joh. Theod. Zeit und Gelegenheit nach Trier zu emigriren, wo er sich ein ganzes Jahr aufhielt. Dann kam er im Kittel und mit angebundenem Haarzopfe zurück, und verbrachte auch die übrige Zeit der Ver= folgung heimlich im Vaterhause. Am 28. Niv. VIII wurde er von der Deport. freigesprochen. Nach Abschließung des Konkord. erhielt er die Pfarre Itzig, deren Kirche er 1808 mit einem Altar und Beichtstühlen aus der Franziskanerkirche von Luxem= burg verschönern ließ. Er erwarb sich nicht nur das Vertrauen seines Kirchenobern, welcher ihn zum Definitor ernannte, sondern auch das seiner Pfarrkinder derart, daß ihm, als er 1823 nach Bettemburg versetzt wurde, viele Frauen mit ihren Säuglingen auf den Armen betheuerten, sie hätten nicht zu Müttern werden wollen, hätten sie voraussehen können, daß er sie verlassen würde. Zum Leidwesen seiner Pfarrangehö= rigen von Bettemburg wurde er 1833 zum Pfarr. von St. Peter in Luxemburg und darauf, 1833, zum Apostolischen Vikar erhoben, in welcher Eigenschaft er, mittelst apostolischer Er= mächtigung, den jungen Gläubigen der Stadt das hl. Sakra= ment der Firmung ertheilte. Als das unter das Zepter Wil= helms I. zurückgekehrte Großherzogthum 1841 kirchlich von

Namur getrennt und zu einem eignen Apostolischen Bikariate erhoben wurde, erhielt Bt. eine Jurisdiktions-Erweiterung auf das ganze Land und veröffentlichte die darauf bezügliche päpstliche Bulle vom 2. Juni 1840 nebst seinem Amtsantrittsbriefe vom 8. Jan. Seine anderen Erlässe, die er als Apostolischer Bikar bekannt machte, waren seine beifälligst aufgenommenen Monita ad Clerum im Direktorium des J. 1842, sein Pastoralschreiben vom 17. Jan. 1842 für Errichtung eines Konvikts bei Gelegenheit der Verkündigung der von ihm zu Rom nachgesuchten und erhaltenen Abstinenzdispens für die Samstage, sowie sein Fastenbrief für 1842 und endlich sein Abschiedsbrief vom 20. Febr. deff. J. Er hatte selbst, als er spürte, daß die Bürde der Bikariatsverwaltung für seine müden Schultern zu schwer ward, seine Abdankung zu Rom eingereicht; darum war es seine größte Freude, in dem H. H. Bischofe Laurent seinen Nachfolger zu bewillkommen und denselben dem Klerus und Bolke öffentlich zu empfehlen. König Wilhelm II., welcher Bt. schätzte und ihn zum Ritter des niederländischen Löwenordens ernannt hatte, bewilligte ihm einen Ruhegehalt. Doch sollte diesen der abgeschwächte Greis nicht lange genießen; er starb schon im folgenden Jahre, den 19. April, in einem Alter von 74 J. — Bt. war schlicht und einfach, ein guter Israelit, in welchem keine Arglist stak; weswegen der H. H. Bischof Laurent keine bessere Lob- und Leichenrede auf ihn halten zu können glaubte, als daß er an ihm die Tugenden, denen die acht Seligkeiten verheißen sind, darstellte. Dabei besaß er gesunden Verstand, Gewandtheit im Lateinschreiben und ein mitleidiges Herz für die Armen. Durch diese Eigenschaften und als der erste Apostolische Bikar Luxemburg's verdiente er vollkommen, daß sein Porträt, jetzt im Pfarrhause aufgehängt, gemalt wurde. Mit diesem gehen hoffentlich seine Züge auf die Nachwelt über.

Weis, Bernh., geb. aus Garnich, war der letzte Abt der Abtei Münster, deren Refektorium er 1794 durch Bruder Abraham mit Gemälden schmücken ließ, und welcher er mit vieler Weisheit, Sanftmuth und Frömmigkeit vorstand. Vor der Aufhebung des Klosters rettete er die Gebeine Johann des Blinden auf den Speicher des Bäckermeisters Bastien, und zog sich in seinen Geburtsort zurück. Doch war auch hier die Ruhe, die er fand, nur von kurzer Dauer. Wegen Verweigerung des Republikseides wurde er durch Dekr. vom 14. Brüm. VII des Landes verwiesen. Der Vollziehung dieser Strafe aber kam er dadurch zuvor, daß er nach Deutschland emigrirte und erst zurückkehrte, als der Kirchenfriede und die Ordnung wiederhergestellt waren. Am 24. Vent. VIII wurde die Deportation, in die er verwiesen war, für aufgehoben erklärt. Er fand von Neuem eine Zufluchtsstätte im Elternhause. Hier lebte er in gänzlicher Zurückgezogenheit. Nach seinem Tode wurden die kostbaren und merkwürdigen Ornamente, die er hierorts gerettet hatte, öffentlich und meistens an Juden versteigert. Auf dem ärmlichen Grabsteine des Prälaten ist die einfache Überschrift zu lesen: «Hâc jacet in tombâ Bernardus Weis meritis qui dives in Münster factus venerabilis abbas obiit in Garnich anno 1803, 30ª novembris.»

Wellenstein, J. Math., jüngerer Bruder des Zach. Wn., war früher Pfarr. zu Besch, darnach zu Stadtbredimus, als die Revolution das Herzogthum Luxemburg überschwemmte. Die republikanische Eidesleistung, über welche er schriftliche und mündliche Erklärungen ertheilte, verweigerte er mit Entrüstung, stellte die äußern Kultuszeichen wieder her, mußte deshalb flüchten, hielt sich bald hier bald dort auf, ging auf die Jagd, und würde aus Unwillen eines Tages auf die den Pfarr. Schmitz von Lenningen wegführenden Gend. geschossen haben, hätte ihn nicht sein Bruder davon abgehalten. Mit diesem sowie mit J. B. Faulbecker, Rodenborn, Zettegast u. a. eidweigernden Geistlichen gestaltete er, im Mutforter Walde, einen Morast zu einem Inselchen, anspielungshalber „Ré" genannt. Kamen nun die Gend., Agenten oder Soldaten den Einen oder Andern aufsuchen, dann sagten ihnen die Leute: „Der ist auf der Insel Ré!" Pastor Wn. beharrte in seiner antirepublikanischen Gesinnung, was zur Folge hatte, daß ihm eine Zeitlang scharf zugesetzt ward. Um den unablässigen Nachstellungen zu entgehen, wanderte er nach Deutschland aus, kam aber von da bald zurück, ward am 15. Brüm. VII verhaftet, nach drei Tagen mittelst Bürgschaft wieder entlassen, am 11. Pluv. VIII von der Deportationsstrafe freigesprochen, und zog sich dann in die Abgeschiedenheit nach Remich zurück, woselbst er den Rest seiner Tage mit Bußübungen und Betrachtung der ewigen Jahre verbrachte und am 28. Febr. 1840 starb, im Alter von 78 Jahren.

IX. Abtheilung.

Verhaftete, aber evadirte Geistliche.

Vorbemerkung. Viele Geistliche verkürzten sich ihr Leiden dadurch, daß sie ihrer Haft entwichen. Dieß geschah, indem sie sich den Händen der Gend. oder Soldaten entrissen, oder ihrem Gefängnisse entschlüpften. Zu ihnen zählen nicht bloß die auf Guyana Evadirten, sondern Alle, welche sich nach ihrer Gefangennehmung ihren Führern oder Wächtern entweder gewaltsam oder heimlich entzogen. Obschon wir aus dieser Kategorie mehrere anführen, so glauben wir dennoch, daß, könnten wir alle nennen, ihre Zahl größer sein würde. Die aus ihrem Verbannungsorte Entwichenen kommen unter den Deportirten, die nach ihrer Evasion Emigrirten aber unter der Rubrik der Emigrirten vor. Hier werden nur diejenigen Evadirten besprochen, die zu keiner dieser beiden Abtheilungen gehören.

Becker, Kl., Seelsorger von Falkenstein und Biwels, hielt sich zu Weiler auf, ging unerschrocken von Ort zu Ort die Heilsgeheimnisse spenden, wurde am 6. Flor. VI verhaftet, entging aber, indem er sie täuschte, den ihn nach Vianden hin abführenden Gend., und hielt sich von da an verborgen bis zu seiner Lossprechung von der Verbannungs=strafe am 24. Pluv. VIII.

Coner, Math., geb. zu Altlinster 1761. Als er getauft werden sollte, fragte Pf. Börrigs: „Ist es ein Bube?" „Nein!"

antwortete sein Vater Stephan. „Ein Mädel?" „Nein!"
war wieder die Antwort. „Ein Ungeheuer also!" „Auch nicht!"
erwiederte der joviale Vater, „sondern ein Junge!" Der
wohlgestaltige Knabe zeigte bald wie Muthwillen so auch
Geistesanlagen. Deswegen bestimmten ihn seine Eltern,
Ackersleute von Profession, zu den Studien. Als er diese
erfolgreich bei seinem geistlichen Oheim zu Beles, dann zu
Luxemburg und Trier betrieben hatte, trat er in letztgenann=
ter Stadt in den Priesterstand. Seine erste Anstellung war
als Altarist zu St. Nikl. zu Luxemburg unter Paul Feller.
Einige Jahre später ward er zu der Pfarre Messancy be=
fördert, wo ihn, schon vor 1795, die Revolution hart und
schmerzlich berührte. Mehrmals ward er von Marandeurs
und Republikanern ausgeplündert. Gleichwohl verweigerte er
standhaft die Leistung des ihm abgeforderten Eides, weshalb
er gemäß Dekr. vom 14. Brüm. VII deportirt werden sollte.
Öfter lauerten ihm die Gend. auf, konnten ihn aber nicht
erhaschen. Eines Abends, 26. Brüm. VII, kamen sie, kom=
mandirt vom Brigadier Thomas, fanden im Pfarrhause
aber nichts als leere Flaschen, einige Bücher und die hl.
Ölgefäße, die sie auf die Munizipalität trugen. An einem
anderen Abende kamen sie etwas später und glaubten ihrer
Beute schon habhaft zu sein, denn sie trafen Cr. betend hinter
dem Tische an. Aber auf einmal ward es in dem Orte ruch=
bar, daß er gefangen sei. Und siehe! ein Schwarm Weiber
mit Schwingen, Spindeln und Besenstrünken stürmte in
seine Wohnung, und fiel so über die Gend. her, daß diese
ihren Gefangenen gern vergaßen und froh waren, mit heiler
Haut davon zu kommen. Den nachfolgenden Sonntag kamen
die Gend., ihrer fünf, zurück und stellten sich, um Cr. nach
dem Hochamte gefangen zu nehmen, zwei an die Sakristei=
und drei an die Kirchenthüre. Als dies die Frauen merkten,
beschäftigten sie die zwei ersten so lange, bis ihnen Cr. ent=
ronnen war. Dieser befand sich nun wieder in Freiheit, aber
Monate lang betrat er nicht anders mehr, als auf einen
Augenblick, das Pfarrhaus. Die übrige Zeit brachte er bei
Partikularen zu, las die hl. Messe und spendete heimlich

die Heilsgeheimnisse, bis er, am 3. Vent. VIII von der De=
portationsstrafe freigesprochen, mit der 1801 wiederkehrenden
Ordnung und Ruhe auch wieder öffentlichen Gottesdienst
hielt. Die Republiks= wie die Kirchenbehörde zählte ihn unter
die fähigsten Geistlichen des Landes. Deswegen wurde er
1805 als Kantonspfarrer nach Echternach versetzt, wo sich
ihm ein größerer Wirkungskreis eröffnete. Hier lag das
Kirchliche darnieder, und ein Mann, wie Er., war erforder=
lich, um es wieder aufzurichten. Muthig legte er Hand an's
Werk, erwies sich als Kinder= und Jugendfreund, steigerte
für die Pfarre die Muttergottes= und die Hl. Kreuzkapelle,
sammelte die zerstreuten Reliquien des hl. Willibrord, ließ
deren von Trier kommen, dieses Heiligen Lebensgesch. heraus=
geben, das alte Felsendenkmal nächst seinem Geburtsorte
beschreiben, die Pfarrkirche verschönern, half durch Beisteuer
dem Stadtkollegium auf, verbesserte den Chorgesang, griff
heilsam in den Schulunterricht ein, und suchte den Bedürf=
nissen seiner Pfarrempfohlenen, soweit er konnte, abzuhelfen.
Dafür mußte er manche Bitterkeit verkosten. Weil er 1811
einem gewissen Gil das kirchliche Begräbniß versagte, wurde
er verklagt und vom ernannten Bisch. Laurent zu 14tägigem
Arrest im Kleinseminar zu Luxemburg verurtheilt. Nach aus=
gestandener Strafe fragte ihn der Obere: „Sind sie jetzt ge=
bessert?" „H. H.! antwortete Er., wäre meine Überzeugung
von der Pflicht des Gehorsams nicht größer als die, gefehlt
zu haben, so sähen Sie mich nicht mehr hier!" Als er aus
der Haft nach Echternach zurückkehrte, kam ihm das Musik=
chor entgegen und wollte ihn triumphirend in die Stadt ge=
leiten, was er durch ernstliches Ablehnen vereitelte. Vor
1825 wurde er verklagt, die abgesetzten Feiertage gleich den
Sonntägen zu feiern, sowie auch 1828, als er Bisch. von
Hommer mit Glockengeläute empfing, als Ruhestörer. Doch
hinderte dieß die belgische Regierung nicht, ihm später eine
Gehaltserhöhung zu bewilligen, welche er bis an sein Lebens=
ende genoß. Auch schenkte ihm die geistliche Behörde unbe=
dingtes Vertrauen, und beehrt: ihn 1837 mit dem Titel
eines Dechanten. Er. war ein wohlgebauter, stets aufge=

legter, witziger Mann, zugleich aber auch ein gewissenhafter
Priester, ein Muster von Gottergebenheit und kindlicher
Frömmigkeit. Kein Jahr unterließ er die angelobte Wall-
fahrt zum Gnadenbilde der „Trösterin der Betr." zu Luxemburg. 1838 erlebte er das Glück, sein 50jähriges Jubelfest
zu begehen. Diese Feier, bei welcher er, um unverdiente
Lobsprüche zu verhüten, selbst predigte, erregte allgemeine
Sympathie zu Echternach und im Dekanate. Die letzten
Jahre seines Hierseins nahmen seine Gesundheit und physische Stärke sichtbar ab, aber harmlos bereitete er sich vor
zum Übergange in ein besseres Leben. Als das Großherzogthum in Folge des Londoner Traktates vom Juni 1839,
von der geistlichen Jurisdiktion des Bisthums Namür ab-
getrennt, als apostolisches Vikariat unter Pf. Vandernoot
kam, wandte Er. sich nebst einer großen Anzahl anderer
Pfarrer nach Rom, mit dem Gesuche, daß dem apost. Vikar
die Bischofswürde verliehen werden möchte. Nachdem Vandernoot diese Würde abgelehnt hatte, schrieb der Ritenkon-
gregationspräfekt unter'm 19. Jan. 1842 an Dechant Er.,
um ihm und seinen Amtsbrüdern anzuzeigen, daß durch
Sendung des H. H. Bischofs Laurent als apostolischen Vikars
ihr Wunsch in Erfüllung gehen würde. Dieses Schreiben
erhielt der greise Seelsorger am 6. Febr. auf seinem Sterbebette. Dann richtete er sich noch einmal empor und blickte
dankend gen Himmel. „Nun entlässest Du, Herr! ꝛc." rief
er, nahm die Hand reichend Abschied von den Umstehenden
und entschlief sanft am selben Tage, nachdem er 81 Lebensjahre und 6 Monate vollendet hatte. Die Thränen seiner
Pfarrgenossen sowie die Achtung und Liebe Aller, die ihn
kannten, nahm er mit sich in's Grab.

Eischen, Hch., geb. zu Hostert (Garnich) 1732 und
mit Dichtertalent begabt, wurde anfangs Kapl. zu Lampach,
dann Frühmesser und zuletzt Pf. zu Colpach, in welchen
zwei letzten Eigenschaften er hier die Seelsorge 47 Jahre
verwaltete. Wegen Weigerung des sein Gewissen empörenden
Eides wurde er schon vor dem 14. Brüm. VII eingefangen,
an den Schweif eines Pferdes gestrickt, über Luxemburg

u. s. f. weggeschleppt, um auf die Insel Ré verschifft zu werden. Schon lag er nächst Rochefort im Gefängniß, da entschloß er sich zu evadiren. Das dazu geeignete Mittel zeigte ihm eine Gefangnenwärterin. Er und noch ein anderer Priester entwichen am 7. Frim. ihrer Haft durch den unteren Raum des Abtrittes, gewannen das Freie und kehrten inmitten vieler Gefahren in ihr Land zurück. Bei seiner Rückkehr nach dreimonatlicher Gefangenschaft fand En. die Pfarrkirche verwüstet, verrichtete einstweilen den Gottesdienst im Pfarrhofssaale, hielt sich wegen Gesundheitsschwäche zwischen zwei geheizten Stubenöfen auf, und lag übrigens seinem Amte unverdrossen ob bis zu seinem am 5. Aug. 1810 erfolgten Tode.

Eyschen, Joh. Wilh., geb. zu Baschleiden, Bruder des N. Eyschen und Neffe des Kölner Domherrn Georg von Eyschen, betrieb mit Auszeichnung seine theologischen Studien zu Löwen, wo er Licentiat der Theologie ward und die Priesterweihe empfing. Von Löwen aus ward er zum Pfarrer von Fischbach und dann von Guerlingen befördert. Hier fand ihn die französische Revolution. Nachdem er den Republikseid verweigert, vergrub er sich in's nahe Gehölz, wurde unaufhörlich aufgesucht, aber nie erhascht. Eines Abends kamen Gend., zwei zu Pferde und drei zu Fuße, und umsetzten sein Haus. Durch Geistesgegenwart und persönlichen Muth entkam er. Dem ersten Gend., der in seine Wohnung drang, entriß er sich mit Gewalt, floh auf den Speicher, von da in die Scheune. Als er aus dieser entschlüpfen wollte, sperrte ihm ein anderer Gend. den Ausweg. Da sprang er in den Stall und von da in's Freie. Alle fünf Gend. setzten ihm nach, aber bald erreichte er in dem nahen Walde seine Freistätte, in welcher er die Nacht verbrachte. Am folgenden Morgen war sein vor zwölf Stunden noch pechschwarzes Haar gebleicht. Er ging den auf der Flucht zurückgelassenen Fußtritten nach, und maß von je einem zum anderen neun Schritte. Die übrigen Tage der Verfolgung brachte er im Geheimen zu und entrann allen Gefahren, die sich um ihn häuften. Ein Dekr. vom 28. Vent. VIII endlich sprach ihn von der Deportationsstrafe frei. Nachher wurde er wegen Ausübung des Gottesdienstes in eine Geld=buße verwiesen, erhielt aber durch höhern Einfluß Erlassung derselben. Nach abgeschlossenem Konkordate bekam er die Pfarre Körich, woselbst er periodische Besuche von Staats=rath-Gouverneur Willmar empfing, und am 5. März 1827, in einem Alter von 70 Jahren, dem Herrn entschlummerte.

Faulbecker, Joh. Bapt., geb. zu Luxemburg den 9. März 1764, war das sechste Kind seiner Eltern, des Gerbers J. B. Fr. und der Elis. Herber, deren drei Söhne und drei Töchter sich dem Dienste der Kirche widmeten. Nach rühmlichst durchlaufener Studienbahn am Kollegium der von ihm bewunderten Jesuiten trat der fromme Jüngling 1788 in den Orden der Prämonstratenser oder Norbertiner in der Lothring'schen Abtei Wadegasse. Kaum vier Jahre hatte er in dieser Genossenschaft zugebracht und die Priesterwürde erlangt, als der Kirchen und Klöster verwüstende Umwäl=zungssturm auch seine Friedensstätte erreichte und ihn daraus verjagte. — In seine Vaterstadt zurückgekehrt übte er sein Priesteramt drei Jahre lang durch fleißige Aushülfe in der Seelsorge aus, bis auch hier die Revolutionsflut herein=brach, die Tempel des Herrn schloß und seine treuen Prie=ster verscheuchte. Er entwich dem Ungestümm, um in einem andern Theile des Vaterlandes seinem Berufe nachzugehen, und stand zwei Jahre als Pfarramtsgehülfe zu Echternach und in dem nahen Mesenich, als er als angeblicher Emi=grirter vor Gericht gestellt, jedoch wieder freigegeben ward. „Nun konnte ich, sagte er öfter, durch einen Gerichtsspruch beweisen, daß ich ein Bürger des Vaterlandes war." Wäh=rend unter der geschärften Verfolgung Einige dem Zeitgötzen ihr Knie beugten, blieb er mit den meisten seiner Amts=brüder der Kirche treu und weigerte sich standhaft der an ihn ergangenen Zeitforderung nachzukommen. Daher ward er „gewürdigt für den Namen Jesu Schmach zu leiden." Durch den Direktoriumsbeschluß vom 4. Brüm. VII zur Deportation verurtheilt, wurde er unversehens in der Nacht vom 4. zum 5. Nov. 1797 mit noch 41 andern Stadtgeist=

lichen ergriffen, zuerst auf das Stadthaus und die „Ram,“ und von da in die Münsterabtei eingekerkert. „Kaum waren wir noch Messethäter, scherzte er, und wurden als Missethäter behandelt.“ Mit seinen Mitgefangenen aber kam er überein, in der folgenden Nacht durch die Fenstertraljen zu entspringen. Ihm allein gelang seines dünnen Kopfes halber das Wagniß. In einer Bütte, die dazu bereit stand, schwamm er über die Alzig und war wieder frei. Allein nur einer Marter war er entgangen, um einer andern anheimzufallen. Von nun an mußte er mehrere Jahre bald auf der Flucht umherirren, bald verkleidet mit Ackergeräth, einem Buonaparte'shute, oder einem Haarzopfe, oder als französischer Kaufmann ausgehen, bald im Walde und besonders in dem bei Mutfort lagern, bald sich sonst in der Verborgenheit aufhalten, bis endlich zu Anfange dieses Jahrhunderts der Kirche wieder einige Ruhe gegönnt ward. — Zwei Jahre arbeitete er dann wieder in seiner Vaterstadt, zwei andere auf der Landpfarre Besch, und ward dann nach Mondorf genannt. Auf letzteren Posten verzichtete er, als ihm 1804 die Sekretarsstelle am Provikariat zufiel, welche er acht Jahre bekleidete. Zugleich und noch dreißig Jahre nachher blieb er als Vikar an der Liebfrauenkirche unermüdlich thätig sowohl in der Pfarre als im Kloster der Congregation U. L. F. Nicht nur im Beichtstuhle, sondern auch auf der Kanzel half er stets aus, wie wenig Vorbereitungszeit ihm hiezu auch anberaumt wurde. — Dabei wirkte er nicht minder durch Unterrichtgeben. Er war einer der Ersten, welche sich gegen 1820 zur Gründung einer Musterschule für Primärlehrer die Hand reichten, übernahm selbst darin einen der wichtigern Lehrzweige, und verfaßte gemeinschaftlich mit Prof. Duchène ein Rechenbüchelchen: « Calcul intuitif d'après la méthode de Pestalozzi », welches zweimal gedruckt wurde. — Dieser vielfältigen Beschäftigung lag Faulbecker ob, ohne darum je die ernste Wissenschaft, die des Priesters Antheil ist, zu vernachlässigen, oder durch die Zeitwirren in der Glaubenstreue, die er von Jugend auf behauptet und bethätigt hatte, wankend zu werden. Seine Dienste leistete er der Kirche und dem Staate mit der größten Uneigennützigkeit, keine andere Ehre suchend als die Ehre Gottes und keinen Gewinn als den Gewinn der Seelen. Stets sich gleich bleibend, war er ein guter Freund, treu, witzig, besonnen, bescheiden, anspruchlos. — Die letzten vier Jahre verlebte er in der Zurückgezogenheit und Vorbereitung auf den Heimgang, und wahrhaft kindliche Ruhe des Gemüths und völlig arglose Heiterkeit des Geistes begleiteten ihn bis an sein Ende. Das Scherzen gab er nur auf mit dem Geiste. „Ich fühle, rief er sterbend aus, daß ich nicht bloß Christ und Priester, sondern auch ein Wesen der Natur bin!" Er entschlummerte ohne Kampf und Angst, voll gläubiger Hoffnung auf die Erbarmung des göttlichen Meisters und Herrn, dem er so lange gedient hatte, im Jahre 1846 am 10. März, in einem Alter von 82 Jahren.

Feyder, Nikl., geb. zu Lüllingen, studirte zu Köln, woselbst er auch die Priesterweihe erlangte. Nachdem er einige Zeit Vikariatsdienste versehen, erhielt er die Pfarre Bögen, auf welcher ihn die Revolution traf. Zur Zeit der Eidesleistung, die er mit Abscheu abwies, ging er verkleidet einher und hielt sich theils im Pfarrhause und theils im Hause „Neumann" auf. Eines Tages stand er, den Taglöhnern Weisungen ertheilend, in seinem Hofe: da kamen eben zwei Gend. vorbei und erkannten in ihm, obgleich er einen groben Kittel trug, den Ortspfarrer, warfen sich über ihn her und wollten ihm Fesseln anlegen. Der wehrlose Priester erbat sich die Erlaubniß, andere Schuh' und Kamaschen anzuziehen, was ihm auch gestattet ward. Mittlerweile bediente die Magd die Gend. mit einer Flasche Wein, entfernte sich, und kam gleich wieder. „Citoyen, sprach sie zum Pfarrer, draußen ist Jemand, der ein Wort mit Ihnen sprechen will." Fr. folgte ihr auf der Ferse nach und machte sich schnell durch die Stallthüre davon. Sein Neffe, welcher ihn erwartet hatte, lief dann mit ihm in den nahen Wald. Es half nichts, daß die Gend. sakramentirten und fluchten und zu erschießen drohten, was sie begegnen würde; es half nichts, daß sie darauf dem Neffen einen Prozeß anheischig machten, denn

diesem gelang es ihre Glaubwürdigkeit vor dem Gerichte zu
verdächtigen; es half nichts, daß sie die Jgfr. Neumann
(die in Wilz noch lebende Wittwe François), welche dem
fliehenden Pfarrer, ohne ihn anzugeben, nachgesehen hatte,
nun statt seiner gefangennahmen und wegführten, denn sie
mußten endlich doch dem Ernste ihres mit Nachdruck in's
Mittel tretenden Vaters weichen; es half ihr Toben und
Drohen nichts: Fr. war ihren Händen entronnen und ließ
sich von ihnen hinfort nicht mehr auffangen. Dennoch verließ er seine Pfarrangehörigen eigentlich keinen Tag, und
stand ihnen mit seinem Dienste stets zu Gebote. Darum
liebten sie ihn auch wie ihren Vater, und fanden den von
ihm gehaltenen Gottesdienst allzeit erbaulich trotz mancher
Eigenthümlichkeit, die er damit verband, wie z. B. der zu
Köln an der Orgel zugezogenen Gewohnheit, die auf um
endigenden Orationen mit dem Beisatze «ololom» singend
zu schließen. Er st. tiefbetrauert zu Bögen am 1. Aug. 1830.

Jacoby, Joh. Valent., geb. zu Tontlingen, wurde Kapl.
zu Niederpallen. Weil er den Revolutionseid verweigerte,
so wurde er mit 52 anderen Geistlichen auf den 20. Nov.
1798 vor den Kommissär Seiquer geladen, um sich, wie es
hieß, über seinen Lebensunterhalt auszuweisen. Er folgte der
Einladung. Als aber den Eingeladenen angekündigt ward,
daß sie am folgenden Tage nach Luxemburg transportirt würden, bat er um Erlaubniß, sich einen Augenblick an einen
heimlichen Ort zu begeben. Diese Erlaubniß erhielt er, benutzte sie aber, um über die vorbeifließende Attert zu entweichen und nach Niederpallen zurückzukehren. Ohne diese
List, die ihm gelang, würde er mit 31 andern Priestern über
Luxemburg nach Rochefort abgeführt und auf die Insel Ré
weggeschifft worden sein. Von nun an hielt er sich stets verborgen, entging aller auf ihn zielenden Auflauerung, erhielt
am 22. Pluv. VIII seine Freisprechung von der Deportation
und verrichtete wieder öffentlich seine geistlichen Obliegenheiten.

Knepper, Pet., von Dahlhem, ein Gelehrter und Pfarr.
zu Barschleiden, schrieb „Gründl. Bew. der kath. Relig. 2c.
Köln 1792“, begünstigte den Aufstand seiner Gegend wider

die Republik, ward in die Deportation verfällt, gerieth zwei=
mal in die Hände der Häscher, aus denen ihn sein Neffe
mit Gewalt entriß, und verläugnete nie seinen Abscheu gegen
die Revolution und deren Eidschwüre. Wegen Kultusübung
sollte er später in eine schwere Buße verwiesen werden, ent=
kam ihr aber durch Vermittlung des Advokaten Willmar.
Eine Familienbörse hinterlassend starb er 1809.

Lepeuck, Fr., Pfarr. zu Villers=sur=Semois, durch be=
sondern Beschluß verhaftet, entwich am 28. Prair. VII seiner
Haft, und verbarg sich dann in dem Hause eines Partiku=
laren, Namens Lacave, zu Morbihan, in welchem er täglich
Messe las.

Molitor, Clem., wurde Pfarr. zu Junglinster, woselbst
er zur Zeit der Eidesabverlangung viel Hartes auszustehen
hatte und stets auf Verhaftung gefaßt war. Auf dem „Belen=
hof" und in dessen Waldung las er häufig die hl. Messe.
„Künftigen Sonntag, sprach er einst zu den Beiwohnenden,
werd' ich in der Pfarrkirche celebriren und predigen." Und
er wollte Wort halten. Aber schon vor Beginn der hl. Opfe=
rung am bezeichneten Tage fanden sich die Gend., von Le=
fèvre kommandirt, ein, umsetzten das Pfarrhaus und wollten
Mr. die Hände binden. Dieser erbat sich als Gnade, sein
Breviergebet endigen zu dürfen. Während er sich hiemit be=
schäftigte, drangen die ungehaltenen Pfarrkinder in seine
Wohnung, öffneten die Vorder= und Hinterthüre, ließen ihren
Seelsorger entspringen und hielten die Häscher so lange hin,
bis daß der Entsprungene nicht mehr eingeholt werden konnte.
Nachdem dieser am 23. Niv. VIII für deportationsfrei erklärt
worden, verlebte er noch einige Jahre unter seiner Heerde,
und vertauschte 1807 seinen Posten mit dem Pastorate von
Fischbach. Hier starb er am 16. März 1813.

Poncelet, J. B., Frühmesser zu Attert, wurde, obwohl
in einer Pfeifenfabrik arbeitend, erkannt, gefangen und nach
Luxemburg geführt, wo er auf zwei Dekaden nach Haus zu
gehen Erlaubniß erhielt, und dann, am 20. Frukt. VII, von
Neuem verhaftet. Er evadirte aber, als er weggeführt ward,
unterwegs, indem er die Gend. täuschte und ihren Händen

heimlich entschlüpfte. Er hatte bereits sein 60. Jahr erreicht. Am 17. Prair. VIII ward er von der Deportation freigesprochen und nachher zum Pfarr. zu Attert ernannt, woselbst er gegen 1830 starb.

Schmit, Nikl., war zur Zeit der französischen Invasion Kapl. zu Hünsdorf. Er hatte schon sein 60. Lebensjahr erreicht, als ihm der Republikseid abgefordert wurde. Weil er diesen laut verabscheute und standhaft abwies, so wurde auf ihn am 27. Brüm. VII und öfter noch, aber vergebens, gefahndet. Als aber am frühen Morgen, 27. Frim., sieben Dragoner mit elf Infanteristen und fünf Gend. sein Haus umzingelten und die Thüre einstießen, mußte er sich gefangennehmen lassen. Während sie mit dem blassen Geistlichen sich Steinsel näherten, lief ein als Verräther Verschrieener in die Wohnung des noch schlafenden Vik. Müller, warnte diesen und half ihm sich ankleiden. Die Republikaner fanden das Bett des Geistlichen noch warm, aber ihn selbst nicht. Nun schleppten sie unter lautem Wehklagen der Herbeilaufenden den greisen zur Erde niederblickenden Scht. in's Pfarrhaus und stellten, auf daß ihnen ihre Beute nicht entgehen könnte, vor die Hausthüre eine doppelte Wache, eine andere an den Heerd, eine in und eine vor die Stube, und eine in den großen Eingang. Aber die Steinseler, die den ehrwürdigen Kaplan innigst liebten, waren um ihn noch besorgter als die Republikaner: sie richteten diesen völlig zu essen und zu trinken vor, ließen eine Nachbarsfrau mit zwei Eimern in den Händen einigemal aus- und eingehen, als ob sie das Vieh besorgte, und verlangten zugleich vom Brigadier, daß er dem alten Geistlichen gestatten möchte, die Kleider zu wechseln. Als dieß ihnen bewilligt worden, legten sie Scht. in aller Eile Altweibskleider mit schmutziger Haube an, gaben ihm zwei Eimer in die Hände und ließen ihn so kostümirt hinausziehen. Er hatte bald seine Freiheit wieder erlangt; denn keine der Wachen fragte ihn, wohin er gehe. Als er nicht mehr zum Vorscheine kam, ward das Pfarrhaus von Neuem durchsucht; darauf folgte Fluchen, Lästern, Verwünschen, Drohen mit Feuer und Schwert; es fielen mehrere

Gewehrschüsse; aber Alles umsonst! Priester Scht. war und blieb verschwunden. Als die draußen harrenden Leute hörten, warum die Republikaner so wüthend geworden, jauchzten sie laut auf und vergossen Freudenthränen. „O Wunder! riefen sie, Gott hat seinen Diener befreit!" Die Republikaner mußten unverrichteter Sache abziehen, kamen aber nach 14 Tagen nach Steinsel zurück, und führten den Mich. Stümper, welcher zur Befreiung des Priesters Scht. vorzüglich beigetragen hatte, gebunden nach Luxemburg in eine Ramkasematte, in welcher sie ihn über 6 Monate, d. h. bis zu sicherer Bürgschaftstellung hungern und darben ließen. Am 8. Frim. VIII ward Scht. von der Deportationsstrafe losgesprochen, starb aber kurze Zeit darauf in Folge seiner vielfältigen Leiden.

Steichen, Joh. Bapt., geb. zu Kayl von bemittelten Eltern, hatte aus der Hand des Schöpfers schöne Gaben des Geistes und Herzens empfangen. Nach Vollendung seiner Studien zu Löwen erhielt er, als das Land unter die französische Republik fiel, die Priesterweihe, und sah sich in Bälde gleich den übrigen Geistlichen genöthigt, die Verborgenheit zu suchen. Während er in seinem Geburtsorte als Vik. die Seelsorge verwaltete, wohnte er theils bei seinen Verwandten und theils auch bei deren Nachbaren. Mit Entschiedenheit wies er den Republikseid ab, was ihm kraft Dekr. vom 14. Brüm. VII die Landesverweisung zuzog. Einstmals drangen die Gend. in seine Wohnung, während er zugegen war. Da er aber als Schneidergeselle verkleidet hinter dem Tische saß und schneidernd sie anlachte, sprachen sie: „Der Junge lacht selbst, der ist es nicht!" durchstachen mehrmals den Heuknopf und stellten die genaueste Haussuchung an. Derjenige aber, den sie aufsuchten, weilte nicht lange in ihrer Gegenwart. An einem andern Morgen jedoch wurde er unversehends von denselben Gend., als sie zurückkamen, eingefangen. Da bot er ihnen, auf daß sie ihn möchten freilassen, ein Trinkgeld dar; aber sie nahmen es nicht an, und brachten ihn nach Luxemburg in's Spitälchen. Aus diesem Kerker entwich er heimlich am 11. Vend. VII, und sah sich erlöfet. Am 11. Pluv. VIII wurde er von der Deportation freigesprochen. Nach Wiedereinführung der Kirchengewalt ward er als Profeffor der Syntax und dann der Rhetorik an's Gymnafium nach Luxemburg berufen, in welcher Eigenschaft er 1811 fich bei Gelegenheit der Geburt des „Königs von Rom" an dem deshalb ausgeschriebenen Lobgedichts-Konkurfe betheiligte. Bei Erhebung des Gymnafiums zum Athenäum erhielt er darin die Tertia. Auch jetzt bewährte er noch fein Talent im Improvifiren von baroken Verfen, womit er fo wie mit Schnurren oft feine Schüler erheiterte und zu homerischem Lachen veranlaßte. Dennoch ertrug er nur mit Schwermuth feine Herabfetzung auf einen niederern Lehrftuhl und hegte kein Bedenken auf denfelben zu verzichten, um die Leitung der durch Koch's Abfterben 1821 erledigten Stadt- und Primärpfarre St. Michael zu übernehmen. Als Geiftlicher und Pfarrer genoß er das volle Zutrauen feiner Obern, weshalb Generalvikar v. Neunheufer fich ihn als Examinator alumnorum und neo-presbyterorum beizog. Sn. war ein orthodoxer und rechtfchaffener Priefter, der auch auf äußeres Decorum ftreng hielt. Weil er ftets mit schneeweiß gepudertem Kopfe einherging, fo fiel er Bifch. Pifani, als diefer im Okt. 1823 die geiftliche Verwaltung des Großherzogthums zu Luxemburg feierlich antrat, ganz befonders auf. Das Bisthum Namur schenkte ihm eine befondere Achtung, nahm fich auf feine Empfehlung verkannter Priefter an, betraute ihn 1831 mit der proviforischen Verwaltung von St. Peter, und würde ihn zum Pfarr. an diefer Kirche befördert haben, wäre es daran nicht durch die weltliche Behörde gehindert worden. Als Seelforger ftand er feinen Pfarrkindern etwas fern, weswegen er ihnen ziemlich fremd blieb. Seine Predigten waren meiftens hiftorische Erörterungen und deshalb zu wenig ergreifend. Dennoch wirkte er viel Gutes, befonders in dem J. 1832, nachdem plötzlich in der Stadt die afiatische Cholera ausgebrochen war. Von nun an lernten die Eingepfarrten erft erkennen, was fie an Sn. hatten. Seine Hirtenpflicht verläugnete er keinen Augenblick, befuchte faft allein und erquickte fakramentalisch alle

7

Erkrankten, zu denen er gerufen wurde, mußte aber auch seinen Muth und seine Berufstreue hart büßen. Er selbst wurde, nachdem er einem sich erbrechenden Cholerakranken beigestanden, von der Seuche überfallen, welche inwendig 24 Stunden seinem opferwilligen Leben am 29. Aug. 1832 ein Ende machte. Er gab voll Ergebung seinen Geist auf in die Hände des Herrn in einem Alter von 65 J. Man fand nicht das geringste Geld bei ihm vor; denn er hatte Alles, was er erübrigen konnte, unter die Armen und Kranken seiner Pfarre ausgetheilt. Darum ist auch sein Andenken noch nicht erloschen. Seine Züge wird ein Bildniß, welches nach seinem Tode sein dankbarer Neffe malen ließ, der Nachwelt aufbewahren.

Thill, Placid., von Knaphoscheid, Benediktiner zu Echternach, verweigerte die Leistung des geforderten Eides, weswegen er den 27. Brüm. VII vom Gend. Hochstetter verhaftet und nach Luxemburg in Verwahr geführt wurde. Indem er aber daselbst einen günstigen Augenblick, in welchem er weniger überwacht war, auszuspähen wußte, entwich er über das Dach seines Gefängnisses und kam zurück nach Echternach, wo er, nachdem er am 19. Prair. VIII für deportationsfrei erklärt worden, sehr friedlich, einsam und geachtet lebte, bis er 1826 starb. Er war der letztübrige der dortigen Benediktiner, welche den Sturz ihres Klosters überlebten, und durch die Muthmaßung als derjenige bezeichnet, welcher, wäre die Abtei im Flore geblieben, darin Stab und Miter würde getragen haben.

X. Abtheilung.

Zur Deportation verurtheilte, aber versteckt gebliebene Geistliche.

Vorbemerkung. Groß war die Zahl der verhafteten, emigrirten und deportirten Priester; groß auch die Zahl derjenigen, welche wegen hohen Alters, oder Krankheit, oder geleisteter Bürgschaft, oder republikmäßigen Rufes zu Hause bleiben durften; aber weitaus am größten die Zahl derer, welche der wider sie ausgesprochenen Landesverweisung dadurch vorbeugten, daß sie sich verborgen hielten. Vom 26. Brüm. VII an wurden fortwährend Haussuchungen angestellt; allein die meisten vereitelten die Geistlichen durch ihre Flucht oder Verstecktheit. Wie zahlreich die Kategorie dieser letzteren gewesen sei, konnten wir nicht genau ermitteln, indem wir die ohne fixe Schreibart und nähere Angabe angetroffenen Namen übergehen mußten.

Adamy, Pet., geb. aus „Ludes" von Waldbillig und Franziskaner zu Ulflingen, mußte wegen Eidesablehnung flüchten, und hielt sich unentdeckt meistens auf dem Hofe „Asselscheuer" auf, wodurch er glücklich der Deportation auswich. Nachher wurde er Pfarr. zu Ernzen, woselbst er, jagend von einem Jäger angeschossen, in Folge seiner Verwundung gegen 1809 starb.

Antoine, N. Jos., Vik. zu Mont, versteckte sich und entging dadurch der ihm durch Dekr. vom 14. Brüm. VII zuerkannten Landesverweisung. Nach seiner Freisprechung von dieser Strafe wurde er Pfarr. zu Compogne, woselbst er als bejahrter Greis am 5. Mai 1836 verlebte.

Arte, Heh., Vik. und dann Pfarr. zu Gouvy, als welcher er standhafter Eidesweigerung halber am 14. Brüm. VII zur Deportation verurtheilt wurde. Nachdem er allen auf ihn gerichteten Nachstellungen entgangen, wurde er von der Verbannungsstrafe freigesprochen und nachher zum Kantonspfarrer und bischöfl. Kommissär zu Bastnach ernannt. Wie er ein mit den Weinenden weinender Priester, so war er auch ein offener Charakter. Als ihm einst Bischof Pisani de la Gaude bemerkte: „Hr. Pfarrer, Sie trinken viel!" erwiderte er: „Ja, H. H., weil es mir wohlthut!" Er starb, 76 J. alt, am 29. Juli 1826. Sein Lob verkündigten insonderheit die Thränen, welche noch in späten Jahren die Armen um ihn weinten.

Badeux, J. B., Pfarr. zu Robelmont, verkroch sich in verschiedene Schlupfwinkel, bis er am 5. Pluv. VIII für deportationsfrei erklärt wurde.

Barthelemy, Mich., einziges Kind eines vermöglichen Landwirths Peter Bmy. und der Marg. Agnes, wurde geb. den 17. Mai 1763 zu Kaundorf, Gemeinde Mecher. Obwohl klein von Körpersgestalt, erwies er sich bei reiferem Alter groß durch Verstand und Tugend. Von seiner frühen Jugendzeit hat sich nichts im Andenken erhalten. Nach Beendigung seiner klassischen Studien trat er in's Seminar zu Lüttich, wo er die Priesterweihe erhielt. Seine erste Anstellung im Dienste der Kirche war die Seelsorge in seinem Geburtsorte, woselbst er, seine Anschauung von den Ursachen und Mißfolgen der französischen Revolution in's Kirchenregister tragend, seiner Lateinkunde ein Denkmal setzte. Dasselbe Talent bekundete er auch durch zahlreiche gemüthliche Briefe, die er an seine Mitbrüder im geistlichen Amte richtete. Obschon er aber selbst wegen Eidesweigerung aus dem Verfolgungsstrome trank und öfter in die Hände der Häscher zu gerathen Gefahr lief, so hinterließ er doch nirgends eine Schilderung seiner persönlichen Leiden. „Den 5. Okt. 1797, schreibt er (Extr. act. etc.), sind wir zum Eide: „Ich schwöre Haß" angehalten worden. Ungeschworene konnten keine Messe lesen, keine Amtsverrichtungen mehr vornehmen. Ihre Kirchen wurden geschlossen. Doch litten die Gläubigen unserthalber, ernährten, liebten uns, und zeigten offenbare Abneigung vor Denen, die geschworen hatten, obschon diese Messe und andere Dienste halten durften." Ein Dutzend Jahre vor seinem Ende vertauschte Bmy. seine Geburtspfarre mit der von Berlé. Als er Kaundorf verließ, verkaufte er sein dortiges Patrimonialgut für eine ziemlich bedeutende Summe Geldes. Dennoch konnte ihn dieser Erlös keineswegs dazu bewegen,

seine bisherige Sparsamkeit auch nur einen Augenblick aufzugeben, oder das Mindeste an seiner Lebensweise abzuän-
dern. Seine Mahlzeit blieb immer nothdürftig und er speisete
nur einmal des Tages. Niemand errieth, wohin diese Mäßig-
keit und Einfachheit zielten, bis er endlich 1836 darüber
Aufschluß gab durch die frommen Stiftungen, welche er für
die Erziehung dürftiger Kinder und die Pflege der Armen
machte. Solcherlei Fundationen bewerkstelligte er nach und
nach zu Brachtenbach, Böwingen, Dahl, Dünkrodt, Eschweiler, Gösdorf, Harlingen, Heiderscheid, Kaundorf, Kanten-
bach, Knaphoscheid, Merkolß, Wilß, zc. Wenige Tage vor
seinem Hinscheiden machte er auch dem Seminar eine be-
trächtliche Schenkung, und beschränkte die Zahl der von ihm
zu stiftenden Seelenämter, um mit dem dadurch Erübrigten
der damaligen Noth seiner Pfarrarmen zu steuern. Nachdem
er anfangs immer ausgerufen hatte: „Die Kirche ist arm!"
sprach er später: „Am ärmsten ist, wer kein Brod hat!"
Voll Sorgfalt für seine Pflegempfohlenen dachte er vor Allem
an deren Seelenheil, für welches er durch Unterricht und
Gebet Nacht und Tag zu wirken suchte. Darum nahm er,
ein gesegnetes Andenken hinterlassend, die Liebe Aller mit
sich in's Grab. Nachdem er kurz zuvor den Firmbesuch des
H. H. Bischof Laurent, auf welchen seine Glaubenskraft einen
tiefen Eindruck machte, empfangen hatte, verschied er am 12.
April 1843, im Alter von 80 Jahren.

Behm, Thd., geb. aus Ahn, war Kapl. in Niederdonwen
als man von ihm und seinem Pfarrer den Republikseid abforderte. Um nicht aufgefangen zu werden, wechselte er stets
mit dem Nachtlager, indem er sich eines zu Niederdonwen,
ein anderes zu Oberdonwen und ein drittes in Ahn in Be-
reitschaft hielt, und zwar in Privathäusern. Dieses wußte
Keiner, als seine Schwester und die Leute, bei denen er übernachtete. Während die Verfolgung am wüthendsten war, hielt
er sich in der Grotte eines benachbarten Waldabhanges auf,
deren oben angebrachten Eingang er alle acht Tage mit einem
frischabgehauenen Wachholderstrauche verschloß. Dieser Aufenthalt war nur einem Einzigen des Dorfes bekannt, der

ihn bediente und nöthigenfalls zu den Kranken rief. Einmal
an einem Samstage, wie er erzählte, geschah es, daß er,
weil er des Nachts nicht geschlafen hatte, auf dem Wege zu
seiner Höhle unter einer Buche entschlief. Als er erwachte,
erkannte er an der Sonne, daß es nicht spät sein könne.
Er kehrte um, und als er zu Hause ankam, war es ein Uhr
Sonntags Nachmittags. Am 13. Vent. VIII wurde er von
der Deportation freigesprochen und erhielt, nach des Konkordates Abschluß, die schöne Pfarre Remerschen, die er bis
nahebei an sein Ende verwaltete. Eine eiserne Gesundheit,
die sich nie verläugnete, erhielt ihn stets bei guter Laune und
bescheerte ihm eine große Zahl Lebenstage. Schon 80jährig,
erschien er noch jährlich mit der ersten Wallfahrtsprozession
vor dem Bilde der „Trösterin der Betrübten" zu Luxemburg.
Er starb am 1. Jan. 1847, im Alter von 86 Jahren.

Bentz, Nikl., geb. zu Gösdorf, Kapuziner, wegen seiner
spitzigen Nase und kleiner Gestalt vom Volke „Pat. Fränz-
chen" genannt, verweigerte den von ihm verabscheuten Haß-
eid. „Wir schwören nicht!" rief er in seiner Weise, gerieth
öfter in Gefahr ergriffen zu werden, blieb jedoch unverhaf-
tet, überlebte die Schreckenszeit, verrichtete nach Wiederherstellung des öffentlichen Gottesdienstes an verschiedenen Orten Kaplans- und zu Udingen sogar Pastorsdienste, liebte
Vögelzucht, errichtete aus eigenen Mitteln zu Grevels ein
Schulhaus und starb als Kapl. von Lövelingen den 12. Mai
1841, in seinem 83. Lebensjahre. Mit seiner Hinterlassen-
schaft stiftete er letztwillig 1) eine Armenschule für „Neu-
brasilien" bei Wahl nebst fünfzehn Jahrmessen; 2) vier
Hochämter mit Segen zu Udingen; 3) ein Hochamt zu Hondelingen und 4) ein Hochamt zu Beckerich.

Bernard, H., geb. zu Wiltz und Vik. zu Lacuisine,
verweigerte den Eid vom 15. Frukt. V, verkleidete und verbarg sich und zog oft im Walde als Jäger herum. Eines
Tages sah er einen ihn entwaffnen wollenden Gend. auf
sich zustürmen. Von Unwillen verleitet, widersetzte er sich,
schoß dem Häscher Schrotkörner in die Beine, und lief
nun, um Fürsorge für ihn zu tragen, zum Wundarzte nach

Wiltz. Bald kam dahin auch der Verwundete und klagte, während ihm Bernard im Nebenzimmer zuhörte, nicht von eines Priesters, sondern von seiner eigenen Flinte verletzt worden zu sein. Beide fanden sich dann mit einander gütlich ab. Am 13. Germ. VIII ward Bernard für deportationsfrei erklärt, setzte seine Seelsorgsdienste wieder fort und ward nachher Pf. zu Wolwelingen, woselbst ihn der Tod ereilte.

Blaise, Jos. Math., Pf. zu Säul, verweigerte den Republikseid, weswegen er gemäß Dekr. vom Brüm. VII deportirt werden sollte. Er hatte das Glück, den Nachstellungen der Gend. und dem ihm von Seiquer am 30. Brüm. gedachten Jahres gelegten Fallstrick auszuweichen, ward aber später als überführt, öffentlichen Gottesdienst gehalten und die durch's Gesetz vom 21. Niv. VIII abgeforderte Treue gegen die Konstitution abgelehnt zu haben, vom Gerichtshofe zu Luxemburg zu 500 Fr. Buße, 5 Monaten Gefängniß und Kostenvergütung verurtheilt. Das Urtheil wurde in 600 Druckexemplaren veröffentlicht.

Blaise, Math., Pf. zu Arzfeld, verwarf den Republikseid und hörte gleichwohl nicht auf, seelsorgerlich Tag und Nacht zu fungiren, weswegen er vom Gerichtshofe zu Diekirch zu 500 Fr. Geld- und 5 Monaten Gefängnißstrafe verurtheilt wurde.

Blaise, Th., Vik. zu Rospelt, hielt sich versteckt, ward am 8. Frim. VIII von der Deportation freigesprochen, dann zum Pf. von Dippach ernannt, und starb 1821.

Bolgen, Mart., Pf. zu Mettendorf, ward am 8. Vent. VIII von der Deportationsstrafe, in die er verfällt war, losgesprochen.

Boltz, Joh. Georg, geb. aus Niederdonwen, wurde nach beendigten Vorstudien zum Priester geweiht, mußte sich aber auch schon von diesem Zeitpunkte ab, weil er sich eidesscheu erwies, verborgen halten. Bei Vollführung des Konkordates wurde er, trotz auffallender Eigenheiten, zum ersten Pastor von Kopstal befördert. Hier lebte er recht und schlecht, nahm sich aber seiner Pflegempfohlenen in Allem väterlich an, weswegen er bei ihnen in hoher Achtung und Liebe stand.

Als er sich seinem Ende nahe sah, rief er öfter glaubens-
stark aus: „Die Hand des Herrn hat mich getroffen!" und
starb gottergeben am 30. September 1828, im Alter von
77 Jahren.

Bommeler, Nikl., Pf. zu Eischen, verweigerte den ihm
abgeforderten Eid, weshalb sein Name auf die Proscriptions-
liste gesetzt ward. Er hielt sich verborgen und entging nicht
bloß der Verbannung, sondern auch der Gefangenschaft.

Boreux, Nat., der Sohn vermöglicher Eltern u. geb. zu
Dinant 1759, fühlte sich frühzeitig zum geistlichen Stande,
den er durch Talent und Tugend zieren sollte, berufen.
Kaum aber hatte er die Priesterweihe empfangen, so hatte
er auch schon harte Prüfungen zu bestehen. Den Republikseid wies er mit Entschiedenheit ab, weswegen er durch
Dekr. v. 14. Brüm. VII zur Deportation verurtheilt wurde.
Nur dadurch, daß er flüchtig ward, sich verkleidete und verbarg, entging er den Nachstellungen der Häscher, bis er am
3. Pluv. VIII von der Verbannungsstrafe freigesprochen
ward. Nach Wiederkehr der Ordnung erhielt er die Pfarre
Amberloux, worin er mit Klugheit und Eifer die Seelsorge
führte und durch Freigebigkeit seinen Namen unvergeßlich
machte. Weil er mit mehren Freunden zu Rom korrespondirte, so ward er zugleich Apostolischer Protonotar für seine
Gegend. Er reisete nach Rom und erhielt von Pius VII
zum Andenken eine kostbare Reliquie, die er in sein Vaterland mitbrachte. Im Jahre 1823 entdeckte er im Mutter-
gottesaltare seiner abgerissenen Pfarrkirche ein antikes Säu-
lenstück und unter dem Hochaltare einen, wahrscheinlich vom
hl. Maternus vermauerten, Heidenaltar, welchen er nebst
einem Bericht.e 1825 in's Museum nach Luxemburg schickte,
indem er davon einen Gypsabdruck zurückbehielt. Unter
Aufopferung seines Erbvermögens erbaute er eine neue
Pfarrkirche, stattete selbe großartig aus, versah sie mit drei
Glocken, und ließ im Frontispiz des Thurmes die in der
Nähe aufgefundene Schrift: «CVRIA ARDVENNÆ» einfesti-
gen. Nebstdem machte er antiquarisch-historische Studien
über seine Gegend. Auch ging er mit dem Gedanken um,

ein neues Pfarrhaus auf eigene Kosten zu errichten, durch eine Stiftung für den künftigen Unterhalt der Kirche zu sorgen, wurde aber an der Ausführung seines Vorhabens durch seinen zu frühen Tod gehindert. Er starb als 70jähriger Greis 1829.

Bourggraff, Nikl., geb. aus Trotten, empfing zu Köln die Priesterweihe und wurde Kapl. zu Fischbach. Hier ereilte ihn die Revolution, in deren Gefolge viel Drangsal über ihn kam. Wegen Eidesweigerung lauerten ihm die Gend. Tag und Nacht auf. Darum weilte er versteckt bald hier bald dort, meistentheils aber in den umliegenden Gebüschen und Felsklüften. Nächst Weier hatte er eine Waldhöhle, worin er mit dem dortigen Kapl. Neu und unter häufiger Assistenz vertrauter Personen die Religionsgeheimnisse feierte. Von der Deportation, in die er verfällt war, am 8. Frim. VIII freigesprochen, erlebte er das Ende der Verfolgung und starb zu Fischbach 1801 in einem Alter von 60 Jahren.

Bourgrave, Leonh., Pf. zu Eschweiler, hielt sich daselbst unter der Verfolgung in „Rausch" auf, und las des Nachts die hl. Messe, bis er am 13. Vent. VIII von der Deportation freigesprochen ward.

Bourguignon, Ph., Pf. zu Surré, hielt sich verborgen, bis er am 25. Pluv. VIII von der Deportation freigesprochen ward. Er starb 1807.

Braun, Mich., ein guter Israelit, Vik. in Schüttringen, wurde am 25. Pluv. VIII von der Deportation freigesprochen, nachher Kapl. zu Olm ernannt. Vor dem Volke erklärte er mehrmals, daß er, weil vom Gedächtnisse verlassen, die Kanzel verlassen müsse. Dagegen war sein Wandel wie ein beständiges Erscheinen auf der Kanzel. Er starb am 23. Aug. 1824.

Bricher, Christh., von Merl, ein guter Kopf, war Vik. zu Mamer und sollte am 30 Brüm. VII verhaftet werden, entkam aber, weil er an eben diesem Tage, sowie Monatelang zuvor, in einer nahen Waldhöhle übernachtete, den grollenden Häschern. Am 26 Pluv. VIII wurde er von der Proskription freigesprochen und wurde Pf. zu Saffenheim

7*

und zuletzt zu Oberkerschen, woselbst er am 22. Mai 1837 als 80jähriger Greis verstarb.

Carmes, Kl., geb. zu Pittingen den 29. Sept. 1765, war das vorjüngste seiner sechs Geschwister und verrieth frühzeitig Geistes= und Herzensanlagen. Er studirte anfangs in seinem Geburtsorte, dann bei seinem geistlichen Oheim Spiegel zu Holz, sofort im Kollegium zu Luxemburg und zuletzt im Seminar zu Trier, wo er von Weihbisch. N. v. Hontheim die Priesterweihe empfing. Seine erste Berufs= thätigkeit äußerte er zu Mersch als Hauskapl. des Pf. Krips. Ein halbes Jahr später ward er daselbst als Ortskaplan angestellt, in welcher Eigenschaft er sich durch Sanftmuth und Leutseligkeit allgemeine Liebe erwarb. Hier war es, wo ihn die Verfolgung traf. Er mußte sich verborgen halten, blieb nur des Nachts in seiner Wohnung, arbeitete bei Tag mit seinen Verwandten auf dem Felde, ging nur verkleidet aus, hielt den Gottesdienst zu Lintgen im Schulhause, lief oft, besonders am 29. Brüm. VII, Gefahr, den Gend., die ihn schätzten und mit denen er unerkannt speisete, in die Hände zu fallen, und nahm sein Nachtlager in verschiedenen Häusern zu Mersch, Pittingen u. s. f. Häufig spendete er zur Nachtzeit die hl. Taufe und andere Sakramente. Die ihm übrigende Zeit verbrachte er mit Beten, Lesen und Dichten frommer Lieder, wodurch er seine verfolgten Mit= priester und sich selbst aufzurichten suchte. Inmitten der Be= drängniß mußte er, was er nie ohne Thränen erzählte, seinem Vater Jakob die Sterbesakramente reichen und als Beichtvater dienen. Durch Beschluß der Konsuln vom 8. Frim. VIII wurde er von der Deportation freigesprochen. Am 10. Okt. 1804 stand er nächst dem Provik. v. Neunheuser, als Bisch. Bienaymé an der Spitze des Luxemburger Klerus Napoleon I. zu Luxemburg beglückwünschte. 1807 ward er mit der Seelsorge zu Kehlen betraut. Wie er sich hier seiner Amtspflichten entledigte, könnten jetzt noch viele seiner ehe= maligen Pfarrkinder bezeugen. Er war der Vater der Armen und Nothleidenden, denen er öfter reichte, was er selbst essen sollte. Keiner Klage vermochte er sein mitleidiges Herz

zu verschließen. Dabei war das Unterrichtgeben für ihn eine
tägliche Beschäftigung. Er bildete Schüler heran, von denen
mehrere zur Priester= und einer zur Doktorwürde in der
Philosophie gelangten. Auch stellte er meteorologische Beob=
achtungen an, betrieb Baumzucht, und entwarf für die
Pfarrangehörigen Pläne zu verschiedenen Bauten. Noch steht
dermalen im Pfarrgarten ein an ihn erinnerndes Denkmal,
ein Brunnenhäuschen, von ihm 1816 erbaut. Nachdem er
gesunden Leibes seinen nahen Tod vorhergesagt hatte, ward
er, das hl. Meßopfer celebrirend, vom Schlagflusse gerührt
und entschlief sanft und ruhig im Herrn am 24. Mai 1831,
im 66. Jahre seines Alters.

Carmes, Sim., Vik. in Hostert, schöpfte Verdacht gegen
Seiquer's Einladung auf Everlingen, weswegen er ihr keine
Folge leistete. Dadurch beugte er der Verhaftung vor.

Clesse, Clem., Franziskan. zu Nörtzingen, verwarf den
Republikseid und zog sich öfter, nothgedrungen, in Wald
und Einsamkeit zurück, wo er auch die hl. Messe las und
sein Gebet verrichtete.

Collin, J. Jos., Vik. zu Bastnach, lehnte den Repu=
blikseid ab, hielt sich versteckt, ward am 29. Niv. VIII von
der Deportation freigesprochen und starb nachher als Vik.
in Massul.

Cormann, J. N., Pf. zu Niederwampach, verwarf den
Republikseid, wurde öfter aufgesucht, entging aber allen
Nachstellungen, bis ihm am 13. Vent. VIII die Deportations=
strafe erlassen ward. Nach Wiederherstellung der kirchlichen
Befugnisse setzte er die Seelsorge fort und starb, geachtet
und geliebt, inmitten seiner Pflegempfohlnen.

Cravat, N., Kapl. zu Hostert und Rambruch, miß=
traute der Seiquer'schen Einladung und hielt sich versteckt
in „Oltges" zu Lannen. Im Keller dieses Hauses, dessen
Eingang mit einer Steinplatte bedeckt und schwer zu er=
kennen war, las er gewöhnlich die hl. Messe, sogar einmal
im selben Zeitpunkte, in welchem der Kommiss. mit seinen
Füßen über seinem Haupte stand.

Daury, K. Fr., Pf. zu Nuette, fuhr fort während der

Verfolgung die hl. Sakramente zu spenden, bis er am 1. Pluv. VIII von der Verbannung freigesprochen ward.

Delfeld, J., Vik. zu Lenningen, mußte öfter mit seiner Wohnung wechseln, bis er am 13. Germ. VIII für deportationsfrei erklärt ward.

Delles, Jos., Karmel. zu Moulin St. Pierre, verweigerte den Republikseid, nahm, um unentdeckt zu bleiben, Knechtskleider und verrichtete die niedrigsten Landwirthschaftsdienste. Im Jahre VIII erhielt er, 46 Jahre alt, seine Freisprechung von der Deportation.

Demander, Kl., geb. 1759 zu Diekirch, wurde Kapl. und dann Pf. zu Bartringen. Er verabscheute und verweigerte mit Entrüstung den ihm abverlangten Eid des Königthumshasses, weswegen er auf die Liste der Vaterlandsfeinde gesetzt und von den Häschern überall aufgesucht ward. Ihm wurde desto grimmiger nachgestellt, als er in dem Prozesse mitfigurirte, welchen Bar. d'Huart wegen einer aus Nothwehr unter Robespierre verübten Husarenerschießung bestehen mußte. Als der Baron freigesprochen wurde, athmete Dr. zwar auch etwas freier wieder auf, mußte sich gleichwohl noch immer verborgen halten. Eine geraume Zeit brachte er im Dachwerke des alten Schloßthurmes zu, und bekannte diesen Aufenthalt nur einem Einzigen, und zwar erst, nachdem er zuvor dessen Verschwiegenheit und Treue auf die Probe gestellt hatte. Am 11. Pluv. VIII erhielt er seine Freisprechung von der Deportationsstrafe, und wurde nach Abschließung des Konkordates zum Seelsorger von Bartringen befördert, in welcher Eigenschaft er durch lange und gewissenhafte Dienstleistung sich allgemeine Achtung und Liebe erwarb. Weil er ein großer Freund der Kleinen war, so lehrte er sie Christlieder und erfreute sie alljährlich um Weihnachten durch eine von ihm selbst errichtete „Krippe." In Folge neuer aber wieder zurückgezogener Diözesanstatute wurde er 1819 zum Landdefinitor seines Kantons bestimmt. Die Tage seiner irdischen Wanderschaft gingen zu Ende am 11. Dez. 1835, nachdem er 52 Jahre im Priesterthum und 76 im Ganzen verlebt hatte.

Dernoeden, Fr., Pf. zu Berlé, ward am 13. Vent. VIII von der Deportation freigesprochen.

Devescourt, Andr., Pf. zu Bauschleiden, wies Seiquer's Einladung nach Everlingen ab, und entging so der Verhaftung, die ihm zugedacht war. Seine Freisprechung von der Deportation erfolgte im Jahre VIII.

Donnersbach, Hch., geb. aus der Budeler Mühle, führte als Jüngling wegen eines Hundes einen mehrjährigen Prozeß, diente sechs Jahre lang im „siebenjährigen Kriege", in welchem er als Brigadier die Aufsicht über Proviant und Wagen führte, begann bei schon vorgeschrittenem Alter seine Studien, und erhielt, nachdem er Priester geworden, zu seinem Wirkungskreise die Kaplanei Christnach. Erst einige Jahre hatte er diesen Posten verwaltet, als er durch die französische Revolution Ruhe und Einkommen verlor. Weil er ein sehr wirksamer Arbeiter im Weinberge des Herrn war, so zog er sich den besondern Zorn der Republikaner zu, welche ihn als einen ihrer gefährlichsten Feinde betrachteten. Der Direktorialbeschluß vom 14. Brüm. VII setzte auch ihn unter die Zahl der Proskribirten. Von nun an suchten ihn die Häscher Tag und Nacht auf, konnten seiner aber nicht habhaft werden, da er sich gewöhnlich im Nachbarshause und oft auch anderwärts, wo er heimlich die hl. Messe las und die Heilsgeheimnisse spendete, verbarg. Einmal drangen zwei Gend. in seine Wohnung und fanden ihn krank im Bette. „Fahrt ihr, sprach er, heute mit mir weg, so könnt ihr morgen mich begraben!" Da gingen sie zur Thüre hinaus, ohne ihn anzurühren. Als sie bald darauf aber, um ihn zu fesseln, zurückkamen, fanden sie ihn nicht mehr. Sie mußten sich daher damit begnügen, ihn höhern Ortes als einen „Schwärmer" und „Herumschweifer" zu bezeichnen. Seither ließ aber Dch. sich nicht anders mehr im Freien sehen als im Kittel und häufig mit Ackerbaugeräthen auf der Schulter. So begegnete er eines Tages, eine Axt auf der Schulter, seinem Schuhmacher Georg. Da dieser ihn nicht grüßte, so machte ihm Dch. darüber einen Verweis und zeigte ihm, daß er unter jedem Gewande den Priestercharakter zu ehren habe. „Vergebet mir, rief der Junge, ich glaubte, Ihr seiet ein Holzhauer aus dem Marscher Walde!" Nie verließ Dch. seine Heerde. Darum genoß er aber auch stets das ungeschmälerte Vertrauen der Seinigen, welche, weil er überaus witzig war, mit seinem Andenken auch seine Sprüche dankbar aufbewahrten und sich daran erbauten. Ihm war nicht gegönnt, die Zeit der Priesterverfolgung zu überleben. Als er sein Ende herannahen fühlte, fragte er nach der Uhr. „Es ist 10 Uhr!" sagte man ihm. „Gottlob! erwiederte er, dann bin ich vor Mitternacht im bessern Leben!" Eine Stunde darauf gab er den Geist auf. Dieß geschah am 25. April 1802, nachdem er sein 68. Lebensjahr vollendet hattte.

Dupont, Sam., Franzisk. zu Ulflingen, war einer der Ersten, welche den Aufstand gegen die Republ. 1798 veranlassen halfen. Von der Deport. wurde er freigespr. am 3. Vent. VIII.

Eischen, K., war Pfarr. zu Bettingen, als er den Republikseid verweigerte. Von nun an mußte er sich mehrjährig verborgen halten, behielt nachher seinen Posten bei, und starb auf demselben, im Alter von 80 J., am 1. Nov. 1826.

Engling, Pet., aus „Schapesch" von Rippig, geb. gegen 1754, zeigte in früher Jugend schon kindliche Frömmigkeit und eine besondere Vorliebe für den geistlichen Stand. Um sich für diesen heranzubilden, ging er zu den Jesuiten nach Luxemburg und darauf nach Trier, wo er die Priesterweihe empfing. Seine erste Anstellung fand er zu Contern, wo er als Vik. unter Pastor Hormann wirkte, als die Revolution hierlands ihre Schrecken verbreitete. Wie sein Prinzipal, so verweigerte auch er die Ableistung des republikanischen Eides. Von nun an mußte er, um nicht verhaftet zu werden, sich verbergen, und bald zu Contern, bald zu Medingen, bald zu Waldbredimus bei seinem Bruder und sieben Monate Strohkorbeln flechtend in „Jans" zu Syren aufhalten. Sein und Hormann's Losungswort war: „Vater und Sohn!" und nur mittelst desselben konnten zu ihnen gelangen diejenigen, welche ihrer Dienstleistung bedurften. Gleichwohl kamen sie öfter in Gefahr, erhascht zu werden. Eines Tages ging Vik. Eg. zur Stunde, wo man die Schweine austrieb, durch Con-

tern, trug einen groben Kittel, einen breiten Bauernhut auf
dem Kopfe und eine irdene Pfeife im Munde, als unver-
muthet zwei „Jesusgripper" — so hießen hier die Gend. —
zu Pferde auf ihn ansprengten. Er, wie außer sich, wußte
nicht mehr, was er thun sollte. Das bemerkte ein Bauern-
weib, welches auf einer nahen Thüre stand. Ihn fiel sie sogleich mit den barschen Worten an: „Dummer Tabaksstinker!
werd' ich heute dir wieder die Schweine nachtreiben müssen?
Lässest du uns das Vieh, dann laß uns auch den Lohn!"
Der bedrängte Priester, welcher nicht auf die Nase gefallen
war, ergriff schnell eine Ruthe, zog treibend hinter den Schwei-
nen her und das Dorf entlang rufend: „He! d'Schwein' heraus!" bis er mit der Heerde glücklich des Dorfes Ende erreichte. Dann rannte er, wie ein Wild, mit Einem Satze
in den nahen Wald. Ihm setzten die Gend. spornstreichs
nach, aber es war zu spät. Eg. war im Gebüsche, sang:
„Gott Dank! Guckuck!" und lobte mit lauter Stimme Denjenigen, dem er es zuschrieb, daß er nicht in die Klauen der
Häscher gefallen war. Nach dieser Gefahr bestand er wohl
noch manche andere, doch hatte er das Glück, seinen Auflauerern überall auszuweichen. Nach der kirchlichen Reorga-
nisation des Landes erhielt er die kleine, alte Pfarre Mom-
pach, welche er treu und ergeben verwaltete bis zum J. 1834.
Wegen Altersschwäche zog er sich in die Einsamkeit nach
Echternach zurück, wo ihn nach langer Vorbereitung auf den
Heimgang der Tod ereilte den 1. Sept. 1836, in seinem
82. Lebensjahre. Pfarr. Eg. war ein Nathanael ohne Arg,
kindlich fromm, bescheiden, anspruchlos und nur für Gott
und seine Pflicht lebend. Man fand ihn immer beschäftigt
entweder mit Gebet oder Betrachtung. Deswegen nannten
ihn die Weltmenschen den „Rosekranzknötler", die christlich
Gesinnten aber ließen seiner seltenen Tugend gern Gerechtigkeit widerfahren und schätzten ihn desto höher, je mehr
sie erkannten, daß aus seinem ganzen Thun und Lassen nichts
als Erbauung hervorging.

Eschfeld, J., Kaplan zu Bochholz a. d. S., verwarf
den Eid vom 19. Fruct. V, mußte aus einem Schlupfwinkel

zum andern flüchten, hielt sich aber am meisten in dem Hause „Peters" auf, worin er den Namen „Ohm Jakob" führte, nur verkleidet erschien, und unter dem Dache, wo er seinen Versteck hatte, die hl. Messe las und die Glaubensgeheimnisse spendete.

Eschweiler, Jak., war Vikar zu Fuhren, als er den Republikseid abzulehnen für Pflicht hielt. Am 27. Brüm. VII sollte er vom Brigadier Lavillette aufgegriffen werden, rettete sich aber rechtzeitig durch die Flucht, und nahm den Wald zu seinem Nachtquartier. Mit Salentiny von Bochholtz hielt er sich abwechselnd in den Gebüschen von Gösdorf, Bochholtz und Masseler auf, in welchen sie sich, um Schutz gegen Kälte und Witterung zu finden, Rasenhütten aufschlugen. Er war glücklich genug, den Häschern zu entgehen und somit der Deportation vorzubeugen. Nach Abschluß des Konkordates ward er Kaplan zu Christnach, darauf Pfarr. zu Lieler, woselbst er, 72 J. alt, am 18. Sept. 1830 starb.

Even, Jos., Vikar zu Weiswampach, schlug den Republikseid aus, half den „Klöppelkrieg" organisiren, und hörte nicht auf, seine Amtsobliegenheiten zu erfüllen.

Eydt, Fr., war Pfarr. zu Kehlen, als er den Republikseid entschieden abwies. Er wich allen Nachstellungen glücklich aus, versteckte sich in verschiedenen Häusern und eiferte wider die unabwehrbare Versteigerung der Pfarrgüter. Am 8. Vent. VIII für deportationsfrei erklärt, übernahm er die Pfarre Freylingen, woselbst er 1806 starb.

Fay, J. Jos., Pfarr. zu Meix vor Virton, hielt sich in der Verborgenheit, bis er am 8. Pluv. VIII für deportationsfrei erklärt wurde.

Feyder, Andr., geb. zu Merl, ein ausgezeichnetes Talent, Pfarr. zu Simmern und Dechant zu Arl, verweigerte die Eidesleistung, verrichtete darnach Knechtsdienste, und hielt sich, so oft die Gefahr drohender ward, im Walde „Lutzert" bei Ehner mit vier andern Geistlichen unter einer Rasenhütte auf. Schon hatte er sein 60. Lebensjahr vollendet, als er verhaftet werden sollte. Er starb 1808 im Alter von 69 Jahren.

Forth, J. P., aus Nörtzingen, Pfarr. zu Rambruch, wies die Seiquer'sche Einladung nach Everlingen ab, wodurch er die Verhaftung vermied. Er starb zu Redingen 1821.

François, J. K., Vik. zu Livarchamps, verwarf den Republikseid. Nachdem er am 8. Pluv. VIII für deportationsfrei erklärt worden, ward er zum Pfarr. von Rosières ernannt, woselbst er, 77 J. alt, am 4. April 1840 starb.

Frantzen, J. B., Frühmesser zu Hesperingen, durch Schlichtheit und Herzenseinfalt ausgezeichnet, verwarf den Revolutionseid, wurde am 21. Pluv. VIII von der Deportation freigesprochen und nach Abschluß des Konkordates zum Pfarr. von Küntzig befördert, woselbst er einmal dem zu viel Wasser schüttenden Chorknaben zu überlegen gab, ob nicht der Bach in den Kelch zu kehren sei. Er starb, 80 J. alt, zu Itzig am 17. Mai 1839.

Freymuth, Hch. Mich., geb. zu Hondelingen, war Bernardiner und Schatzmeister zu Orval. Aus seinem Kloster entnahm er bei dessen Verwüstung soviel Geld, daß er zwei Pferdslasten Kronenthaler verheißen konnte, wenn ihm Einer seinen früheren Aufenthalt wiederhergestellt hätte. Er vermied die Verhaftung, ward am 28. Pluv. VIII von der Deportation freigesprochen und starb, 76 J. alt, als Pfarr. zu Tintigny den 24. April 1837.

Fuhrmann, H. M., talentvoll, Pfarr. zu Kayl, hatte wegen Eidesweigerung viele Verfolgungen auszustehen, wurde nachher Würth's Nachfolger zu Düdlingen, woselbst er am 19. Mai 1828 im Alter von 62 J. starb.

Gaté, P. Jos., Vik. zu Houffalize, ward am 8. Pluv. VIII von der Deportation freigesprochen, nachher zum Pfarr. in Baclain ernannt, woselbst er, 73 J. alt, den 8. Mai 1833 st.

Gentges, J. M., Pfarr. zu Thiaumont, wurde durch Dekr. vom 14. Brüm. VII in die Deportationsstrafe verfällt, wich der Verhaftung aus, indem er Schäfersdienste leistend sich unentdeckbar machte.

George, Math., Dominikaner zu Peppingen, wurde, als überführt die Messe öffentlich celebrirt und gleichwohl den vom Gesetze vom 21. Niv. VIII geforderten Treuschwur abgelehnt zu haben, am 25. Prair. IX zu Luxemburg zu 500 Fr. Buße, drei Monaten Gefängniß und Vergütung der Kosten verurtheilt.

Gödert, Mich., Benediktiner zu Reckingen, wurde am 13. Vent. VIII von der Verbannung freigesprochen.

Goeury, Fr., talentvoll, Pfarr. zu Habergy, war 37 J. alt und als Taglöhner beschäftigt, als er wegen Eidesweigerung verhaftet werden sollte. Er starb als nachheriger Pfarr. zu Mondorf 1821.

Greyen, Joh. Bapt., aus Michelbuch, verwaltete die Pfarre Kaundorf von 1794 an, wurde den 5. Okt. 1797 zur Eidesleistung aufgefordert und wegen Weigerung derselben zur Deportation verurtheilt. „Er hatte, schreibt Pfarr. Barthelemy, die ganze Bitterkeit der französischen Verfolgung zu verkosten, mußte seine Kirche schließen und die Bauern selbst ihre Todten begraben und ihre Kinder taufen sehen." Seine Freisprechung von der Deportation ist datirt vom 24. Pluv. VIII. Zu Michelbuch, wo er am 8. April 1806 verstarb, wird sein Andenken noch lange fortleben durch eine bedeutende Meß und Almosenstiftung, die er testamentarisch hinterließ.

Grünwald, Mich., geb. zu Luxemburg, Kapl. zu Kopstal, verweigerte den Republikseid, wurde am 18. Pluv. VIII von der Deportation freigesprochen und starb nachher als Pfarr. zu Guerlingen.

Haas, Balth., Pfarr. zu Rittersdorf, verwarf den Republikseid und entkam allen Nachstellungen, bis er am 5. Vent. VIII von der Deportation freigesprochen ward.

Heiderscheid, Joh. Pet., aus Heiderscheid, führte von 1795 bis 1803 mit Unerschrockenheit die Seelsorge als Pastor curatus zu Fischbach. Deswegen und seiner Eidesweigerung halber sollte er am 25. Frim. VII verhaftet werden, was sich aber nicht bewerkstelligen ließ. Während der ganzen Verfolgungszeit hielt er sich bald hier bald dort in den umliegenden Waldungen auf, sah sich oft von Gend. umschwärmt, entging jedoch ihren wiederholten Nachstellungen. Eines

Winterabends, als sie ihm nachjagten, wagte er über den eingefrornen Schmelzweier zu setzen. Als er gegen dessen Mitte kam, brach krachend unter seinen Füßen das Eis und er plumpste in's Wasser hinunter. Nur mit vieler Mühe gelang es ihm, sich wieder emporzuarbeiten und schwimmend das Ufer zu erreichen. Dann mußte er die ganze Nacht in seinen starren Kleidern und dazu im Gebüsche zubringen. Er verkältete sich und zog sich eine Krankheit zu, welche die Ursache seines frühzeitigen Todes ward. Am 25. Pluv. VIII ward er von der Deportation freigesprochen, starb aber kurz nachher.

Hemmer, H., Pfarr. zu Sterpenich, war schon 60 J. alt, als er noch verhaftet werden sollte. Glücklich entkam er den Häschern und wurde am 3. Vent. VIII von der Deportation freigegeben.

Hettinger, J., geb. zu Constum, war Franziskaner zu Luxemburg und hielt sich während der Verfolgung bei seinen Verwandten zu Clerf auf. Hier veranstalteten die Gend. einst eine solche Haussuchung, daß zur Rettung des Ordensmannes kein anderes Mittel mehr übrigte, als ihn, der blaßwangig aussah, für den erkrankten Hausherrn auszugeben und im Bette zu halten. Die Häscher, welche alle Ecken durchstöberten, ließen Hr. ruhig liegen und zogen ab. Kurz darauf ward er wirklich krank und starb, ohne das Ende der Wirren erlebt zu haben.

Hoffmann, Frch., zuerst Vik. und dann Pfarr. zu Gostingen, mußte wegen Eidesabweisung vielerlei Entbehrung und Verfolgung ausstehen, entkam aber durch Verborgenheit allen Nachstellungen. Seine Freisprechung geschah im J. VIII.

Hormann, Ph., Pfarr. zu Contern, durch Talent ausgezeichnet, erlitt mit seinem Vikar hunderterlei Entbehrungen, verbarg sich in verschiedenen Häusern, bis er am 11. Pluv. VIII von der Deportationsstrafe befreit wurde.

Jacoby, Thom., Pfarr. zu Mamer, verweigerte den Republikseid, weswegen er am 30. Brüm. VII verhaftet werden sollte. Durch rechtzeitige Flucht entlief er den Gend., und hielt sich von da an verborgen, bis er am 26. Pluv. VIII Freisprechung von der Deportation erhielt.

Jeannette, Th., Vik. zu Attert, sollte, obwohl 60 J. alt und krank, verhaftet und außer Landes geführt werden; aber er entkam, indem er sich versteckt hielt, bis er am 22. Vent. VIII von der Deportation freigesprochen ward.

Jeanty, Pl., aus „Fasselesch" von Biesbig, früherer Kapl. zu Schandel und Pfarr. zu Heiderscheid, als die Revolution das Land überflutete. Ein entschiedener Ablehner des Gleichheitseides, hielt er sich mit mehren Standesbrüdern abwechselnd in den Baraken im „Vehloch" und „Heinzloch" und unter dem Gewölbe einer alten Bierbrauerei neben den verborgenen Glocken auf, und las in der Sonntagsfrühe die Messe bald in „Metschen" und bald in „Schaacks". Die Verbannung vermied er; aber es kostete die Kirche ihre Güter: sie wurden versteigert. Erst am 22. Pluv. VIII ward er für deportationsfrei erklärt.

Kieffer, Aug., war Frühmesser zu Wecker, wich den Nachstellungen seiner Auflaurer aus, ward am 3. Vent. VIII von der Deportation freigesprochen und starb 1807 als Vikar in Mörsdorf.

Klein, Mich., geb. zu Warken gegen 1750, machte seine ersten Studien in seinem Geburtsorte und zu Luxemburg und seine höhern in Trier, woselbst er auch zum Priester geweiht wurde. Sein erster Amtskreis fiel ihm in Everlingen zu, wo er 15 Jahre lang als ein wahres Muster christlichen Wandels wirkte. Um den Nachstellungen des dortigen Kommissärs zu entweichen, durchwanderte er das Land und glaubte endlich, nach langem Umherirren, in Pettingen eine Sicherheitsstätte zu finden. Hier entfaltete er von Neuem seine Priesterthätigkeit und versah die Gläubigen heimlich mit den hl. Sakramenten. Aber bald war er verrathen und genöthigt, in eine nahe Waldschlucht seinen Aufenthalt zu verlegen und sein Nahrungsgeschäft auf die Nacht zu beschränken. Am 29. Brüm. VII sollte er, weil er sich wider die Eidesleistung entschieden hatte, verhaftet werden; er entlief aber den ihm durch Dick und Dünn folgenden Häschern und hielt sich von nun an immer verborgen, bis ihn ein Dekr. vom 8. Frim. VIII der Deportationsstrafe enthob. Nach Verbringung der

Verfolgungstage ging er als Vik. nach Junglinster, wo er zwei Jahre die Seelsorge ausübte. Von Junglinster ward er nach Saeul, und von hier als Pfarr. nach Esch a. d. S. versetzt. Diese Pfarre leitete er 7 bis 8 Jahre, übernahm darauf, wegen Altersschwäche, die leichtere Seelsorge in Dünkrodt, konnte aber schon nach zwei Jahren den Pfarrdienst nicht mehr versehen, weshalb er von da an seine Tage im Elternhause verlebte, bis er 1815 das Irdische mit dem Himmlischen vertauschte.

Klein, N., aus Wormeldingen und Vik. zu Saeul, mißtraute der Seiquer'schen Vorladung und vermied somit die Verhaftung. Bei Vollziehung des Konkordates erhielt er die Pfarre Rospelt, stand dieser mit frommer Würde und großer Gewissenhaftigkeit vor, dankte sie 1841 wegen Altersschwäche ab, und starb drei Jahre später zu Johannselter.

Koch, J. B., geb. aus der Pfarre Pintsch, studirte zu Luxemburg und Köln, in welcher letztern Stadt er die Priesterweihe empfing. Seine erste Anstellung in der Seelsorge war die Kaplanei Lellingen, in welcher er, geringes Naturaliengehalt beziehend, bereits mit dem ihm verliehenen Pfunde wucherte. Säulenfest weigerte er die Ableistung des Eides vom 19. Fruft. V, weswegen ihm oft nachgespürt wurde. Doch wußte er den Auflauerern immer auszuweichen, indem er sich theils verborgen und theils flüchtig hielt. Mit Taglöhnerlumpen war er bedeckt, wenn er ausging, und verrichtete das hl. Meßopfer nur um Mitternacht und im entlegensten Schlupfwinkel eines Bauernhauses. Da der Pfarr. von Pintsch geschworen hatte, so verachteten ihn die Ortsleute, strömten haufenweise dem von Koch gefeierten Gottesdienste zu, und wollten die Heilsgeheimnisse nur aus den Händen dieses letzteren empfangen. Darum schützten sie ihn auch, wenn er celebrirte, stellten sich bewaffnet an die Speicherthüre, und waren entschlossen, nur der Übergewalt zu weichen. Mußte er sich zuweilen verscheuchen lassen, dann flüchtete er in ein nahes und unbemerkbares Fleischhäuschen, worin er den Vorübergang der Gefahr ruhig abwartete. 1806 ward er am Gymnasium zu Luxemburg angestellt als

Leiter der sechsten und fünften Klasse, welche Eigenschaft er beibehielt bis zum letzten Jahre seines Professorats, in welchem er Poesie lehrte. Als witziger und wohlgelaunter Lehrer erhielt er sich stets die Aufmerksamkeit und Liebe seiner Zöglinge. Die Zeit der letzten Belagerung Luxemburg's verbrachte er in der Stadt und mußte erleben, daß eines Abends, als er mit Licht etwas später aufblieb, eine Haubitze durch das Fenster in sein Schlafzimmer (jetziges Athenäum) fiel. „Bewahren Sie, sprach zu ihm Direktor München, diese Kugel auf; sie wird Ihrem Nachtwachen und der von Ihnen überstandenen Gefahr Zeugniß geben!" Nach Übergabe der Festung 1814 wurde Koch zum Pfarrer in Weimerskirch ernannt. Diese Stelle bekleidete er bis zum J. 1819, in welchem er zum Primärpfarr. 1. Kl. nach St. Michael in Luxemburg befördert wurde. Nur kurze Zeit war ihm gegönnt, hier das Hirtenamt zu versehen. Er starb, von Land und Stadt betrauert, am 24. April 1821.

König, Seb., geb. zu Luxemburg, Benediktin. zu Echternach, war Frühmesser zu Bollendorf und Verwalter der seiner Genossenschaft zugehörigen Bollendorfer Burg, als ihm die Rothmützler einen Eid abforderten, dessen Leistung seinem Gewissen widerte. Um der Verhaftung zu entkommen, mußte er mehrmals mit Lebensgefahr durch die Sauer waten und dulden, daß während er sich versteckt oder flüchtig hielt, seine Wohnung und die Schloßkapelle ihrer Möbel, die theilweis in's Wasser geworfen wurden, beraubt und ausgeplündert und letztere zudem noch schändlich verunehrt wurde. Als die langvermißte Ordnung zurückkehrte, war die Bollendorfer Burg als Staatseigenthum verkauft, und der obdachlose Priester fand nur noch in dem Schooße seiner Familie ein nothdürftiges Unterkommen.

Kuborn, J. Georg, Pf. zu Beidweiler und Definitor des Kapitels Mersch, ein ausgezeichnetes Talent, wurde unter die Widerspänstigen gezählt und sollte deportirt werden. Dieser Strafe entwich er, indem er sich in verschiedenen Häusern, besonders in „Groß" zu Beidweiler, verbarg. Weil man ihm unaufhörlich zusetzte, so mußte er mit seinem Verstecke

wechseln, zuletzt alle 24 Stunden ein anderes Quartier neh=
men und vielerlei Entbehrungen ertragen. Um Halbnacht
las er die Messe, wozu ein Stoß in eine Schweinschnitter=
pfeife das Zeichen gab. Einst fiel er, als er sich zum hl.
Opfer vorbereitete, in die dunkle Öffnung eines Haberscho=
bers, aus welchem er erst nach zwei Tagen halbtodt hervor=
gezogen wurde. Nach Wiederherstellung der Ordnung behielt
er sein Pfarramt bei, verordnete letztwillig, daß er von einem
ungeschworenen Priester beerdigt werden sollte, und st. 1804.

Kuborn, J. Jos., Pfarr. zu Compogne, entschiedener
Republiks= und Eidesfeind, wurde am 6. Pluv. VIII von
der Deportationsstrafe losgesprochen.

Lacomparte, J. B., verwaltete seit 1793 Schüttrin=
gen und Hostert, verwarf den Republikseid, stärkte in der
Eidesverwerfung auch seine Mitpriester, behielt nachher die
Pfarre Hostert, in welcher er sich 1803 in Folge einer Strei=
tigkeit wegen der Niederanwener Kapelle die Einquartirung
von zwei Reitern zuzog, ließ 1812 und 1824 neue Pfarr=
glocken gießen, und starb, 80 J. alt, am 15. Sept. 1831.

Lamberts, Frch., zu Wallhorn nächst Eupen geb., vol=
lendete seine Studien auf der Universität Löwen, wo er sich
zum Primus emporschwang, weswegen diese ihm nachher die
Pfarre Weiswampach übertrug. Mit der Seelsorge betraut,
ward er bald auch Prokurator ad lites, Apost. Protonotar
und Offizial des Staveloer Kapitels, in welcher Eigenschaft
er den Pfarr. von Großkampen zu achttägigem Hausarrest
verurtheilte und einen großen Einfluß auf die kirchlichen
Angelegenheiten seiner Gegend ausübte. Hiedurch und durch
die sich um ihn schaarenden Studenten, denen er Rathgeber
und Vater war, sah er sich veranlaßt, mehrseitige Thätig=
keit an den Tag zu legen. Wie als Gelehrter überhaupt, so
war er im Besondern auch als Kanonist und Jurist ausge=
zeichnet und führte, was ihm den Namen „Prozeßkrämer"
zuzog, mehre Prozesse zu Gunsten bald seiner Kirchenfabrik
und bald einzelner Geistlichen. Auf Zucht und Ordnung
hielt er mit unbiegsamer Strenge, so zwar, daß er einmal
einem Priester, der ihm die hl. Messe zu schnell celebrirt

hatte und wieder celebriren wollte, die Albe vom Leibe riß und den Zutritt zum Altare verwehrte. Im J. 1798 betheiligte er sich an dem zu Weiswampach ausgebrochenen „Klöppelkriege", welchen er gewissermaßen unterhielt und leitete. Als entschiedener Antirepublikaner fand er zahlreiche Gesinnungsgenossen wie im In- so auch im Auslande, mit welchen er briefwechselte. Obgleich er, der Proskription verfallen, das Gerücht, als sei er nach Deutschland entwichen, sich verbreiten lassen mußte, so verließ er doch als treuer Seelenhirt nie seine Heerde und stand ihr, wie oft er auch während dreimonatlichen Aufenthalts zu Malscheid und eines ebenso langen zu Weiswampach in Schränken und Heuknöpfen und zuletzt noch drei Monate im Gemeindewalde seinen Versteck nahm, nichtsdestoweniger mit seinen Diensten Nacht und Tag zu Gebote. Ging er aus, so geschah es des Nachts, um zu taufen, die Ehen einzusegnen und die Kranken zu versehen. Sein Brevier und ein braver Bauer waren seine Begleitung, sein Glaubensmuth sein Leben. Einmal führte ihn, nachdem er bei Mondschein die Alf durchwatet hatte, sein Weg an Beiler vorbei. Da hörte er an der nahen „Schirbach" großes Gelärm und Geklirr. Es waren die Franzosen, welche mit gefesselten Bauern heraufzogen. Es. mußte in seinem gefrornen Anzuge und auf kalter Erde hucken, bis die Kriegerrotte vorübergezogen war, und dann erstarrt noch eine halbe Stunde weit laufen, bevor er seine Wohnung wieder erreichte. Es half wenig, daß ihn mehre Weiswampacher vor den nahen Folgen des Bauernaufstandes warnten; es half wenig, daß die Republikaner ihn für vogelfrei erklärten: er verharrte in seinem Abscheu gegen die politischen und religiösen Neuerungen, sowie in seinem Bestreben, sich und das Land von einem verhaßten Joche zu befreien. Auf verschiedene Weisen wußte er seine Verfolger zu täuschen, ließ sich Briefe vom Rheine schreiben, die an seine Abreise von Weiswampach glauben machten, und blieb, obgleich er später feierlich betheuerte, nie zu Gunsten der Klöppelarmee einen Brief geschrieben zu haben, und selbst keinen äußern Antheil an der Insurrektion nahm,

dennoch fortwährend deren Hauptleiter, sowie die Seele
alles Deſſen, was dabei zu gemeinſchaftlichem Zwecke geſchah
oder geſchehen ſollte. — Wie die meiſten ſeiner Geſinnungs=
genoſſen, ſo war auch er für die heilige Sache der Religion
und des Landes begeiſtert und bereit, dafür Alles, ſelbſt
das Leben, aufzuopfern. Nicht Heiligeres und Eiligeres
kannte er, als der Fremdherrſchaft ein Ende zu machen, der
um ſich greifenden Unſittlichkeit Einhalt zu thun, den Glau=
ben und die alten Geſetze wieder in ihre früheren Rechte
einzuſetzen, und mit der alten Redlichkeit auch das alte
Wohlſein zurückzuführen. Das geeigneteſte Mittel hiezu
ſchien ihm, wie vielen Anderen, die Eroberung Luxemburg's
und die Verjagung der Franzoſen aus dieſer Feſtung. Sein
Zweck war groß und ernſt; ſein Wille kühn und ſtark, in=
dem er das Land, nachdem die Städter ſich bereits unter
das Joch gebeugt, durch die Bauern zu retten gedachte.
Allein er verrechnete ſich gewaltig in Anſehung der Mittel.
Ihm entging es, wie ſelbſt ein thatkräftiges Volk, wenn es
energiſcher Haltung und Zucht entbehrt, zu Großem unfähig
bleibt, ſich ſelbſt und die beſte Sache kompromittirt, der
Thorheit und Lächerlichkeit anheimfällt, oder weiter geht,
als der Zweck es fordert; ihm entging es, daß ſich ein
Gleiches auch mit der Klöppelarmee zutragen würde. Dieſe
trug in ſich das Element der Selbſtauflöſung und würde,
wäre ſie auch nicht vom Feinde zerſprengt worden, ihrer
Vernichtung entgegengegangen ſein. Es war daher verge=
bens, daß Lambert mit verſchiedenen Klöppelkriegern zu
Drinkler ein Kompromiß ſchloß und nach dieſem als Muſter
auch andere ſchließen ließ: die Aufſtändiſchen waren ihrem
Unternehmen nicht gewachſen, mußten der Übermacht unter=
liegen und ihre Tollkühnheit großentheils mit dem Leben
büßen. — Wegen dieſes unglücklichen Ausgangs des Klöp=
pelkrieges, der Weiswampach's Sengung faſt verurſacht
hätte, waren ihrem Seelſorger zuletzt viele Pfarrangehörige
mißgünſtig und abhold geworden und wollten ihn nicht
mehr als ſolchen anſehen. Nach Regelung der kirchlichen An=
gelegenheiten verklagten ſie ihn daher, daß er 1. nicht ſin=

8

gen könne, und 2. immer Daſſelbe predige. „Wenn er nicht
ſingen kann, antwortete Herr v. Neunheuſer, dann kann er
Leſmeſſe halten; und wenn er Daſſelbe immer predigt, ſo
ſaget, was prediget er?" Die Ankläger wußten es nicht.
„Nun denn, erwiederte der Würdner, wenn ihr nicht wißt,
was Lamberts predigt, ſo hat er es noch nicht genug gepredigt!" und entſchied, daß derſelbe in Weiswampach zu
bleiben habe. In Folge dieſer Entſcheidung veranſtaltete die
Pfarre eine Feſtlichkeit, wie darin zuvor noch keine war ge-
ſehen worden. Sämmtliche Pfarrgenoſſen zogen, mit Muſik
und der männlichen Jugend unter dem Gewehr, dem ge-
bleichten Greiſe entgegen. Der Maier, Namens Dupont,
ein ehrenfeſter Mann, mit der Amtsſchärpe angethan, hielt
eine herzliche Anrede und ſprach: „Ich habe Ihnen, Herr
Paſtor, die Kirche geſchloſſen; es freut mich, daß auch ich
Ihnen ſie wieder aufſchließe!" Aber der geehrte Seelenhirt
genoß nur drei Jahre lang die Frucht ſeines Triumphes,
da kam der Augenblick ſeines Heimganges zum Vater. Er
konnte ſich ſagen: „Meinen Lauf habe ich vollendet, den
Glauben bewahrt!" Seine Grabſchrift lautet verdeutſcht:
„Hier ruhen die Gebeine des ſehr hochw. Hn. Friedr. Lamberts, beinahe 40jährigen würdigſten Pfarrers in Weiswampach und Offizials des ehrw. Stäveloer Kapitels. Er iſt
im Herrn entſchlafen den 11. Jan. 1805, 64 J. alt. Dieſer
Mann war ein großer Theolog und gelehrter Juriſt, ein
dreimal guter Hirt und Leiter ſeiner Schafe. Möge er, welcher
ſo oft an den heiligen Altären das „Dreimalheilig" ſprach,
nun „Heilig" ſingen mit den Heiligen über den Geſtirnen!"

Laplume, Hch., geb. zu Aſſelborn, ſtand als Pf. zu
Anloix (Lüttich), als ihm der Eid vom J. V abgefordert
wurde. Am 19. Pluv. VII ſollte er verhaftet werden. Da
kamen zwei Dragoner in ſein Haus, banden ihn, weil er krank
lag, an ſein Bett, plünderten ihn aus und mißhandelten
ihn in der roheſten Weiſe. Einer zuckte den Säbel um ihn
zu zerhauen. Da rief der Andere: „Bah! laß leben den
Wicht, er gibt uns weiter nichts!" Keine ähnliche Prüfung
hatte Lme. ſeither mehr zu beſtehen. Nach Abſchluß des

Konkordates ward er Pfarrer zu Hobscheid, woselbst er 1814 starb.

Lauff, Fr., Bruder des Hch. Lf., studirte zu Luxemburg und wurde als Kaplan nach Dindorf geschickt. Von da kam er als Kaplan nach Sandweiler. Hier mußte er sich, weil er den Revolutionseid abwies, versteckt halten, bald auf den umliegenden Höfen und bald öfter noch im nahen Walde übernachten und harte Entbehrungen sich gefallen lassen. Nach Wiederherstellung der Ruhe bekam er die Pfarre Hemstal, welcher er bis in die zwanziger Jahre seine Seelsorgsdienste widmete, ohne jedoch sich deren volle Liebe, da sie ihn für einen „Hudeler" hielt, verschaffen zu können. Erschöpft und gebrochen fand er Obdach und Pflege im Spital seiner Vaterstadt, in welchem er, 84 J. alt, am 26. Nov. 1844 starb.

Laurent, Xav., Franziskaner von Ulflingen, wohnhaft zu Gödingen, versammelte das Volk zum nächtlichen Gottesdienste und wies den Republikeid ab, weswegen er am 25. Brüm. VII verhaftet werden sollte.

Lefèbre, J. N., Pfarr. zu Longchamps, ein gutes Herz, hielt sich verborgen, ward am 18. Pluv. VIII von der Deportation freigesprochen, und fuhr fort in seiner Pfarre das Hirtenamt auszuüben bis zu seinem Absterben am 7. Jan. 1825, im Alter von 64 Jahren.

Lentz, M., Frühmesser zu Weiler z. Th., verwarf den Republikeid, verbarg sich und ward am 11. Pluv. VIII von dem wider ihn ergangenen Verbannungsurtheil freigesprochen.

Loser, Kl., von vermöglichen Eltern zu Rosport geb., wurde, nachdem er seine Studien beendigt und die Priesterweihe empfangen hatte, als Kapl. zu Rittersdorf (Bitburg) angestellt. Weil er den von der Republik gebotenen Eid nicht leistete, so mußte er flüchten, im Bauernkittel einherziehen und die Feier der Religionsgeheimnisse heimlich begehen. Einst wurde er auf ein Nachbardorf gerufen, daselbst ein Kind zu taufen. Noch an demselben Abende lief er hin und that, wie verlangt war. Da er aber die Rückreise sonder

Führer antrat, so verfehlte er den rechten Weg und gerieth in einen Waldmorast, in dessen Moder er sich immer mehr verging, so zwar, daß er die ganze Nacht verbrachte, ohne aus demselben herauszukommen. Da kam in der Morgendämmerung ein Mann, Holz sammelnd, daher; dieser fand den im Schlamme versunkenen und halberfrornen Priester und nahm ihn mit sich in seine Wohnung. Aber unvorsichtiger Weise beschleunigte er, das Zimmer zu stark heizend, zu sehr den Übergang aus der Kälte in die Hitze. Was Lr. Rettung bringen sollte, brachte ihm Verderben. An demselben Tage schon starb er zur Trauer Aller, die ihn kannten.

Loutsch, L. Jos. Merck v., geb. im Schlosse Arsdorf den 29. März 1731, war daselbst Pfarr. von 1768 bis 1804. Als solcher unterhielt und verbreitete er antirepublikanische Gesinnung, weswegen ihn die Freiheitsschergen „Räubergeneral" nannten. Des Landes verwiesen, lehnte er die Seiquer'sche Vorladung ab, und entging allen wider ihn gerichteten Nachstellungen. Während letztgenannten Jahres starb er in demselben Zimmer, in welchem er zuerst das Tageslicht erblickt hatte. Seine verwesliche Hülle ruht unter dem Pflaster des Kircheneingangs gemäß dem Befehle, den er sterbend gab: „Begrabet mich unter den Eingang, auf daß die Schafe, über den Hirten ein- und ausgehend, seiner gedenken!"

Ludwig, J., Dominikaner zu Luxemburg, kraft- und salbungsvoller Prediger, hatte wegen Eidesweigerung viele Entbehrungen zu ertragen, wußte aber den ihm gelegten Fangstricken auszuweichen. Doch starb er schon, bevor er noch von der Deportation freigesprochen ward, im Pfaffenthal, wohin er sich zurückgezogen hatte.

Lutgen, Jak., lebte anfangs als Privatgeistlicher zu Namur, kam zur Zeit der Eidesabforderung zurück in seine Heimat Eschweiler, hielt sich in dem Hause „Fatz" auf, und verrichtete nur des Nachts das hl. Opfer, dem die befreundeten Nachbarn beiwohnen durften. Ein Trunkenbold, dem er öfter begegnete, setzte ihn eines Tages durch sein Rufen: „Die Gendarmen!" derart in Schrecken, daß er irrsinnig ward und kurz darauf starb.

Martini, Joh. Wilh., geb. aus Hinterhausen (Pfarre Renndorf), trat in den geistlichen Stand und wurde Professor zu Stavelo. Weil er die Leistung des ihm abgeforderten Civileides verweigerte, mußte er harte Prüfungen bestehen. Um den Häschern zu entgehen, gab er seine Professur auf, trat 1798 mit Pfarr. Lamberts in ein engeres Verhältniß, und hielt sich zu Malscheid und Beiler=Leithum verborgen. Je näher das Schwert der Verfolgung seinem Haupte kam, desto lebhafter schwebte auch vor seinen Augen das Wort des Herrn: „Ein guter Hirt gibt sein Leben für seine Schafe!" Die seiner Obhut Angewiesenen verließ er daher weder bei Tag noch bei Nacht, trotzdem daß die Republikaner, um ihn auszuspähen, fast jede Woche nach Beiler kamen und zähn=knirschend riefen: „Wir müssen ihn haben, was es auch koste!" Aus seinem Verstecke, worin er täglich celebrirte, begab er sich zu den Kranken und Hülfe Verlangenden nur dann, wenn er dazu durch vertraute Personen aufgefordert wurde. Einstmal hielt er sich in einem Hause auf, worin ein Greis lebte, dem man seinen Namen verheimlichen zu sollen glaubte. Dieser klagte ihm darüber, daß er am andern Tage stundenweit gehen müsse, um seine Osterpflicht zu er=füllen. „Können Sie schweigen, versetzte Mni., so mach' ich, daß Sie diese Pflicht an Ort und Stelle erfüllen dürfen!" Als darauf der Alte die Lippe zum Lächeln verzog, entdeckte Mni. sein Haupt und wies seine Tonsur. Der Greis fiel auf seine Kniee, bat um Vergebung und ließ sich freudig die hl. Sakramente spenden. Manchfach und bewunderungs=werth war die List, mit welcher Mni. die ihm auflauernden Feinde täuschte. Bald verkleidete er sich als Bettler mit zer=rissenen Strümpf' und Schuh'n und wandelte umher, bald trug er ein Hirtenhorn am Halse und trieb die Viehheerden auf die Weide. Eine Warze auf der Schläfe, woran ihn die Gend. erkennen konnten, ließ er sich ausschneiden. Eines Tages saß er in einem weißen Kittel am Feuerheerde eines Bauern, als die Polizeidiener, nach ihm spähend, zur Thür' hereintraten. Die Frau des Hauses, welche nicht linkisch war, erhob ein Reiß und fuhr ihn barsch an: „Faulenzer,

pack' dich zu deiner Arbeit!" Der verjagte Priester ergriff eine
Hacke, nahm sie auf die Schulter und zog zur Thür' hinaus, ohne von den Häschern erkannt zu werden. Ein anderes
Mal, als er auf ein benachbartes Dorf gehen mußte, hüllte
er sich in Lumpen ein, band sich ein Strohseil um das Knie,
nahm Garn und Strickeisen und strickte unterwegs. Da er
die nächste Höhe erreichte, erblickte er in der Ferne die Gend.,
welche auf ihn zukamen. Sogleich zog er seinen Hut über
die Stirne, und zog an den Spähern vorbei, ohne diese
ahnen zu lassen, daß sie dem von ihnen Aufgesuchten so nahe
wären. Noch ein anderes Mal kamen die Gend., weil ihnen
Mni.'s Aufenthalt verrathen war, nach Beiler, und durchsuchten alle Häuser. Es entstand großer Aufruhr: alle Orts-
bewohner liefen herbei, die einen seufzend und klagend, die
andern thuend, als hälfen sie Mni. aufsuchen. Unter den
letztern befand sich Mni. selbst; auch er half Mni. aufsuchen
und ließ sich mit Scheltworten überhäufen, bis die Gend.
abzogen. Nachdem die Verfolgung zu toben aufgehört hatte,
eröffnete er zu Beiler, wo er die Primärschule hielt, auch
eine Lateinschule, lehrte Grammatik, Poesie, Rhetorik, Philosophie und Theologie, zählte unter seine Schüler Pf. Kalbersch, Dechant Hoscheid, Thomas, Schmitz, und andere verdient gewordene Männer, kaufte dem Orte ein Priester- und
Schulhaus, wurde daselbst Kaplan und gewissermaßen der
Erschaffer dieser Kaplanei, welche er bis zu seinem um 1812
erfolgten Absterben verwaltete.

Mathieu, Ant. Jos., Pfarr. zu Weimerskirch von 1777
bis 1798, verweigerte den Republikseid, weshalb er Pfarrgut und Wittthum versteigern sah, wurde am 8. Pluv. VIII
für deportationsfrei erklärt, und starb nachher als Pfarrer
zu Eischen.

Mausen, Nikl., geb. aus „Schwalen" von Daleiden,
war bereits 23 J. alt, als er seine Studien anfing. 1783
zum Priester geweiht, erhielt er zu seinem Titel den St.
Katharinenaltar in seinem Geburtsorte. Darauf wurde er
nach Amel, ein Jahr später nach Möderscheid als Frühmesser und endlich nach Daleiden als Vikar versetzt. Vom

15. Juni 1797 an verwaltete er als Seelsorger diese Pfarre, nahm das Pfarrhaus in Besitz und wußte gegen seinen Mitbewerber um diese Stelle seine Ansprüche auf sie derart geltend zu machen, daß er 1801 zu derselben wirklich ernannt wurde. Im J. 1798 mußte er den Klöppelkriegern, welche sich am 30. Okt. zu mehr als 500 in den Wiesen, der Pfarrkirche gegenüber, gelagert hatten, von der Sakristeithüre ab, nachdem hiezu die verborgenen Monstranz und schönsten Kirchenornamente waren hervorgeholt worden, die Generalabsolution und den sakramentalischen Segen ertheilen. Von dieser Zeit an wurde der Civileid von jedem Geistlichen, der denselben noch nicht geleistet hatte, mit erneuertem Nachdrucke verlangt. Mit Entrüstung wies ihn Pastor Mn. ab, wie nachtheilig in materieller Hinsicht auch dieser Abweis für die Pfarre werden sollte. Aber auch nur dadurch, daß er sich nun fortwährend verborgen hielt und im Verborgenen seine Amtsverrichtungen ausübte, konnte er den unablässigen Nachstellungen der Gend., die ihm bis in die entlegensten Schlupfwinkel nachspürten, ausweichen. Mit Vikar Schleich mußte er sich während des strengen Winters 1798 auf 1799 in den Daleidener Büschen, der „Stumpdell" u. a. O. aufhalten. Nur selten wagten sie es sich in's Dorf zu stehlen, wo sie dann auf „Schwalens"- oder „Kröllens"-Speicher die Messe lasen und tauften. So verbrachten sie die „verschlossene" Zeit bis zum J. 1801, in welchem Mn. Pfarrer ward. Als solcher leistete er, gleich den übrigen Pfarrern, den gemilderten Konstitutionseid und starb den 30. Mai 1818.

Meris, Math., geb. zu Heispelt und Sohn eines Pächters, entlief diesem vom Pfluge und ging nach Köln studiren, wo er 1793 zum Priester geweiht wurde. Er verweigerte den Republikseid, weshalb sein Name auf die Verbannungsliste gesetzt wurde. Einige Zeit hindurch verbarg er sich und so kam er der Verhaftung zuvor. Bei Ausführung des Konkordates erhielt er die Vikarie zu Sandweiler, ward 1808 der erste Pfarr. zu Christnach, drang als solcher auf Ordnung und Zucht und besorgte die Sauberhaltung der Kirchen-

ornamente. Seine Auszeichnung war sein Singtalent. Einst
sang er in seiner Stube das Salve Regina. Da trat zu ihm
hinein eine fremde Frau und überreichte ihm zwei Dutzend Eier
mit den Worten: „So ein Gesang kann nicht unbelohnt
bleiben!" Dabei bestand er immer kraftvoll auf der Heilig-
haltung der Religion. Im J. 1814 traten zwei hessische
Husaren in die Kirche beim Segen des hochw. Gutes. Er
bemerkte, daß sie stehen blieben und umherschauten. Da drehte
er sich vom Altare um und rief laut: „Vor Gott sollen sich
beugen alle Kniee Derer, die auf Erden sind!" Im J. 1819
überwarf er sich, in Folge seines feurigen Temperamentes,
mit den Bauern. Diese verklagten ihn; und Generalvikar
v. Neunheuser versetzte, obwohl er die Nichtigkeit der Anklage
durchschaute, ihn als Pfarr. nach Mertzig. In seinen spätern Jahren ließ er sich, wegen Altersschwäche, die Kaplanei
Kuborn geben, woselbst er 1848, in seinem 80. Lebensj., st.

Meyer, Mich., Kapuz. zu Altwies, sollte am 4. Brüm.
VII verhaftet werden, blieb aber versteckt und erhielt seine
Freisprechung von der Deportation am 21. Pluv. VIII.

Meyer, P., aus Lullingen, war 24 J. lang Pfarr. zu
Wilz. Wegen der Eidesweigerung sah er sich hart verfolgt,
flüchtete von Haus zu Haus, und würde gleichwohl eines
Morgens aufgegriffen worden sein, hätte nicht der Gend.,
der ihn festnehmen sollte, sich erinnert, daß er bei ihm kurz
zuvor Schutz gegen die Klöppelmänner und Rettung des
Lebens gefunden hatte. Am 22. Pluv. VIII wurde er von
der Deportation freigesprochen, erhielt nachher das Pastorat
Esch a. d. S. und starb zu Doningen 1811.

Moes, Kl., geb. zu Reispelt, wurde gleich nach Empfang
der hl. Weihen als Pfarr. zu Gorcy (Frankreich) angestellt,
verließ aber nach 4 Jahren bei Ausbruch der Revolution
diesen Posten und wurde Kaplan zu Breitenhofen in der
Pfarre Esch an der Hurde, welche sein Bruder Wilh. verwaltete. Von da aber zog er sich nach Kurzem in seine Heimat zurück, bediente diese Ortschaft heimlich als Seelsorger,
während er sich bald bei Bekannten und Verwandten und
bald in einer nächst Reispelt noch bestehenden Waldhöhle

verborgen hielt. Einmal, am Frohnleichnamsfeste, las er, während die Verfolgung am wüthendsten war, unter einer nahen dichtbelaubten Eiche die hl. Messe, zu welcher Unzählige aus der Umgegend herbeigeströmt waren. Am 13. Pluv. VIII erhielt er seine Freisprechung von der Deportationsstrafe. Von Keispelt wurde er als Kapl. nach Übingen (Belgien) und bald darauf zum Pfarrer dieses Ortes befördert. Er starb daselbst 1816 in einem Alter von 61 Jahren.

Moes, Wilh., Bruder der Geistlichen Kl. und Hch., geb. zu Keispelt 1760 und zum Priester geweiht 1785, wurde unmittelbar darauf als Pfarr. zu Esch a. d. H. angestellt und stand diesem Posten 35 Jahre lang vor. Während der Priesterverfolgung hielt er sich daselbst bei seinen Vertrauten auf, verkleidete sich beim Ausgehen bald als Bettler, bald als Köhler, bald als Knecht. Gleichwohl ward er einmal beinahe von den Republiksöldnern erwischt. Dieß geschah zu Gorcy, wohin er sich auf Besuch zu seiner Schwester begeben und bei welcher er die Nacht zugebracht hatte. Seine Ankunft daselbst war dem Maier verrathen worden. Dieser kam in aller Frühe des andern Tages mit Gend. in das Haus, wo Ms. übernachtet war. Als er das Bett, in welchem dieser geschlafen, noch warm aber leer fand — dieser hatte es, Gefahr witternd, bei Zeit verlassen — rief er aus: „Der Vogel ist entflogen!" Eben so glücklich entging Ms. der Gefahr, welche ihm darnach Brigadier Thomas bereitete. Am 26. Brüm. VII kam dieser und umsetzte das Haus, in welchem sich der Geistliche aufhielt. Allein letzterer merkte es rechtzeitig und entsprang durch's Fenster. Nach Abschluß des Konkordates fuhr er fort, seine Pfarre zu verwalten, in welcher er, tiefe Trauer hinterlassend, den 22. Mai 1821 starb.

Molitor, Jak., Pfarr. zu Körich, durch Talent ausgezeichnet, war 56 J. alt und Dechant zu Ospern, als er zur republikanischen Eidesleistung aufgefordert wurde. Nach bestandener mehrjährigen Prüfung behielt er sein Amt noch eine geraume Zeit bei, nahm aber dann wegen Altersschwäche seine Entlassung und starb zu Dahlhem, dem Orte seiner Zurückgezogenheit.

8*

Molitor, Jos., ein schönes Talent und Vik. zu Mamer, zog sich durch Eidesweigerung das Verbannungsurtheil zu, mich aber der Deportation aus, bis er davon am 21. Pluv. VIII freigesprochen ward.

Müller, J. Mich., Kaplan zu Esch a. d. S. und dann zu Burglinster, sollte eines Tages auf offener Straße von den Priesterfängern erfaßt werden, als ein vorüberziehendes Weib seine Noth gewahrte. „Geschwind auf Haus! rief sie, die Frau liegt in Schwäche!" „Was, gab er zur Antwort, scheer' ich mich um die Frau!" Die Gend., welche ihn verheirathet wähnten, ließen ihn enteilen. Am 13. Germ. VIII ward er für deportationsfrei erklärt.

Musch, Raim., ein armer emigrirter Geistlicher aus Lothringen, geb. gegen 1760, hatte sich schon vor der franz. Invasion zu Tadeler niedergelassen, und vertrat daselbst seit 1793 die Stelle des Kaplans. Später, als auch hierlands die Religionsdiener verfolgt und geächtet wurden, hielt er sich meistentheils mit dem Geistlichen Nickes von Harlingen in dem Hause „Wolters" auf, las die hl. Messe bei verschlossenen Thüren und verbarg sich, sobald Gefahr drohete, in einen engen Mauerversteck, in welchem die Kirchengeräthschaften aufbewahrt wurden. Hier und in den Lohhecken brachte er seine Tage zu bis zur Wiederkehr der Ordnung, und zog dann zurück in seine Geburtsstätte. Dem Luxemburger Lande gehört er nur insofern an, als er es 6 Jahre lang bewohnte und ihm während dieser Zeit Dienste leistete.

Neu, Rud., geb. aus Weyer, war hier Kaplan, als die französische Revolution das Luxemburger Land überflutete. Weil er die vorgeschriebene Eidesleistung verweigerte, so hatte er Vieles zu leiden, und konnte nur dadurch, daß er sich verbarg, den Nachstellungen der Gend. entrinnen. Des Nachts zog er sich gewöhnlich in eine Felsenspalte der nahen Waldkluft zurück, in welcher er mit Kapl. Bourggraff auf einem Steinblocke die hl. Geheimnisse beging und in Folge fortwährender Bewegung von einer gichtartigen Krankheit genas. Nur vertrauten Personen wurde gestattet, sich an dem von ihm dargebrachten Opfer zu betheiligen. Am 25. Pluv.

VIII wurde Neu von der Deportation, in die er verwiesen war, freigesprochen. Er starb zu Weyer 1807 im Rufe großer Frömmigkeit und im Alter von 79 Jahren, von denen er 52 in seinem Geburtsorte verlebt hatte.

Neumann, Jof. N., von Eschdorf, wurde anfangs Kapl. in seinem Geburtsorte und nach Emigration des dortigen Pfarrers Pfarrverwalter. Im J. 1796 kamen die aufständischen Bauern, an ihrer Spitze ein getaufter Jude Namens Hoffmann mit einem gefangenen Husaren, der sich mehrer Mordthaten schuldig gemacht hatte, und forderten, daß Nu. denselben zum Tode vorbereiten sollte. Der Husar wollte aber nichts mit dem Priester zu thun haben, sondern spie ihm in's Gesicht. Wie am ersten Tage, so that er Dasselbe auch noch am folgenden Morgen, nachdem man ihm schon den Haarzopf abgehauen und dadurch seinen Muth merklich herabgespannt hatte. Indeß flehte der Geistliche um Vergebung für den Unglücklichen und erinnerte an die Folgen, die dessen Erschießung nach sich ziehen würde. Doch kein Flehen half. Der Militär wurde in die nahe Schlucht „Pützbach" abgeführt und da von dem erwähnten Judenchristen, nachdem ihm dieser zuvor den Arm durchschossen, mit einer Kugel von hinten nach vorne durchbohrt. Bald nach Verübung dieser Blutthat kam die Zeit, wo der Civileid strenger abgefordert wurde. Diesen Eid verabscheute Nu. und verweigerte ihn derart, daß sein Mitschüler, der beeidigte Pfarrer von Diekirch, seine Standhaftigkeit bewunderte; alsdann verbarg er sich bald in der Mühle, bald in seinem Geburtshause und bald in dem nahen Walde. Darüber kamen die „Klöppeljungen" und zersetzten ihm, um die Konskription zu verunmöglichen, die Taufregister. Dazu mußte er schweigen, und setzte die Stücke wieder zusammen. Am 22. Pluv. VIII erhielt er seine Freisprechung von der Deportation. Nach der Rückkehr des Kirchenfriedens ward er als bischöf. Pfarr. nach Löllingen versetzt, wo er 1812 starb.

Rickes, N., aus Harlingen, Vik. zu Tadeler, hielt sich während der Schreckenszeit unter den nahen Lohheckfelsen und öfter noch im Hause „Wolters" auf, in welchem er an den

Sonn= und Feiertagen regelmäßig die hl. Messe las und den empfohlenen Personen die Gnadenmittel ausspendete. So oft Gefahr eintrat, verkroch er sich mit Priester Musch in einen Mauerverborg. Nach Rückkehr des Kirchenfriedens ward er Pastor zu Marnach, als welcher er einige Jahre später starb.

Noblet, P. J., Pfarr. zu Chisogne, schlug die Eides= leistung aus, entging der Verhaftung, wurde am 8. Pluv. VIII der Deportationsstrafe enthoben, erhielt nach Rückkehr des Kirchenfriedens die Pfarre Villers=la=bonne=eau, ver= tauschte sie aber bei eingetretener Altersschwäche mit der Verwaltung des Schlosses Losanges, auf welchem er, 73 J. alt, am 3. Nov. 1838 starb.

Nothumb, Frz. Xav., geb. zu Bissen 1754, war bei Ausbruch der Verfolgung Pfarr. zu Greisch und hielt Gottes= dienst im Geheimen. Einst kamen zwei Gend., ihn aufzu= packen, und der zwanzig Priester beherbergende Agent Brim= meyr sollte sie zu ihm führen. Dieser aber ließ Nb. verwar= nen. Ihn suchend begegneten sie ihn mit einem Pfeifenreis auf dem Hut und einer Schippe auf den Schultern. „Guten Morgen, Klaus!“ rief der Agent und sie fanden das Pfarr= haus leer. Wie die meisten eidscheuen Geistlichen mußte Nb. vielerlei Noth und Entbehrungen ausstehen und entging der Gefangenschaft nur dadurch, daß er sich auf dem Speicher oder in einer der fünf Waldhöhlen, die er mit seinen Mit= priestern errichtet hatte, aufhielt. Einst saß er in dem Hause seines Nachbars am Feuer, als die Gend. eintraten. Da ergriff die Frau, welche die Gefahr verstand, das Blaserohr und sprach: „Tabaksstinker! du liegst da zu patschen; pack' dich bei die Säu' oder du kriegst den Bläser auf den Plak= kopf!“ Die Gend. gingen fort, wie sie gekommen waren. Am 23. Pluv. VIII wurde Nb. für frei erklärt, darauf, bei Abschließung des Konkordats, zum Pfarr. von Vichten er= nannt, welche Stelle er 25 Jahre lang versah, obwohl er daselbst nur eine in Folge seiner Leiden zerrüttete Gesund= heit genoß. Er starb, 75 J. alt, am 8. Jan. 1831.

Olsem, P., Vik. zu Nipweiler, entging, die Seiquer'sche

Einladung abweisend, der ihm gelegten Falle. Am 3. Pluv. VIII ward er von der Deportation freigesprochen.

Orwald, Pl., Bernardiner von Orval, Vik. zu Pittingen, sollte am 29. Brüm. VII verhaftet werden, entkam aber mittelst Verkleidung den Gend. Nach Wiederherstellung der kirchlichen Befugnisse behielt er seine Amtsverrichtungen bei und starb am 9. April 1830, im Alter von 70 Jahren.

Paquay, A. Jos., Vik. zu Fay, wegen Eidesweigerung heftig verfolgt, wurde am 18. Pluv. VIII für deportations-frei erklärt und starb als Pfarr. zu Remagne am 10. Okt. 1824, in seinem 80. Lebensjahre.

Pauly, H., gewandt im Lateinreden, war anfangs Vik. zu Bettemburg, verweigerte daselbst den Republikseid, ward am 11. Pluv. VIII von der Deportation freigesprochen, und erhielt darauf die Pfarre Tüntingen, woselbst er, 79 J. alt, am 15. Jan. 1832 verstarb, nachdem er in Gegenwart seiner Pfarrkinder die Sterbsakramente empfangen und rüh-renden Abschied genommen hatte.

· **Pemmers**, J. Pet., geb. aus Dahl, war Franziskaner zu Ulflingen, als ihn die französische Invasion aus seinem Kloster vertrieb. Er verweigerte mit lautem Unwillen den Republikseid und kehrte zurück in sein Geburtsdorf, woselbst er sich während der Verfolgung verborgen aufhielt mit dem Glücke, allen Nachsuchungen, die auf ihn gerichtet wurden, zu entgehen. Nach Abschließung des Konkordates wurde er Pfarr. zu Dahl und beschäftigte sich, wozu ihn Weisheit und Gelehrsamkeit besonders eigneten, mit Unterweisung angehen-der Studenten und sah nach Kurzem seinen Unterricht stark besucht. Viele Schüler entließ er fähig, unmittelbar darauf in die Theologie aufgenommen zu werden. Mehre ausgezeich-nete Männer, wie der weltbereiste Jesuit Frz. Weber († 29. April 1858) u. a., verdankten ihm allein ihre Versetzung in die gelehrte Laufbahn, die sie betraten. Ps. war ein vor-trefflicher Prediger, ein gewandter und kenntnißvoller Lehrer, und ein von Liebe zu Gott und den Menschen brennender Priester. Er starb, allgemein betrauert, am 8. Juni 1830, im 75. Jahre seines verdienstreichen Lebens.

Peters, J. Frz., Vik. zu Nagem, verweigerte den Revolutionseid, erkannte die ihm in der Seiquer'schen Einladung gelegte Schlinge, setzte seine Amtsverrichtungen unablässig fort, und starb zu Harlingen, 80 J. alt, am 6. Jan. 1830.

Petesch, N., Vik. zu Wilz, wies den Republikseid zurück und erhielt seine Freisprechung von der Deportation am 13. Vent. VIII.

Pierre, P., Pfarr. zu Villers-la-loup, dann zu Offagne, sollte deportirt werden, entging aber immer den Häschern. Er starb zu Opont den 8. Juli 1837, im Alter von 86 J.

Pünnel, Math., Kaplan zu Wellenstein, sollte am 28. Brüm. VII verhaftet werden. Sein noch warmes Bett fanden die Gend. zwar, aber ihn nicht. Am 17. Pluv. VIII wurde er von der Deportation freigesprochen.

Remicher, Bernh., Benediktiner in Münster, sollte, was er jedoch durch seine Behutsamkeit vereitelte, am 4. Frim. VII verhaftet werden.

Remicher, J. Ad., kam der Verhaftung, welcher er am 4. Frim. VII anheimfallen sollte, durch Flucht zuvor. Am 8. Vent. VIII wurde er für deportationsfrei erklärt und starb 1821 als Vikar zu Weiler z. Th.

Reumont, J. Jak., Pfarr. zu Bence, als solcher zur Deportation verurtheilt, wurde am 4. Germ. VIII dieser Strafe enthoben und zum Pastorat in Frahan befördert. Er war ein sehr leutseliger und gastfreundlicher Seelsorger, reichte öfter Andern, was er selbst genießen sollte, erwarb sich das Verdienst einer ersten Nachrichtensammlung über die wegen Eidesverweigerung verfolgten Geistlichen, und starb, 73 J. alt, den 12. Aug. 1839.

Reuter, Dam., Franziskaner und Kapl. zu Gosseldingen, verweigerte den Revolutionseid, hielt sich in einer Hütte seines Amtskreises auf, und hatte, obgleich er durch Anlauf auf einen mit der Thüre verwechselten Spiegel das Gesicht verloren hatte, das Glück den Ausspähern auszuweichen. Am 27. Frim. VII wollten die Merscher Brigade und 13 Freiwillige ihn auffangen. Sie fanden sein Bett noch warm, ihn selbst aber nicht. Am 5. Pluv. VIII ward er für deportationsfrei erklärt,

Reuter, P., der älteste seiner Brüder, Bernardiner mit dem Ordensnamen Godfried, wurde nach seinem Bruder Joh. Pet. Pastor zu Kreuzweiler. Während der Eidesforderung, die er entschieden abwies, hielt er sich bald hier bald dort, manchmal in der Hesperinger Mühle, woselbst er eine Pferdsraffe als Altar gebrauchte, verborgen, und entging glücklich den Gend., welche, um sich seiner zu bemächtigen, Friedensrichter Oberst mit nach Kreuzweiler gebracht hatte. Statt seiner nahmen nun die Häscher seine Schwester, eine Bastnacher Nonne, mit fort, errötheten nicht zu behaupten, sie sei der vermummte Pater, und ließen sie nicht eher, als bis sie nach Remich kamen und verlacht wurden, wieder frei.

Rodange, H., ein neugeweihter Priester, war Kaplan zu Filsdorf, und hielt sich daselbst während der Verfolgung in „Hossen", auf der „Haidscheuer" und zu Welfringen im Hause „Ries" auf. Des Nachts taufte er die Kinder, segnete die Ehen ein und beerdigte die Verstorbenen. Wenn er bisweilen, um den Anfeindungen seines geschworenen und mit Fluch wie mit einem Kleide bedeckten Pfarrers zu entgehen, sich entfernte, dann liefen die Leute bis nach Palzem die hl. Messe hören und die Sakramente empfangen. Am 28. Brüm. VII sollte er durch die Gend., welche sein Haus aber leer fanden, festgenommen werden. Am 2. Vent. VIII wurde er für deportationsfrei erklärt.

Rodenborn, Joh. Wilh., war anfangs als Frühmesser zu Mutfort angestellt. Ungeachtet sein jüngerer Bruder Joh. Pet., Kapl. in Schengen, und die meisten Geistlichen seiner Gegend, u. a. die Pfarrer von Waldbredimus, Mondorf, Dalheim, Weiler z. Th., Röser, dem Königthume Haß schwuren, verweigerte doch Rn. diesen Eid auf das Entschiedenste, hielt sich während der Verfolgung in „Webershaus" zu Medingen auf, und erfüllte wie ein herumwandernder Missionär die seelenhirtlichen Amtsverrichtungen. Fast alle Leute weigerten sich zu den geschworenen Priestern zu gehen, weshalb Rn. allein in seiner Gegend zu den Kranken gerufen ward. An den Hauptfesten ging er von Pfarre zu Pfarre Beicht hören, die hl. Kommunion spenden und das Meßopfer entrichten. Dieß sein Umhergehen während der Nacht, bei Frost, Regen und Schneegestöber, dauerte fort, so lange der Revolutionssturm brausete. Kein Wunder, daß er darüber durch die Häscher oft in's Gedränge kam. Einmal war ihm ein Gend. auf der Spur; er kroch in seinen Schlupfwinkel, verlor seinen Husten, und ließ den Republikaner polternd in der Nähe vorbeiziehen. Auch fielen zwischen ihm, den beeidigten Geistlichen und deren Anhängern öfter Reibungen vor, die aus christlicher Liebe hätten vermieden werden sollen. Um so unbeschränkteres Zutrauen genoß er bei seinen eidscheuen Amtsgehülfen. Mit J. B. Faulbecker, Wellenstein, Settegast kam er oft zusammen und errichtete mit ihnen in einem Morast des Mutforter Waldes eine künstliche Insel, anspielungsweise Ré genannt. Wurde dann nach ihm gefragt, so waren die Leute froh antworten zu können: „Rn. ist auf der Insel Ré." Damals herrschte — und Rn. erfuhr es im Besondern — überhaupt viel Treue und Verschwiegenheit unter dem Volke, welches seinen gewissenstreuen Priestern allen nur möglichen Beistand auf Speichern, in Kellern, Höhlen und Wäldern leistete. Doch hatten die Geistlichen von Mutfort, Contern, Ötringen u. a. O. ihre Nichtverhaftung theilweis auch dem Umstande zu verdanken, daß ihr Kommissär Schanus, nachheriger Notar zu Hellingen, es gut mit ihnen meinte. Wenn Gend. oder Soldaten in seinen Amtskreis die Runde machen kamen, so suchte er sie durch Anerbieten von Essen und Trinken aufzuhalten, und die Geistlichen unmittelbar davon zu benachrichtigen, was diesen immer eine rechtzeitige Flucht ermöglichte. Nachdem Rn. 15 Jahre als Kaplan zu Mutfort und die vier letzten fast nur versteckt zugebracht hatte, fand er endlich durch das Konkordat von 1801 die nöthige Ausruhe von der Verfolgung. Darnach wurde er Pastor in Ötringen und zuletzt in Sandweiler, woselbst er, hochverdient um den Volksglauben und 88 J. alt, am 15. Mai 1830 verstarb.

Rodin, Pfarr. zu Borchenr, verweigerte den Revolutionseid und verfiel dem argen Verdachte, einen Volksaufruhr mit Plünderung und Mord im Okt. 1798 und in Folge davon die Hinrichtung von zwei und die Verurtheilung per contumaciam von vier Individuen zum Tode veranlaßt zu haben. Als er verhaftet werden sollte, machte sich, trotz seines Abmahnens, des Volkes Unwille Luft durch Abfeuerung von mehren Flintenschüssen auf die Werkzeuge der Verfolgung.

Rollinger, Seb., geb. zu Everlingen, v. Neunhenser's Mitschüler und ein seeleneifriger Priester, professirte längere Zeit zu Luxemburg, verweigerte den Republikseid, und hielt sich theils in einer Erdhütte bei Bissen auf und theils um Tüntingen her, woselbst er damals als Pfarr. stand. Manche Nacht brachte er in dem hiernächst gelegenen Walde unter einer gespreizten Buche zappelnd zu, während sein Stöhnen und Klagen, an den Felswänden des Eischthals drei= und viermal widerhallend, weithin erscholl. Am 8. Frim. VIII ward ihm die Deportationsstrafe erlassen. Noch unterhält sich dermalen die Volkssage von den Erlebnissen und Leiden dieses treuen Seelsorgers. Er starb zu Tüntingen gegen 1810.

Rongvaux, J. B., Pfarr. zu Habaye=la=vieille, verwarf den Republikseid und stand manche Entbehrung und Verfolgung aus, bis er am 28. Niv. VIII von der Deportation freigesprochen ward.

Sadeler, Mich. Jos., aus Sprinkingen, wurde nach glücklich vollendeten Humanitätsstudien zum Priester geweiht und zum Professor zu St. Hubert ernannt. Er machte lateinische Verse und hielt — was seiner Zeit mehr als ihm auf Rechnung zu tragen ist — darauf, daß seine Schüler, weil sie in der deutschen Literatur für Glauben und Sitten vielfache Gefahr begegneten, die alten Sprachen den neuern vorziehen sollten. Durch die Revolution aus St. Hubert vertrieben, verweigerte er auf das Entschiedenste den Republikseid, und hatte, wenngleich mit Bitterkeit vermischt, das Glück, allen Nachspürungen zu entgehen. Nach Abschließung des Konkordates ward er zum Pfarrer von Oberkorn und darauf, im Frukt. XII, zum Direktor der Sekundärschule zu Luxemburg ernannt mit den Professoren Halle, München, Granjean und Erpelding. Weil Er ein edeldenkender Mann war, so schlug er diese Stelle, auf daß sie Halle übernehmen sollte, aus und schrieb am 6. Brüm. XII an den Maier von Luxemburg: „So lange Hr. Halle am Kollegium angestellt sein wird, werd' ich nie auf seine Rechte überschreiten; sein Alter, seine Dienstleistungen, seine Fähigkeiten und andere Eigenschaften können mir nimmer erlauben, sein Nebenbuhler zu werden." Nach Ablehnung der Direktorsstelle, welche noch im selben Jahre D. S. München anvertraut wurde, stand Er. wieder auf freiem Fuße, erwartete eine Anstellung in der Seelsorge, und ward schon nach Verlauf einiger Monate zum Kantonspfarrer von Arl befördert. Hier ermunterte er viele Jünglinge zum Studiren und wirkte in aller Weise viel Gutes, bis er daselbst, 79 J. alt, am 13. Dez. 1828 verstarb.

Sanem, J. Fr. Godfr., Priester zu Longchamps, verweigerte den Republikseid, wurde am 29. Pluv. VIII für deportationsfrei erklärt, erhielt darauf die Pfarre Givril, zog sich 1832 in den Ruhestand zurück, und starb wenige Jahre nachher im Elternhause.

Schanus, P. J., Pfarr. zu Machthum, dann zu Langsur, korrespondirte längere Zeit während und nach der Verfolgung mit dem deportirten Priester J. M. Wagner, und ward am 25. Vent. VIII von der Deportation freigesprochen. Er gehörte zu der geringen Zahl der eidweigernden Geistlichen seines Kantons.

Schlammes, Ambr., aus Hollerich, Franziskaner zu Luxemburg, verwarf den ihm vorgelegten Eid, wurde am 15. Vent. VIII für deportationsfrei erklärt und nachher als Vik. zu St. Peter in der genannten Stadt angestellt. Hier starb er als Jubelpriester den 3. Aug. 1832, im Alter von 75 Jahren. Sein Wille war besser als seine Wirkungskraft.

Schleich, Andr., Franziskaner, mußte den Winter 1797 auf 1798 in der „Stumpsdell" bei der alten Kirche auf dem Daleidener Banne zubringen. Mit Pfarrverwalter Mausen wurde er gewöhnlich des Samstags Abends auf einem mit Haide und Ginster beladenen Wagen nach Daleiden gebracht, wo er dann des Sonntags in aller Frühe, bald auf diesem und bald auf jenem Speicher, aber jedesmal nur vor Vertrauten das Meßopfer celebrirte und die hl. Sakramente spendete. Nach der Verfolgung wurde er Kapl. und darnach der erste Pastor zu Preischeid.

Schleich, Gasp., Vik. zu Hobscheid, sollte am 25. Brüm. VII verhaftet werden, ward am 22. Vent. VIII von der Deportation freigesprochen.

Schleich, Joh., Pfarr. in Helzingen, verweigerte den Republikseid, weswegen er gemäß Dekr. vom 14. Brüm. VII auf die Deportationsliste getragen wurde und von nun an sich bald in seiner Pfarre und bald zu Huldingen verborgen hielt. Wahrscheinlich würde er in die Hände der Häscher gefallen sein, hätte ihn der wohlmeinende Agent nicht jedesmal vor der eintretenden Gefahr gewarnt. Seine Freisprechung von der Deportation ist vom 9. Pluv. VIII datirt.

Schmit, Ant., Pfarr. zu Munhoven, verwarf den Eid, hielt sich verborgen, wurde aber am 27. Messid. IX, wegen Kultusausübung, zu drei Monaten Gefängniß, 500 Fr. und zur Kostenvergütung verurtheilt.

Schmit, Greg., Dominikaner und letzter Pfarrer von St. Uldarich in Luxemburg, zog sich, da er von Haus zu Haus die Heilsgeheimnisse feiern ging, den vorzugsweisen Haß der Republikaner zu, wurde auf die Proskriptionsliste gesetzt, wußte aber durch seine Behutsamkeit der Verhaftung vorzubeugen.

Schmitz, Frz., Kapl. zu Lieler, verweigerte den Republikseid. Nach Wiederherstellung der Ordnung und Ruhe wollten ihn die Weiswampacher zum Pastor haben und gegen Lamberts vertauschen. An dem felsenfesten Willen des Generalvikars v. Neunhenser scheiterte aber ihr Verlangen und Schtz. blieb in Lieler, wo er einige Jahre später starb.

Schneider, Pet., Kapl. zu Niederanwen, stand auf der Liste der Verbannten. Am 28. Frim. VII arbeitete er in seiner Bauernkleidung auf der Straße, als vier Gend., ihn suchend, auf ihn zukamen. Er wußte sich nicht mehr zu helfen. Da rief ihm eine seine Lage merkende Frau im wilden Tone zu: „Nichtsnutz! hab' ich dir nicht gesagt, daß du den Garten hüten und nicht durch die Hühner zerscharren lassen sollst!"

Sogleich hob der verkleidete Geistliche Steine auf, warf sie nach den Hühnern, und entging den Händen der getäuschten Häscher.

Scholtus, N., Pfarr. zu Vichten, wies Seiquer's Einladung ab und hielt sich in einer Erdhütte an der Attert versteckt, bis er am 24. Pluv. VIII von der Deportation freigesprochen wurde.

Schreiner, H., Vik. zu Hostert, verwarf den Republikseid, blieb versteckt, und verscharrte im Grünwalde, um sie vor Raub zu sichern, seine Baarschaft im Betrage von 80 Frs. Nachher aber fand er sie nicht mehr wieder. Erst im Nov. 1857 ward sie nächst der neuerbauten Pfarrkirche unter den Wurzeln eines Buchenstocks entdeckt. Schr. starb, 76 J. alt, am 9. Febr. 1827.

Schröder, N., geb. aus Nachtmanderscheid, stand als Seelsorger dem Kloster zu Badenburg vor, als die Priesterverfolgung hierlands losbrach. Nach Aufhebung dieses Stiftes ward er, nachdem er Seiquers perfider Einladung ausgewichen, Kapl. zu Dellen und kam darauf in sein Vaterhaus zurück, worin er unter einem Heuhaufen zwei Jahre lang verborgen weilte. Des Nachts las er auf einem Schreine die hl. Messe, besorgte die Kranken und taufte. Eines Tages, als er vom Gartengemüse die Pferde wegtrieb, sah er die Gend. kommen. Sogleich sprang er hin und ränkte ihnen, um sie aufzuhalten, einen großen Heuwagen quer in den Weg und gewann Zeit in die Hostnger Waldungen zu enteilen, in welchen er mit anderen Geistlichen mehrere Tage verbrachte. Sein Meßdiener war der jetzige Pfarr. von Wormeringen (Frankr.). Schr.'s Wohnung zu Nachtmanderscheid ward mehrmals auf's Genaueste durchsucht, wobei einmal sein Neffe sich mit einem Detachement von 80 Mann um Braten und Wurst herumschlagen mußte. Nach Wiederanerkennung der Kirchengewalt ward er Pfarrer zu Merscheid, welche Pfarre er eigentlich gründete, indem er Pfarrhaus und Kirche erbaute und diese mit seinen von Badenburg mitgebrachten Paramenten beschenkte. Hierselbst starb er am 24. Juni 1826, im Alter von 76 Jahren.

Schwab, Gasp., geb. aus „Angels" von Gralingen, studirte in der Heimat und zu Köln, und erhielt, weil er sich durch seine Studien ausgezeichnet hatte, schon 1762 die Pfarre Brandenburg. Als sie ihn hier für's erstemal sahen, riefen einige Alte: „Der Herr erbarme sich unser!" Nachher hielten dieselben wegen seiner physikalischen Kenntnisse ihn für einen Hexenmeister, der sich unsichtbar machen könne. Seine erste Sorge mußte er dahin richten, die baufällig und zu klein gewordene Pfarrkirche durch eine neue geräumigere zu ersetzen. Gemäß damaligem Rechte ließ er sie durch die Dezimatoren: Bar. v. Blochausen, Maillard, v. Geisen 2c. neu errichten, und diese, als der Bau zu schlecht und eng ausfiel, gerichtlich zwingen, ihn von Neuem, aber solid und geräumig, auszuführen. Diesem seinem kräftigen Auftreten allein verdankt Brandenburg, daß seine jetzige Kirche so groß ist. Der Neubau begann 1787 und dauerte bis 1790, während welcher Zeit Unterricht und Gottesdienst leiden mußten. Um das Versäumte einigermaßen nachzuholen, binirte darauf der seeleneifrige Pfarrer alle Sonn- und Feiertage, und ließ keine Gelegenheit unbenutzt, ergreifende Lehrvorträge zu halten. Er war äußerst freigebig und achtete so wenig des Geldes, daß er das ihm übrige ungezählt auf seinen Betthimmel warf und mit ihm die Magd schalten und walten ließ. Als die französische Revolution ihre Gräuel in's Land wälzte, ergriff er die Partei der Patrioten, der er von ganzem Herzen zugethan und für welche er Alles zu thun bereit war. Mit Pastor Lamberts stand er zur Zeit des s. g. Klöppelkrieges in lebhaftem Briefwechsel. Kein Wunder, daß er sich die besondere Aufmerksamkeit und den Groll der Republikaner zuzog. Er verweigerte die Ablegung des Eides vom 19. Frukt. V, von welcher Zeit ab er aber keine Sicherheit mehr in seinem Pfarrorte fand, in grobem Kittel umherging und meistens in seinem Geburtsorte weilte, ohne jedoch deshalb mit weniger Bereitwilligkeit seinen Pfarrgenossen die hl. Sakramente auszuspenden. Den Gottesdienst celebrirte er in Privathäusern zu Gralingen, Merscheid, Weiler 2c., und ging anders nicht, als verkleidet, aus. Einmal folgten ihm, während er

so ausging, die Gend. — ſie hatten ſein Signalement — auf
dem Fuße in ſein Elternhaus nach; da täuſchte er ſie da=
durch, daß er einem Knechte wegen ungeſchickter Holzfahrt
eine Maulſchelle nebſt derbem Verweis ertheilte. Wie grim=
mig gegen ihn die Verfolgung war, läßt ſich aus einem
Schreiben des Kommiſſärs von Diekirch entnehmen, welcher
am 2. Pluv. VI an den Agenten der Gemeinde Branden=
burg ſchrieb: „Ihr ſeid verantwortlich für Alles, was ſich
in Euerer Gemeinde zugetragen hat ſeit der Eidesabforde=
rung von Eurem rebelliſchen Paſtor, der im Widerſpruch mit
nicht nur ſeinem geiſtlichen Obern, ſondern auch dem Ge=
ſeße, vor Kurzem noch Ehen geſchloſſen hat. Das Geſeß vom
19. Frukt. iſt ſchrecklich gegen die Beamten, welche deſſen
pünktliche Erfüllung verhindern. Ich weiß, daß Paſt. Schb.
nicht zu Brandenburg iſt; ich weiß, daß auch Ihr es wiſſet;
thut denn Eure Schuldigkeit, ich werde die meinige thun...“
Als die kirchlichen Verhältniſſe neugeordnet wurden, erhielt
Schb. eine Wiederernennung auf die Pfarre Brandenburg,
welche er unter vielfältiger Wirkung des Guten bis zu ſei=
nem letzten Lebenshauche verwaltete. Nachdem er lange ge=
litten hatte, fühlte er ſich am Ende ſeiner Tage und kam
nach Brandenburg, wo er 1802 in „Hobſcheids“ bei zwei
alten Leuten in eine beſſere Welt hinüberſchlummerte. Seine
verweslichen Reſte begrub man vor die Kirchthüre. Als die
Kunde davon ſich verbreitete, kamen alſogleich die Gend. an
Ort und Stelle, um ſich augenſcheinlich zu überzeugen, daß
der Tod den armen, wehrloſen Prieſter wirklich unſchädlich
gemacht habe. Zu dem Ende wurde deſſelben Leiche wieder
ausgegraben, förmlich unterſucht und von Neuem verſcharrt.

Schwartz, N., war Vikar, als er zur Ableiſtung des
Republikseides aufgefordert wurde. Dieſen verweigerte er
ſtandhaft und lebte verborgen zu Kaundorf bis nach der
Verfolgungszeit. Am 24. Niv. VIII ward er von der Depor=
tation freigeſprochen und ſtarb, 79 J. alt, zu Wilß am 28.
Jan. 1845.

Settegaſt, Hub. Joſ., ſchönes Talent, Pfarr. zu Ötrin=
gen, mußte ſich nach der Eidesweigerung verborgen halten,

von Schlupfwinkel zu Schlupfwinkel flüchten, kam oft mit
benachbarten und anderen Geistlichen, J. B. Faulbecker,
Wellenstein 2c., zu und bei Mutfort zusammen, bildete mit
diesen daselbst aus einem Moraste ein Inselchen, welches sie
anspielungsweise „Ré" nannten. Kamen nun die Häscher,
so wurde diesen bedeutet: „Der und Der ist schon auf der
Insel Ré!" St. starb, 84 J. alt, den 28. April 1836.

Seyler, K., Vik. zu Oberpallen, 38 J. alt, vermied
durch Verborgenheit die Verhaftung, und starb zu Körich
am 21. März 1825, in einem Alter von 64 Jahren.

Simon, N., Pfarr. zu Beaufort, am 18. Pluv. VIII
freigesprochen, starb daselbst als pensionirter Geistlicher, 90
J. alt, den 5. Jan. 1836.

Simon, P., geb. aus Lendelingen, klein und gesetzt,
wurde Trinitarier zu Vianden und nachher als solcher und
der letztübrige aus diesem Kloster zum Pfarr. von Olmscheid
ernannt. Bevor er sich dem geistlichen Stande widmete, war
er entschlossen, unter das Militär zu treten, weshalb er sich
auf die Handhabung des Säbels verlegte. Die hierin erlangte Gewandtheit benützte er noch im Priesterberufe. Am
7. Okt. 1794, als eine Kinderleiche von Karlshausen nach
Dawelshausen zu begleiten war, schickte er seinen Kaplan
Roppes, die Beerdigung vorzunehmen. Entsetzenvoll und fast
athemlos kam dieser verkündigen, daß Karlshausen von Soldaten wimmele; und während er noch sprach, traten zwei
ihm nachgefolgte Gend., Elsasser von Geburt, ein. Sie forderten Schnaps. Sn. reichte ihnen, was sie verlangten, ein
erstes und zweites Mal. Als sie aber für's drittemal Schnaps
begehrten, sprang er auf, stellte einen Maßenkrug voll
Branntwein auf den Tisch und sprach: „Diesen müßt ihr
entweder leeren oder mit mir auf den Säbel kommen!" Ver-
blüfft sahen sich die Gend. ein Weilchen an. Dann sprang
Sn. hin, riß einem Gend. den Säbel aus der Scheide und
stellte sich dem andern gegenüber, um mit ihm zu duelliren.
Der Zweikampf begann, und der Entscheid ließ nicht lange
auf sich warten. Nach ein paar Minuten war dem Gend.
der Säbel aus der Hand gewunden, und Sn. schleuderte ihn

mit dem seinigen in die Stube und rief im Tone des Zornes: „Könnt Ihr das Gewehr nicht besser führen, so hört auf es zu tragen." Hastig hoben die Gend. ihre Säbel auf und machten sich davon. Von dieser Zeit ab stand Sn. in großem Ansehen bei den Republikanern, von welchen er, trotzdem daß er ihnen den Eid verweigerte, fernerhin nichts mehr zu leiden hatte.

Sonntag, Pet., geb. aus Mecher, Pfarr. in Bauschleiden, woselbst er starb, wohnte während der Verfolgung im Heuhaufen seines Geburtshauses, worein er, so oft es hieß: „Die Gendarmen!" durch ein im Kuhstalle befindliches Loch auf einer vorgerichteten Leiter stieg. Einst befand er sich mit Geistlichen und Rekruten, ihrer 15 zusammen, in der Stube, und spielte mit ihnen Pandur, als die Gend. kamen. „Hier, sagten diese zu dem sie begleitenden Agenten Goeders, hier machen Geistliche ein Spiel; gehen Sie hinein ihnen sagen, sie sollen uns ein Pandur geben, dann wollen wir sie nicht beunruhigen." Wie die Gend. verlangten, geschah ihnen; sie erhielten von jedem Geistlichen eine Krone und in jedem Hause einen Sester Korn, und zogen von dannen. Ein andermal kamen andere Gend., und Sg. flüchtete in aller Eile mit noch anderen in Kittel verkleideten Geistlichen in's Gebüsch. Dieß that er auch an einem andern Tage, als zwei Gend. einen gebundenen Geistlichen zum Bürgermeister brachten. Nachdem er ihre an den Geistlichen gerichtete Frage: „Wollen Sie noch Messe lesen?" und die Antwort dieses letzteren: „Ja, wenn Sie mir dazu das Nöthige schaffen, denn ich bin noch nüchtern!" gehört hatte, entwich er in die Hecken. Hier hatte er, wie viele seiner Mitpriester, einen versteckten Aufenthalt, warf mit diesen Gräben um Wiesen und Felder auf, und verließ die Gegend nicht, bis Ordnung und Frieden wiederhergestellt waren.

Steichen, Nikl., ward anfangs Kapl. zu Niederkorn. Hier hatte er zu leiden von öfteren Ein- und Überfällen der Republikaner. Am 22. Mai 1794 griffen die dortigen Einwohner mit denen von Beles, Zolwer, Differdingen und Oberkorn zu den Waffen, welche sie vom General Bender erhalten hatten. Sn. stieg auf den Niederkorner Berg, auf welchem ihn alle diese Ortschaften sehen konnten, und gab ihnen mit einem weißen Tuche zu erkennen, wo der Feind sei. Am andern Tage kamen aber so viele Republikaner, daß er und die Bauern weichen und ihre Ortschaften in Rauch' und Flamm' aufgehen lassen mußten. Im J. 1797 verweigerte er den Republikseid, weshalb er zur Deporta= tion verurtheilt ward. Einmal hatten ihn die Gend. beinahe erreicht; da flüchtete er in seinen Garten, warf sich einen Bienenstockshut über den Kopf und stellte sich in die Reihe der Bienenstöcke. Die Häscher gingen an ihm auf und ab, durchsuchten seine Wohnung, fanden ihn aber nicht. Nach Wiedereinführung der Ordnung ward er Pfarr. von Lam= pach, woselbst er 1838 starb. Sn. war etwas jovial, darum aber nicht minder ein pflichtgetreuer Seelenhirt.

Stolz, Mich., aus Steinsel, Bruder des gleichnamigen Pfarr. von Contern, wurde nach Beendigung seiner Vorbe= reitungsstudien Kapuziner zu Arl und stand hier zur Zeit der französischen Invasion in voller Berufsthätigkeit. Am 3. Dez. 1796 trat in sein Kloster der Kommissär mit einer Brigade Gend. und sprach zu den Patres: „Wir kommen Euch in Freiheit setzen, auf daß Ihr fortan dem Volke die Menschenrechte lehren könnet." Da erwiderte P. Michel, einer der jüngsten: „Wie wollt Ihr, daß wir dem Volke eine Lehre ertheilen, die wir selbst nicht besitzen?" Ihm antwortete der Kommissär: „Man wird sie Euch beibringen. Übrigens ist es unnütz zu raisonniren; in 24 Stunden muß das Kloster vom Ungeziefer gereinigt sein!" Den bestürzten Vätern übrigte nichts als sich zu ergeben. Schleunigst sammelten sie ihre besten Kirchenmöbel, Monstranzen, Kelche, Ciborien, Meß= bücher, Gemälde 2c. und theilten sie unter sich aus. Bei die= ser Gelegenheit erhielt P. Michel die Urkunden, Register und andere Manuskripte der Klosterbibliothek, welche nachher sein Neffe, dermaliger Dechant von Beßdorf, dem Luxemburger Geschichtsvereine schenkte. Die Republikaner ließen den Kapu= zinern freie Wahl, entweder auf alles Anrecht zu verzichten oder „Bons" anzunehmen, mit welchen sie Domanialgüter

9

kaufen könnten. Aber Keiner nahm einen „Bon" an; alle zogen die Armuth vor und starben meistentheils von Allem entblößt. P. Michel kehrte zurück in seine Geburtsgegend und hielt sich um Luxemburg, zu Dummeldingen, Eich, Weimers= kirch, Mühlenbach, Beggen, auf dem Limpertsberg u. s. f. auf, in welchen Ortschaften er die Kranken mit den Sterbesakra= menten und die Neugeborenen mit der hl. Taufe versah. Weil er die Leistung des Republikseides standhaft verweigerte und zudem des Nachts predigte und die hl. Messe las, so setzten ihm die Gend. unaufhörlich nach. Deswegen mußte er fast jeden Tag einen andern Aufenthalt nehmen und sich in neu= gewählte Schlupfwinkel verbergen. Am öftesten jedoch feierte er die hl. Geheimnisse in einer Scheune zu Weimerskirch. Einmal, als er diesem Orte zuwanderte, kamen zwei Gend. dicht hinter ihm, holten ihn ein, erkannten ihn aber nicht, sondern nöthigten ihn, ihnen den P. Mich. Stz. aufsuchen zu helfen. Eine Zeitlang that er es dem Scheine nach, bis er Gelegenheit fand, ihren Blicken zu entkommen. Seine Feinde wurden mit jedem Tage zahlreicher, aber auch seine Freunde. Zu Beggen, wo er sich am meisten aufhielt, saß er einst beim Feuer mit einem zersetzten Kittel, zerrissenen Schuhen und einer beschmutzten Schlafmütze und hielt ein zweijähriges Kind auf seinen Armen, als plötzlich zwei Gend. hereintraten. Das Kind rief, wie es gewohnt war, zum Pater: „Pap! Pap!" und die Frau schickte ihn Holz suchen, auf daß die Herren bei der großen Kälte sich wärmen könn= ten. Während er in den Bart brummend: „Das Alter ist verstoßen!" hinauswackelte, traten die Gend. sogleich, ohne weiter zu fragen, in die Stube, durchsuchten das ganze Häus= chen und fanden den Pater nicht, welcher an diesem Tage vom Holzsuchen nicht zurückkam. Bei der Rückkehr des Früh= lings ging er, einen Pfeifenstumpf im Munde und eine Hacke auf den Schultern, mit demselben Kinde auf der Landstraße. Zwei Gend. eilten heran, und als sie ihn scharf musterten, rief das Kind: „Pap! tragt mich, ich komm' nicht fort!" Diese Worte gereichten dem Pater zum Heile: die Gend. entfernten sich und gingen das Haus, seinen gewöhnlichen

Aufenthaltsort, durchsuchen. Nach der Verfolgungszeit ward
P. Michel in Dummeldingen als Vik. angestellt, wo er eif-
rigst predigte und sich als Katechet bewährte. Den Wetteifer
der Kleinen wußte er durch Unbedeutenheiten, z. B. geba-
ckene Birnen, von ihm „Rabeneier" genannt, u. dgl. zu
spornen; und brachte ihnen, wie sie selbst nachher gestanden,
die Wahrheiten so bei, daß sie selbe nicht mehr vergessen
konnten. Nach 7 Jahren wurde er von hier in den Grund
nach Luxemburg berufen, wo er aus allen Kräften dem Pfarr.
von St. Johann in die Hand arbeitete. Wie er ein herab-
lassender Kinderfreund war, so ertheilte er täglich 4—5
Stunden meistens unentgeltlichen Unterricht, hielt auch Prinzipisten, denen er die Anfangsgründe der lateinischen und
französischen Sprache beibrachte, und aus welchen mehrere
tüchtige Männer: Kerzmann, Künzele, Lamesch u. a. hervorgingen. Im J. 1821 kam er nach Weimerskirch, wo er, obwohl in Ruhestand versetzt, seinem geistlichen Neffen und
der Pfarre unaufhörlich noch die ausgezeichnetesten Dienste
auf der Kanzel, im Beichtstuhle und am Krankenbette erwies.
Nachdem er über 50 Jahre hindurch am hl. Charfreitage
gepredigt hatte, wollte er auch 1828 in seinem 78. Lebensjahre noch einmal dasselbe thun. Er kündigte an, daß er 53
Jahre an diesem Tage gepredigt habe und jetzt an demselben
es für's letztemal thun würde. Nie machte eine seiner Predigten einen tiefern Eindruck als diesmal. Alle Anwesenden
schluchzeten laut auf. Nach langwieriger Krankheit, die er
mit völliger Ergebung in den göttlichen Willen ertrug, starb
er glaubensvoll am 9. Sept. 1829, in seinem 80. Lebensjahre. Er hinterließ geschriebene Vorträge, würdig des wi-
tzigsten und beliebtesten Volkspredigers, den man zu seiner
Zeit hierlands kannte.

Stümper, Jak., geb. zu Grendel 1765, studirte anfangs
in seinem Geburtsorte und dann zu Luxemburg und Löwen.
Zum Priester geweiht, wurde er zuerst Kapl. zu Useldingen
1792, wo er die Dorfschule hielt und thätig in der Seelsorge wirkte, als die französische Revolution sich in's Land
hereinwälzte. Wegen Weigerung des ihm vorgehaltenen Eides

mußte er Vieles ausstehen, sich heimlich halten, in einer Erdhütte an der Attert übernachten und von einem Hause in das andere flüchten. Doch hatte er das Glück, seinen Häschern immer auszuweichen. Nur einmal wäre er ihnen beinahe in die Hände gerathen. Mit den übrigen Geistlichen seines Kantons ward er auf den 20. Nov. 1798 von Kommissär Seiquer unter der Maske der Freundschaft nach Everlingen geladen, um demselben, hieß es, über seinen Lebensunterhalt Auskunft zu geben. Als er sich dem genannten Orte näherte, bemerkte er, daß Soldaten das Schloß besetzt hielten. Nichts Gutes ahnend, kehrte er mit Pfarr. Biwer um und nach Useldingen zurück. Diese Um- und Rückkehr gereichte ihm zum Heile; denn die zu Everlingen erschienenen Geistlichen wurden sämmtlich aufgepackt und auf fünf Wagen nach Luxemburg, von hier nach Rochefort transportirt, und von da auf die Insel Ré verschifft. Am 5. Vent. VIII ward er freigesprochen von der Deportation, welcher er durch Dekr. vom 14. Brüm. VII verfallen war. Als 1805 das Luxemburger Kollegium von Neuem organisirt wurde, erhielt Sr. die Berufung an diese Anstalt als Professor der Tertia, und genoß den Ruf großer Unparteilichkeit und eines eigenen Taktes, die Schüler zu Fleiß und Ausdauer anzuhalten. Da er sich aber mit dem Direktor München überwarf, so nahm er zu großem Leidwesen seiner Zöglinge 1811 um Ostern seine Entlassung. Die Stadt Echternach berief ihn sogleich als Vik. und Professor der dortigen sogenannten Sekundärschule, oder vielmehr als Vorstand einer Privatanstalt. Hier hoffte er, bald ein Kommunalkollegium errichtet zu sehen und bei demselben angestellt zu werden. „Ihm muß nachgerühmt werden, sagt Herr Müller, Direkt. der Echternacher Mittelschule, daß er auch in Echternach gründlichen und gediegenen lateinischen Unterricht ertheilte. Aber so bewandert er auch im Lateinischen war und so große Geschicklichkeit er auch besaß, so war er doch nicht im Stande mit seiner Person allein alle Bedürfnisse des Unterrichtes zu befriedigen. Von einer gehörigen Einrichtung und Leitung eines so mangelhaften Instituts konnte natürlich keine Rede sein. Nichts

destoweniger hatte Sr. in den drei Jahren 1811-1814 durch-
schnittlich 40, hälftlich auswärtige, Schüler; denn Diejenigen,
welche damals unter ihm, dem von der Universität und dem
Bischofe genehmigten Professor, studirten, konnten, wie in
einem Klein-Seminar, von der Konskription befreit werden...
Er lehrte in drei bis vier Abtheilungen Latein, Französisch,
Deutsch, Arithmetik, Geographie, Geschichte und Choral-
gesang..... Später hatte er durchgehends 25 — 30 Schüler,
welche er meistens bis auf die Quarta brachte, und worunter
junge Leute aus dem Wallonischen waren. Unter seinen
Schülern nennen wir die Herren: Staatsminister Simons,
Staatsr. Jurion, Pirsch, Prof. Schiltz, Dr Reinhard, Dr Glo-
ner, Hermes, Dcht. Majerus, Präses Föhr, P. Dieschburg,
V. Wagner, Weiwertz u. a." Als der später so berühmt
gewordene J. v. Görres als Direktor des öffentlichen Unter-
richts 1814 auch das Luxemburger Land, über welches er
einige Aufsätze im „Rheinischen Merkur" erscheinen ließ,
bereiste, nahm er eine in's Einzelne gehende Inspektion
und Prüfung der Schule Sr.'s vor, und war mit den Lei-
stungen dieses biedern Lehrers so zufrieden, und hatte ihn
so liebgewonnen, daß er ihm stets bis zu dessen Tode ein
Exemplar seiner periodischen Schriften und Werke freund-
schaftlichst verehrte. Unter der niederländischen Regierung,
welche den Unterricht ermunterte, fuhr Kapl. Sr. fort, an
der Ausbildung der ihm anvertrauten Jugend unverdrossen
zu arbeiten. Im J. 1815 gab er seiner Schule eine größere
Ausdehnung, indem er außer den oben angezeigten Unter-
richtsgegenständen auch noch die griechische Sprache, die ihm
früher unbekannt war, lehrte. Wie einst Cicero's Lälius,
las er in seinen späteren Tagen die attischen Schriftsteller,
die ihm einen bis dahin nicht geahnten Genuß verschafften.
Durch sein anhaltendes Arbeiten und früheres Leiden erschöpft, entschlief Sr. selig dem Herrn am 23. Juni 1821
in einem Alter von 56 Jahren.

Thilmany, A., anfangs Vik. zu Eppeldorf und dann
Pfarr. zu Selingen, sollte mehrmals aufgegriffen werden,
was er aber stets durch Verkleidung und Feldarbeit zu ver-

eiteln wußte, bis er am 23. Vent. VIII wieder in die Fülle
seiner Freiheit gesetzt ward. Nach Wiederregelung der kirchlichen Angelegenheiten behielt er das Hirtenamt zu Selingen
bei bis zum J. 1821, von welchem ab er, entkräftet, in seiner Heimat Erpeldingen den Rest seiner wenigen noch übrigen Tage verlebte. Er starb den 26. Okt. 1830 im Alter
von 86 Jahren.

Thines, Mich. Xav., Vik. zu Weiswampach und zu
Holler, verwarf den Republikseid und hatte einen Hausver-
steck, aus welchen er sich nur dann zu den Kranken begab,
wenn er von Bekannten gerufen wurde.

Thiry, J. Andr., geb. zu Rulles 1748, zum Priester
geweiht 1771, trat, nachdem er zu Anlier 23 Jahre Vikars-
und Schullehrersdienste geleistet, an die Stelle seines 1793
mit Tod abgegangenen Pfarr. Walzing, mußte das Pfarrhaus wiederherstellen, 1796 sich von der Moselarmee ausplündern, und 1797 die Kirche verwüsten, das Pfarrgut,
die Wiedenhofen und eine Glocke rauben lassen, und mußte
die hl. Gefäße und die besten Paramente nur dadurch zu
retten, daß er sie in eine Aschenkaule einmauern ließ. Als
1798 die Priesterverfolgung wüthender ward, wurde auch
ihm der von Rom verdammte Eidschwur abgefordert. Und
weil er ihn entschieden abwies, so sollte auch er bei einer
allgemeinen Razzia auf die Geistlichen im Okt. 1799 eingefangen werden; wurde aber nicht in seiner Wohnung angetroffen, sonst wär' an ihm das Verbannungsurtheil vollzogen worden. Die Haussuchungen wiederholten sich zwar,
blieben aber, in Folge der von den Pfarrkindern angewen-
deten List, immer fruchtlos. „Sehr interessant, schreibt Pfarr.
Clesse in seiner Notiz über Anlier, wäre das Buch, welches
alle behufs Geheimhaltung der Geistlichen ersonnenen Pfiffe
und Kniffe enthielte." Am 28. Niv. VIII ward Thiry von
der Deportation freigesprochen. Von 1810 an sah er sich
von der bejahrten und geisteskranken Mar. Barb. Gérard,
welche nicht von ihm weichen wollte, 18 Jahre lang unaufhörlich verfolgt. Während des Sturmes vom 2. Juni 1841
ertheilte er den sakramentalischen Segen, war dabei aber vor

Angst so außer sich gerathen, daß er die Monstranz in's Tabernakel zurückzusetzen vergaß. Doch setzte er darauf die Seelsorge mit gewohntem Eifer fort bis zu seinem am 8. Okt. 1828 erfolgten Absterben.

Tintinger, N., Kapl. zu Schinderbaiern und darauf zu Greiweldingen, fiel den Nachstellungen desto mehr anheim, je mehr die Häscher seinen Seeleneifer gewahrten. Doch geschah es nur, sagten sie, um ihm die Jagdliebhaberei zu benehmen.

Ungeschick, J. Nikl., der zweitälteste seiner Brüder, war gleich diesem Jesuit geworden. Am 29. Frim. VII sollte er verhaftet werden, ward aber nirgends von den Häschern entdeckt. Seit Aufhebung seines Ordens hatte er die Leitung der Pfarre Heffingen, mit welcher er die Haltung einer Lateinschule verband, übernommen. Unter ihm erlernten die Sprachelemente manche Knaben seiner Umgegend, welche später theils Staats- und theils Kirchenämter ehrenvoll bekleideten. Er gelangte zum Rufe nicht allein großer Priestertugend, sondern auch umfassender Gelehrsamkeit. Die Republiksbehörde selbst zählte ihn unter die ausgezeichnetesten Geistlichen des Landes. Seine Pfarrkinder vermeinten, er allein unter den Kuratgeistlichen sei im Stande, unser Sonnensystem und den Lauf der Himmelskörper zu erklären. Er starb hochgeachtet und beweint 1822.

Ungeschick, Jos., des vorigen Bruder, hatte nach Aufhebung des Jesuitenordens, dessen Mitglied er geworden, wegen Schwerhörigkeit kein Pfarramt übernommen, sondern begnügte sich bald hier bald dort in der Seelsorge auszuhelfen, hielt sich bei seinen Brüdern auf und genoß ebenfalls beim Volke große Achtung. Zur Zeit der Eidesabforderung mußte er sich versteckt halten, hatte aber das Glück, allen wider ihn angezettelten Nachstellungen auszuweichen. Er starb gegen 1812.

Ungeschick, Mich., geb. aus Luxemburg, der älteste seiner Brüder, trat in den Jesuitenorden, nach dessen Aufhebung 1773 er sich an verschiedenen Orten aufhielt, bis er 1784 die Pfarre Waldbillig zum seelsorgerlichen Amtskreise erhielt. Hier traf ihn die französische Revolution, deren Eid vom 19. Frukt. er, obwohl er die diesenfalls baldige Versteigerung des Pfarrgutes voraussah, standhaft ablehnte. Durch Dekr. vom 14. Brüm. VII zur Deportation verurtheilt, mußte er flüchtig werden, bald sich zu Christnach und bald zu Heffingen, überall in Privathäusern verborgen halten. Erst am 5. Vent. VIII wurde er von der Deportationsstrafe freigesprochen. Nach Abschließung des Konkordates 1801 fuhr er fort dieselbe Pfarre zu leiten, wurde aber nach einigen Jahren harthörig, so daß er auf die Seelsorge Verzicht leisten mußte. Er zog sich bei seinen Bruder, Pastor in Heffingen, zurück, bei welchem er gegen 1813 starb.

Urbin, J. Frz., Pfarr. zu Rachamps, verbarg sich seit seiner Eidesweigerung, behielt nachher seinen Posten bei, wurde auf demselben gegen 1837 des Abends einmal von Strauchräubern überfallen und ausgeplündert, und starb daselbst, 86 J. alt, am 4. Okt. 1840.

Walrand, Ant., geb. aus Ehrang bei Trier, hatte durch Kollation der St. Maximiner Abtei die Pfarre Kehlen erhalten, in welcher er das große, durch die Revolution veräußerte, Pfarrhaus erbauen ließ. Während dieser langsam voranschreitenden Baute führte er auf eigene Kosten das jetzige kleinere Pfarrhaus als provisorische Wohnung auf. Er war ein gar stattlicher Herr, hatte sechs Kapläne und fuhr in der Kutsche nach der Pfarrkirche Schönberg. Nachdem er den ihm abgeforderten Republikseid verworfen, hielt er sich in den Häusern „Schmiß" und „Bocken" verborgen, bis er das Pfarrhaus, die Kirchengüter und selbst die Kapelle in Beschlag nehmen und öffentlich versteigern sah. Von nun an glaubte er zu Kehlen nicht mehr wirken zu können, dankte ab und kehrte in seine Geburtsstätte zurück, woselbst er gegen 1800 das Irdische gegen ein Besseres vertauschte.

Webech, J. N., ein schlichter und gutmüthiger Charakter, Pfarr. zu Houmont, lehnte den Republikseid ab, verbarg sich in verschiedenen Häusern bis zum J. VIII, in welchem er der Deportationsstrafe enthoben wurde, und starb am 21. Febr. 1838, im Alter von 77 Jahren.

Weiſer, J. Gasp., Benefiziat zu Anſemburg, ſuchte bald in Privathäuſern und bald in Felſenſpalten ſeinen Verſteck, bis er am 29. Pluv. VIII für verbannungsfrei erklärt ward. Er ſtarb als Pfarr. von Lorenzweiler den 14. Okt. 1825, im Alter von 74 Jahren.

Wellenſtein, Zachar. Joſ., geb. zu Ehnen und Bruder des Pfarr. Math. Wn., Pfarrer zu Mutfort, hielt ſich wäh= rend der Schwurzeit mit ſeinem Vik. Rodenborn meiſtens in ſeinem Amtsorte, aber auch oft auf dem „Scheuerhof" bei Leuten von altem Schrot und Korn auf. Die Pfarr. Wn., von vornehmer Familie ſtammend, waren ſehr angeſehen und zählten viele Freunde. Bei ihnen nahmen auf ihrer Flucht als Prinzen die nachherigen Könige Ludwig XVIII und Karl X., ſowie vor ihnen ſchon 1792 der König von Preußen, ihre Nachtherberge. Um ſo mehr mußten ſie ſich jetzt im Verborgenen halten. Dem von Mutfort ſchrieb eines Tages Kommiſſär Schanus von Alzingen: „Morgen komm' ich Sie arrêtiren!" kam wirklich, begnügte ſich aber mit dem Ge= ächteten zu trinken und ging fort. Sein Sekretär Bauduin warnte die Geiſtlichen bei manchen Gefahren, ja erkühnte ſich, ihnen in Abweſenheit des Kommiſſärs Päſſe für's Aus= land auszufertigen, die er aber ſpäter, weil er für ſeinen Hals fürchtete, wieder einforderte. Auch ein Gend., wenn er nach Mutfort beordert wurde, ging zu der Schweſter Ro= denborn's, und gab ihr durch ein Zupfen an ihrer Schürze zu verſtehen, daß wieder auf die Geiſtlichen loszugehen ſei, welchenfalls ein beſonderer Bote zu dieſen geſendet wurde. Kamen nun die andern Gend., dann eilten die Proſkribir= ten flugs in's Gehölz, und die Schweſtern Wn., frühere Congregationsnonnen, ſprachen: „Die Herrn ſind nicht hier!" oder: „Sie ſind auf der Inſel Ré!" Unter Inſel Ré ver= ſtanden ſie aber ein anſpielungsweiſe ſo genanntes Inſelchen, in welches Wn. mit andern eidſcheuen Geiſtlichen einen im Wäldchen „Birk" gelegenen Moraſt umgeſchafft hatte, und welches noch heute beſteht und denſelben Namen fortträgt. Dabei ließen dann die Gend. es auch gewöhnlich bewenden; und ihnen wäre auch nicht zu rathen geweſen, die Flüchtlinge in's Gebüsch zu verfolgen. Die beiden Wn. waren als gewandte Jäger bekannt. Einst jagten sie zusammen im „Krenschelbüsch". Da sahen sie auf der Remicher Landstraße zwei Gend. mit dem Pfarr. von Lenningen heraufreiten. „Welchen dieser Kerle, sprach im Eifer Math., auf sie anlegend, soll ich heruntersuppen?" „Um Gottes willen halt!" war die Antwort. Wäre sie beifällig gewesen, so würde es wahrscheinlich den Gend. schlechter als dem Malchus im Evangelium ergangen und Schmiß diesmal nicht weggeführt worden sein. Später vermeinten die Geistlichen, die Gend. stellten eigenmächtig so viele Nachsuchungen an, und ließen ihnen deshalb sagen, daß sie, hörten die unnöthigen Verfolgungen nicht auf, auf ihre Pferde Acht geben sollten. Von nun an wurden die Nachstellungen seltener, was für eine Folge dieser Drohung angesehen wurde. Als die Zeitverhältnisse sich etwas günstiger gestaltet hatten, wollte ein Gend. dem Pfarr. von Mutfort die Jagdflinte, sie bei der Mündung anfassend, wegnehmen. Aber sogleich kam Kapl. Rodenborn mit einem Stocke herzu, und nun konnten sie ruhig weiter ziehen. Am 11. Pluv. VIII erhielt Zach. Wn. seine Freisprechung von der Deportation, und behielt, nach Regelung der kirchlichen Angelegenheiten, das Pfarramt zu Mutfort, welches er bis zu seinem am 8. März 1828 erfolgten Tode verwaltete. Er starb im Alter von 72 Jahren.

Welter, Theod. Hch., Sohn des H. Wr., Hochofenhalters zu Montabaur bei Buzenol, und der Maria Picard, sah zuerst das Tageslicht am 5. August 1750. Nach Beendigung seiner erfolgreichen Studien wurde er zum Priester geweiht und zum Pastor von Eschdorf 1777 ernannt, vertauschte aber 1784 diese Pfarre gegen Ethe-Belmont. In letzterem Orte mußte er den von den Republiktruppen 1793—94 begangenen Frevelthaten, der Einäscherung seines Dorfes und der Vernichtung einer Unzahl bei ihm deponirten Familien- und anderer Geschichtsurkunden zusehen. Den ihm 1797 abgeforderten Republikseid verabscheute er aus tiefstem Herzensgrunde. Deswegen begnügte er sich nicht damit, daß er denselben standhaft verweigerte und es vorzog,

lieber in seiner Scheune Messe zu lesen und Hunger und
Mangel zu leiden, als einen solchen Abfallsakt zu wagen,
sondern war auch einer der Geistlichen, welche dem Erzbi=
schofe von Trier eine Gesammtprotestation wider die vom
Generalvikariate über die eidscheuen Priester verhängten Sus=
pensionen zusendeten. Zudem schrieb er auch an denselben
Obern eine eigenhändige Reklamation und Beschwerde, und
hatte den Trost, von ihm ein eigenes Beruhigungsschreiben zu
erhalten, welches die vom Konsistorium ausgesprochenen Cen=
suren für null erklärte. Ob ihm gleich die Häscher Tag und
Nacht auflauerten, wich er doch nie von seinem Posten. Am
5. Vent. VIII endlich erhielt er Freisprechung von der De=
portation, zu welcher er durch Defr. vom 14. Brüm. VII
verurtheilt war. Nach Rückkehr der Ordnung hielt er es
für ein patriotisches Verdienst, alle von ihm über die ade=
ligen Familien des Landes gesammelten genealogischen Nach=
richten zu ordnen und in ein großes, bisher Manuskript
gebliebenes, Register einzutragen. Diese Bruchstücke sind heu=
tigen Tages wegen Untergangs der Originale eine sehr wich=
tige Quellensammlung. In der Vorrede spricht er sich über
die Absicht aus, welche ihn bei seinem Unternehmen leitete.
„Ein Pfarrer, so schreibt er, welcher mit Leidwesen 1796
die Titel des «Siége des Nobles» und das Archiv der drei
Provinzialstände verbrennen, die Papiere der Ordenshäuser
und vieler adeligen Familien zerreißen, die Mausoleen und
Grabschriften ihrer Ahnen zerstören, alles Antike 2c. weg=
nehmen sah, glaubt der Nachkommenschaft einen Dienst zu
erweisen, indem er ihr handschriftliche Nachrichten über die
alten Familien des Landes aufbewahrt." Dieses köstliche
Register enthält 888 Seiten und ist heute ein Besitzthum
eines Kleinneffen des Autors, Hrn. Dr Burnotte von Floren=
ville. Daraus erhielt der historische Verein von Luxemburg
bedeutende Auszüge, betitelt: «Généalog. de différ. familles
du Pays de Lbg.», welche er der Gefälligkeit des Hr. Dom=
herrn Daman, Direktor des Marci-Instituts zu Chassepierre,
verdankt. Außerdem hat Pfarr. Wr. noch ein anderes Heft
in-folio geschrieben mit der Überschrift: «Tables généalog.

représent. les ancêtr. patern. et matern. de plus. souver.
luxembourg.» Inzwischen war die Pfarre Ethe zu umfas=
send geworden, als daß sie Pastor Wr., welcher in seinen
Jahren bereits vorgerückt war, noch füglich hätte verwalten
dürfen. Deshalb verlangte und erlangte er die Pfarre Che=
nois bei St. Mard, wo er 1822 starb, geachtet und bedauert·
wegen seiner Kenntnisse und der Herzensgüte, mit welcher
er während eines halben Jahrhunderts die ihm Anvertrauten
auf der Weide des Heiles geleitet hatte. „Heinrich Welter,
schreibt Fr. L. v. Hontheim, war ein gelehrter Mann, im
Griechischen bewandert, eine Stütze des Glaubens und ge=
eigenschaftet, Bischof zu werden."

Weydert, Joh. Bapt., Sohn des Mich. Wt. und der
Kath. Atten, Eigenthümer des Weyderterhofes bei Fels, geb.
daselbst den 5. Dez. 1753. Nach Vollendung seiner Huma=
nitätsstudien am Jesuitenkollegium zu Luxemburg, trat er
in's Seminar zu Trier, wo er, 23 J. alt und von der dor=
tigen Universität zur Doktorwürde der Theologie erhoben,
von Erzbischof Clem. Wencesl. 1777 zum Priester geweiht
wurde. Zunächst wurde er zum Vik. in Nomern ernannt,
kurz darnach zum Pfarr. von Dockendorf, woselbst er sich
zur Zeit der Besitznahme des Landes durch die französische
Republik befand und, weil er den republikanischen Eid ver=
weigerte, unter das Verbot fiel, den Kultus öffentlich aus=
zuüben. Da ihm einerseits sein Gewissen diese Verweigerung
zur Pflicht machte und andrerseits die Jurisdiktion für die
Pfarrverwaltung entnommen war, glaubte er nichts Besseres
thun zu können, als sich des Pfarramtes zu begeben, zu
privatisiren, den Umgang mit den Sanskulotten zu meiden
und die hl. Messe im Geheimen zu celebriren. Um sich keine
besondere Verfolgung als Priester zuzuziehen, übernahm er
das Friedensrichtersamt in der von ihm bewohnten Gemeinde
und hatte das seltene Glück, als „widerspänstig" weder von
den Staatsagenten erkannt noch als solcher von seinen ihn
als Vater verehrenden Pfarrkindern denunzirt zu werden;
wurde vielmehr, weil er keinen öffentlichen Gottesdienst mehr
verrichtete, auch unvereidet zu den unterwürfigen Geistlichen

gerechnet und später deswegen besonders empfohlen. Die
Lage, worin er sich hiedurch versetzt sah, dauerte fort bis
zum Abschlusse des Konkordates. Am 7. Nov. 1803 ernannte
ihn Bischof Bienaymé zum Primärpfarrer von Wiltz. Den
27. dess. Monats trat er diesen Posten an, und mußte wäh=
rend 29jähriger Verwaltung desselben sich stets, wie früher
zu Dockendorf, in der Liebe seiner Pflegempfohlenen zu er=
halten. Er befriedigte sich nicht damit, das Wort des Lebens
zu predigen, sondern hörte auch keinen Augenblick auf, selbst
im Handel und Wandel auszunüben, was er auf der Kanzel
vortrug. Der letzte Akt seines Lebens war nach so vielen
ähnlichen noch eine Wohlthat für die Wiltzer. Durch sein
olographisches Testament vom 1. Dez. 1831 überließ er ihnen
sein ganzes Vermögen. In dieser Urkunde legirte er 1° ein
Kapital von Fr. 1500 mit der Bestimmung, daß mit den
Interessen die Vikare von Wiltz und Niederwiltz für den
von ihnen am Schlusse jeder Sonntagsvesper nach den „Be=
trachtungen über die Werke Gottes im Reiche der Natur ꝛc.
von Christ. Sturm" zu ertheilenden Unterricht gleichmäßig
honorirt, und im Weigerungsfalle seitens der genannten
Geistlichen diese Interessen dem Wiltzer Spital anheimfallen
sollen; 2° ein gleiches Kapital, um mit dessen Zinsen jähr=
lich vier arme Schüler, die verdienstlichsten von Wiltz, zu
kleiden, was für sie die Stelle von Preisen vertreten soll;
3° die Summe von Fr. 298,41 zur Stiftung eines einfachen
Jahrgedächtnisses für den Stifter; 4° den Rest seines Ver=
mögens, d. h. 7134 dem Wohlthätigkeitsbüreau der Gemeinde.
Diesemnach schenkte er seinen Pfarrkindern Fr. 10,432, d. i.
Alles, was er, nachdem er zuvor schon so Vielen geholfen,
sterbend hinterließ. Außerdem hat er sich das Verdienst er=
worben, zu Wiltz und umher die Obstbaumzucht entweder
einzuführen oder wenigstens zu befördern. Als geselligen und
eifrigen Seelsorger liebten ihn Alle, Reich und Arm, und
befanden sich wohl in seiner Nähe. Eine Folge davon war
es, daß ihm der Domherrnmantel von Metz aus angetragen
wurde, den er aber ausschlug, weil er die Wiltzer nicht ver=
lassen wollte. Sogar behauptet man, gestützt auf Briefe, die

in seinem schriftlichen Nachlasse gefunden und von Friedensrichter Faber verbrannt wurden, daß ihm von Wilhelm I.
Anträge für das Bisthum Namur gemacht worden, welche
er aber stets entschieden ablehnte. Er starb am 29. Mai
1832, im Alter von 78 Jahren und einigen Monaten. Ihm
hatte die öffentliche Dankbarkeit ein Marmordenkmal errichtet
mit der Aufschrift: „J. B. Weydert, Beschützer und
Wohlthäter des Hospitals. Die Pfarrkinder von
Wilz zum Andenken an ihren würdigen Pastor.
Er starb beweint von seiner Heerde im 80. Lebensjahre."

Wildschütz, J. Bernh., Vik. zu Junglinster, am 18.
Pluv. VIII für deportationsfrei erklärt, nachher Pfarr. in
Belvaux, woselbst er, 88. J. alt, am 9. April 1834 verstarb.

Wolff, Jos., war geb. aus Diekirch und einer Familie
entstammt, in deren 17 letzten Generationen stets von je
zwei einzigen Söhnen einer Priester ward, während der andere in den Ehestand trat, so daß 16 Priester aus ihr hervorgingen, die abwechselnd den Namen Jos. und Math.
trugen. Zuerst wurde Jos. Wf. Past. in Derenbach, woselbst
sein Neffe und nachheriger Jesuit Math. Wf. in seinem 12.
Jahre zu ihm gebracht wurde, unter seiner Leitung seine
Elementarstudien machte und einen entscheidenden Aufschwung
für den Priesterstand nahm, obwohl er schon hier in den
Leidenskelch dieses Standes tief einsah. Bald darauf ward
er als Pfarr. nach Fischbach versetzt. Hier mußte er, weil
er als treuer Priester den Republikseid ablehnte, viele Pla-
ckereien ausstehen und, um den Häschern zu entgehen, aus
einem Verstecke in den andern flüchten. In dieser traurigen
Lage überließ er seinem obgenannten Neffen das Hauswesen
und verlieh ihm zugleich mehr als einmal die Gelegenheit,
seinem verfolgten Oheim ein Wort des Trostes zu sprechen.
Indeß blieben seine Entschlossenheit und Gewissenhaftigkeit
unerschütterlich. Je mehr Widerwärtigkeiten ihn trafen, desto
fruchtbringender erwies sich seine Tüchtigkeit. Wie die anderen eidscheuen Geistlichen ward er später von der Deportation freigesprochen und starb, nachdem er kurz zuvor die

Primizfeier seines Neffen gehalten, geachtet und betrauert zu Fischbach 1807, im Alter von 72 Jahren.

XI. Abtheilung.

Vereidete, aber reuig gewordene Geistliche.

Vorbemerkung. Eine nicht unbedeutende Zahl Priester leistete zwar, um der Verfolgung zu entgehen und ihren Pfarren die Kirchengüter zu erhalten, den abverlangten Eid, widerrief denselben aber bald darauf schriftlich und mündlich, oder bezeugte darüber öffentlich und unzweideutig ihre Reue. Wir können dieser reuig gewordenen Geistlichen zwar nur einige anführen, schließen aber auf eine weit größere Zahl aus dem Umstande, daß am Ende alle geschworenen die vom Papste vorgelegte Erklärung unbedenklich unterschrieben.

Eischen, N., Vik. zu Beckerich, im J. VII verhaftet, leistete den ihm abverlangten Eid, weswegen er am 3. Vend. deff. J. wieder in Freiheit gesetzt wurde. Bald darauf aber empfand er Reue und widerrief laut und förmlich Alles, was er schwörend ausgesagt hatte.

Erpelding, Jak., Dominikaner und Ordensprofessor zu Luxemburg, wurde daselbst am 25. Brüm. VII vom Brigadier Delacour in Verhaft genommen, leistete den ihm abgeforderten Republikseid, kannte darauf aber nichts Eiligeres, als ihn förmlich zu widerrufen. Von nun an mußte er sich bis zur Wiederkehr der Ordnung versteckt halten. Im Frukt. XII wurde er zum Professor an der Sekundärschule ernannt; doch versah er diese Stelle nur kurze Zeit. Er ging als Missionär nach Amerika, kam später nach Luxemburg zurück und wurde daselbst 1818 am neu errichteten Athenäum Professor der Mathematik und Physik. Doch war er kaum einige Monate ernannt, und hatte noch keinen Unterricht ertheilt, als ihn schon der Tod überraschte.

Gödert, Thd., von Mamer, stand als Vik. zuerst ein halbes Jahr zu Dalheim, darauf in Oth, dann als Hauskaplan 18 Monate zu Nomern und endlich als Kaplan zu Schrontweiler. Hier ward ihm der Republikseid abgefordert, den er auch wirklich leistete. Aber förmlich und bald bereuete er diesen Schritt. „Nur die ungeschworenen Priester, sprach er, sind geblieben, was sie zuvor waren!" Und von dieser Zeit an scheute er sich, über theologische Streitpunkte irgend eine Entscheidung zu äußern. Nach Rückführung der Ordnung ward er nach Stegen und 1804 nach Bettendorf als Pfarrer ernannt. Hier wirkte er 28 volle Jahre als fleißiger und friedlicher Seelsorger. Seine Auszeichnung waren seine musikalische und wissenschaftliche Ausbildung, sowie sein Vortragstalent, wegen dessen er in früheren Jahren öfter in der Franziskanerkirche zu Diekirch zu predigen berufen wurde. Er starb, eine letztwillige Meßstiftung am Orte seiner letztjährigen Wirksamkeit hinterlassend, am 2. April 1831, im Alter von 69 Jahren.

Kalbusch, Frz., stand als Pfarr. zu Stolzenburg, als die Revolution und die Priesterverfolgung das Luxemburger Land in ihren Strudel wirbelten. Am 27. Brüm. VIII wurde er vom Brigadier Lavilette aufgegriffen und über Vianden, wo er in die Burg eingekerkert ward, nach Luxemburg abgeführt, um deportirt zu werden. Hier ließ er sich, aus Mitleiden für seine Pfarrangehörigen, bewegen, den Republikseid zu leisten, wodurch er seine Freilassung erlangte. Als er aber in seinen Pfarrsprengel zurückkam und nunmehr nur Gleichgültigkeit von Seiten der Eingepfarrten begegnete, bereute und widerrief er seinen Eidschwur. Von da an war er stets entweder flüchtig oder verborgen. Nach Abschluß des Konkordates behielt er seine Pfarrstelle und starb darin, 73 Jahre alt, am 1. Jan. 1832.

Lafleur, N., stand als Kapl. zu Fischbach (Heinerscheid), wo er heimlich Beicht hörte und um 1 Uhr des Nachts Messe las, als ihm der Republikseid abverlangt wurde. Anfangs verweigerte, dann leistete er ihn, widerrief ihn aber sogleich. Von nun an mußte er flüchtig werden und wanderte nach

Köln aus. Als er bald von da zurückkehrte, wurde er zuerst am 8. Vend. VII, und dann, nachdem er entschlüpft, wieder im Flor. IX verhaftet, und über Luxemburg nach Metz weggeführt. Nach seiner Freilassung und dem Abschluß des Konkordates wurde er zum Pfarr. in Hüpperdingen, dann 1808 zu Michelau ernannt, in welcher letzteren Eigenschaft er sich freilich durch manche Sonderbarkeiten, die als Anekdoten erzählt werden, bemerkbar machte, dabei aber streng auf Zucht und Ordnung hielt und stets seeleneifrig und hingebungsvoll seinem heiligen Amte oblag. „Ich danke Gott, hörte man ihn öfter sagen, daß er mir die Gnade verliehen, Anderen die Heilswahrheiten zu verkünden." Er starb zu Fischbach im April 1831, im Alter von 80 Jahren.

Leonardy, J. B., Bruder des Pfarrers Nikl. Ldy. von Daleiden, geb. aus „Leonards" von Thommen, studirte zu Köln, ward Kapl. und dann Past. in Asselborn. Während seiner hiesigen Amtsführung trat, wie für das ganze Land, so auch für seine Pfarre eine gewaltige Umgestaltung ein. Den Zehnten und beinahe sein ganzes Einkommen verlor er und sah sich der Willkür seiner Pfarrgenossen anheimgegeben. Dieses hindert ihn nicht, diese letzteren eines Tages anzureden mit den Worten: „Nicht wahr, liebe Pfarrkinder, jetzt würdet Ihr gern den Zehnten entrichten, würdet Ihr der Republikaner los?" Doch größeres Ungemach noch war Ldy. aufbewahrt. Das verhängnißvolle Jahr 1798 war angebrochen und in ihm der sogenannte „Klöppelkrieg" entbrannt. Deswegen wurde eben jetzt der bekannte Civileid von jedem Geistlichen, der ihn noch nicht geleistet hatte, mit größerm Nachdruck abgefordert. Ldy. verweigerte ihn standhaft. Diese Verweigerung und ein auf ihn gefallener Verdacht, an einem Gendarmenmorde Antheil gehabt zu haben, brachten ihn nicht bloß in Verlegenheit, sondern auch in wahre Lebensgefahr. Als am 30. Okt. der Brigadier Thermotte und der Gend. Sauvage zu Asselborn von mehrern Kugeln durchbohrt worden waren und deshalb nach acht Tagen strenge Untersuchungen an Ort und Stelle vorgenommen wurden, fand man auf der Sakristei ein Soldatenkleid und etwas

Charpie im Pfarrhause. Sogleich erwachte der Gedanke an
Ldy.'s Mitbewußtheit um die erwähnte Blutthat. Des er=
schossenen Brigadiers Bruder ließ nebst diesem Geistlichen
alle Waffenfähigen des Ortes festnehmen, zu Gefangenen
erklären und allesammt an des Gemordeten Begräbnißplatz
prozessionsweise geleiten und die Leiche herausgraben. Als
er sah, wie sein Bruder hingeschlachtet worden, gerieth er
in Wuth, zumal aber, als er dazu noch hörte, wie derselbe,
obgleich er mit Zeichen von Christgläubigkeit versehen war
und sterbend zu beichten verlangt hatte, dennoch nicht besser
als das vom Typhus befallene Vieh beerdigt worden. Dem
Pfarrer, welcher dem Sterbenden aus Irrthum seine Dienst=
leistung versagt hatte, wurde die Leiche aufgeschultert. Er
und einige Andere mußten selbe in die Kirche tragen. Hier
wurde sie mit dem Kopfe auf die Stufen des Hochaltars
niedergesetzt und an die Träger festgebunden. Hierauf wur=
den alle Mannspersonen, deren man sich bemächtigt hatte,
mit Eichenknütteln über Rücken und Lenden derb abgeprü=
gelt und die Nacht hindurch aufbewahrt. Am folgenden Tage
wurde der ausgegrabene Brigadier von Neuem begraben,
und zwar diesmal in geweihte Erde. Nach der Begräbniß=
ceremonie wurde dem Pfarrer und den übrigen Gefangenen
angekündigt, daß sie sich zum Erschossenwerden bereiten soll=
ten. Schon knieeten sie erblassend nieder, schon verband man
ihnen die Augen, da erklärte der Chirurgus Dary, daß er
die Charpie im Pfarrhause gelassen, und vor den Komman=
danten trat sein Adjutant hin um Gnade bittend und vor=
schlagend, daß erst dann möchte das Urtheil vollzogen wer=
den, wenn man die Schuldigen von den Unschuldigen unter=
scheiden könnte. Dieß that er verabredetermaßen. Die Bitte
und der Vorschlag wurden gewährt, darauf die Gefangenen
weggeführt, zum Theil aber schon zu Hoffelt, einige zu Ho=
singen in Freiheit gesetzt, die übrigen aber, unter welchen
sich Ldy. befand, weiter transportirt. Zu Hosingen mußte
dieser Geistliche mehre Tage und Nächte in der Kirche zu=
bringen, sich auf den Rücken schmieden lassen, erhielt einen
Säbelhieb auf die Stirne und mehre Stiche in den Leib,

und würde ohne die ihm zu Theil gewordene Beschirmung
des Brigadiers Monlosier unfehlbar umgekommen sein. Von
Hosingen wurden Ldv., sein Kaplan, der Pfarr. von Heinerscheid und die Gefangenen, zwei und zwei, aneinander gestrickt, durch ein Dragonerdetaschement mit entblößtem Säbel
nach Ettelbrück geführt. Hier erregte Ldv. als Gefangener
und Verwundeter große Theilnahme. Er und sein Kaplan
fanden bei Amtmann Jacobi Aufnahme und Pflege, und
wurden am folgenden Tage nach Luxemburg in die Kasematt-
ten geführt. An diesem feuchten Orte hatte Ldv. die Schwäche,
daß er, um seinem und seiner Pfarrkinder Leiden ein Ziel
zu setzen, den Republikseid leistete, wodurch er seine Freiheit
wieder erlangte. Aber, als er nach Asselborn zurückkam, nahmen ihn die Ortsleute, weil er geschworen hatte, nicht mehr
als Pfarrer auf. Er las Messe, aber Keiner wohnte derselben
mehr bei. Vergebens erklärte er, daß das hl. Meßopfer nichts
mit dem Eide gemeinsam habe; das Volk hörte ihn nicht
an und begab sich anderwärts in den Gottesdienst. Hierüber
sich grämend, verlangte er seine Versetzung. Am 6. Pluv.
VIII ward er von der Deportation freigesprochen. Nach Abschluß des Konkordates wurde er zuerst nach Lintgen versetzt
und zog sich 1821 als Staatspensionirter von da nach Fischbach zurück, wo er, nachdem er zuvor über seine Eidesleistung
öfter Reue bezeugt hatte, am 8. Sept. 1826 und im Alter
von 74 Jahren sein leidenvolles Leben beschloß.

Marnach, Joh., Vik. zu Marnach und 80jähriger
Greis, leistete zwar den republikanischen Eid, erkannte aber,
daß er dadurch seine grauen Haare geschändet, und wider-
rief ihn sogleich durch ein eigenhändiges Schreiben an die
Verwaltung des Departements, und hörte nicht auf sein hl.
Amt öffentlich auszuüben. Er starb 1807.

Wagner, Pet., geb. zu Beckerich, ließ sich in den Jesuitenorden aufnehmen und wirkte im Kollegium dieses Ordens zu Turnon in Oberungarn. Nach Aufhebung des Ordens kam er, 1785, nach Beckerich zurück, blieb in seinem
Stammhause wohnen, hielt sich abwechselnd hier und in dem
Hause „Reding" auf, verlor nach Abzug der Östreicher seine

Pension als Ordensgeistlicher, verweigerte 1797 die Leistung des Republikseides, weswegen er verhaftet und ein ganzes Jahr lang zu Luxemburg im Gefängnisse aufgehalten wurde. bis er endlich, der Drangsale und der Verfolgung müde, die Schwäche hatte, den Eid vom 19. Fruft. V zu schwören und nun wieder seine Freiheit erlangte. Aber sein Gewissen ließ ihm keine Ruhe: er widerrief förmlich und schriftlich seinen Eidschwur, schickte den Widerruf an die Centralverwaltung, und starb am 4. Juli 1804.

Zeller, J. Pet., geb. zu Remich den 10. April 1746, war der Sohn nicht unbemittelter Winzer. Weil er als Knabe viele Fähigkeiten verrieth, so ließen sie ihn studiren. Nachdem er die Humaniora mit Auszeichnung vollendet, schickten sie den Jüngling auf die Universität nach Löwen, wo er die theologischen Wissenschaften mit solchem Erfolge betrieb, daß ihm darin nach rühmlichst bestandener Prüfung die Doktorwürde zuerkannt ward. Inzwischen war er auch zum Priester ordinirt worden. Nachher, am 1. März 1776, erhielt er, in Folge eines für ihn glücklich abgelaufenen Konkurses, vom Abt von St. Maximin die bedeutende Pfarre Feulen. Mit unermüdlichem Fleiße widmete er sich der apostolischen Laufbahn und lebte darin zufrieden, bis die Sturmjahre der französischen Revolution hereinbrachen. Um das Pfarrgut zu retten, leistete er, am 4. Vend. VI, mit seinen Kaplänen Tandel und Michaelis den Republikseid. Gleichwohl mußte er sich im Pfarrhause für mehr als 4000 Fr. rauben oder zerschmettern lassen. Von einem gewissen J. Hoschette, damaligem Gemeindeagenten, fälschlich verklagt, und am 6. Pluv. VI als Ruhestörer, Aufwiegler und Anhänger veralteter Privilegien zur Deportation verurtheilt, wurde er am 28. dess. Monats von fünf Diekircher Gend. des Abends um 7 Uhr in seiner Wohnung festgenommen und dann in's Gefängniß nach Metz gebracht. An demselben Abende noch schrieb er einen rührenden Brief an Kommissär Biwer und gab seinen Kaplänen die Vollmacht, während seiner Abwesenheit die Pfarre zu verwalten; Vollmacht, welche die Obermerziger keineswegs berücksichtigten, indem sie auf Anrathen Vaulle-

geard's vom 13. Febr. 1797 sich einen Ex=Dominikaner zum
Seelsorger wählten. Am 1. Messid. VI ließ er die als Do=
mängut in Beschlag genommenen Kirchengüter zu Feulen
durch Regierungsbeamten Schneider für 2000 Kronen an=
steigern, welche Summe ihm nachher die Pfarrgenossen wie=
der erstatteten. Zu seinem Glücke konnte er im Kerker zu
Metz ausharren, bis er durch Zeugnisse seiner Pfarrgemeinde,
der Munizipalität, des Friedens= und Bezirksgerichtes, sowie
der Departementsverwaltung nicht nur seine Unschuld, son=
dern auch seinen thätigen Eifer für das Wohl der Republik
und das seiner Pfarrgenossen augenfällig bewies, seine Mit=
wirkung zum Austausche der Gefangenen im J. 1794 zu
Bissen in Erinnerung brachte, und endlich mit seiner Frei=
heit auch sein Leben wiedererhielt. Durch besonderen Beschluß
vom 28. Brüm. VII, welcher am nächstfolgenden 9. Frim.
vollzogen ward, entkam er dem Gefängniß und kehrte zu den
Seinigen zurück. Vereitelt war nun die Schurkerei unmensch=
licher Verfolgung, und ein Jubellied, welches sich auf den
heutigen Tag im Munde des Volkes erhalten, wurde auf die
Rückkunft des theueren Seelenhirten gesungen. Zr. wirkte
segenreich fort für seine Pflegempfohlenen, bereute seine
Eidesleistung, und starb, allgemein geachtet und betrauert,
im J. 1823.

Die geneigten Leser und besonders die HH. Geistlichen sind gebeten,
falls sie Irrthümer oder Auslassungen in dieser Schrift finden, selbe
dem Verfasser anzeigen zu wollen. Die Berichtigungen und Ergänzun=
gen sollen, wo nicht veröffentlicht, so doch dem Lbgr. Geschichtsvereine
zur Aufbewahrung übergeben werden.

Alphabetisches Verzeichniß

der in diesem Werke dargestellten Glaubensbekenner.